U0630153

国家出版基金项目

"十二五"国家重点图书
出版规划项目

《南亚研究》第二辑

不丹文化概论

OWO WENHUA GAILUN

强　黄慕霞　陶文娟　海贤　李丽　著

中国出版集团
世界图书出版公司

图书在版编目（CIP）数据

老挝文化概论/邹怀强等著. —广州：世界图书出版广东有限公司，2015.2

ISBN 978-7-5100-9362-3

Ⅰ.老… Ⅱ.①邹… Ⅲ.①文化—概论—老挝 Ⅳ.①G133.4

中国版本图书馆CIP数据核字（2015）第037257号

老挝文化概论

LAOWO WENHUA GAILUN

项目策划：陈　岩
项目负责：卢家彬　刘正武
责任编辑：程　静　李嘉荟
出版发行：世界图书出版有限公司　世界图书出版广东有限公司
　　　　　（广州市新港西路大江冲25号　邮编：510300）
电　　话：020-84453623　84184029
http://www.gdst.com.cn　E-mail：wpc_gdst@163.com
经　　销：各地新华书店
印　　刷：广州方迪数字印刷印刷有限公司
版　　次：2014年9月第1版
印　　次：2024年6月第2次印刷
开　　本：787mm×1092mm　1/16
字　　数：210千字
印　　张：13.25
ISBN 978-7-5100-9362-3/G·1806
定　　价：52.00元

前　言

　　东南亚是指亚洲的东南部地区。根据地理特征，东南亚可以分为中南半岛和马来群岛两部分，包括位于中南半岛的越南、老挝、柬埔寨、泰国、缅甸和位于马来群岛的菲律宾、马来西亚、文莱、新加坡、印度尼西亚、东帝汶共11个国家。东南亚大部分地区位于北回归线以南，跨越赤道，最南抵达南纬11°，最北延伸至北纬28°左右。该地区北接东亚大陆，南邻澳大利亚，东濒太平洋，西接印度洋，是沟通亚洲、非洲、欧洲以及大洋洲的交通枢纽，也是中国从海上通向世界的重要通道。

　　由于地理位置上的邻近、民族关系的密切和文化上的相通，早在两千多年前东南亚各国就与中国建立了较为密切的政治、经济和文化联系。新中国成立后奉行睦邻外交政策，我国与东南亚各国的友好关系有了新的发展。进入21世纪后，中国政府明确提出了"与邻为善，以邻为伴"的思想，制定了"大国是关键、周边是首要、发展中国家是基础、多边是重要舞台"的外交方针，进一步强调"积极开展区域合作、共同营造和平稳定、平等互信、合作共赢的地区环境"。

　　本着这一精神，中国与东南亚国家展开了各种双边与多边合作，形成了多方位、多层次的合作框架，增进了彼此间的信任。随着2011年11月中国—东盟中心的正式成立，中国和东南亚国家间的务实合作关系得到了进一步提升，呈现出强劲的发展势头。世界上，像中国和东南亚这样，在两千多年时间里绵延不断地保持友好关系、进行友好交往的实属罕见。这种源远流长的友谊，成为双方加强合作的基础。

　　作为多样性突出地区，东南亚各国在民族、语言、历史、宗教和文化等方面五彩缤纷，各具特色。加强东南亚国别与区域研究，可以更好地帮助国人加深对东南亚的了解。为此，解放军外国语学院亚非语系集东南亚语种群自1959年办学以来之经验，在完成2012年度国家出版基金项目《东南亚研究》第一辑的基础上，与世界图书出版广东有限公司一道，继续申报了2014年度国家出版基金项目《东南亚研究》第二辑并获得了成功，本丛书便是该项目的最终成果。

参加本丛书编写工作的同志主要为解放军外国语学院东南亚语种群的专家学者。北京大学、北京外国语大学、南京国际关系学院和云南民族大学的部分专家学者也应邀参加了本丛书的编写。丛书参编人员精通英语和东南亚语言，有赴东南亚留学和工作的经历，熟悉东南亚文化。在编写过程中多采用第一手资料，为高质量地完成丛书奠定了基础。我们希望本丛书的编辑出版有助于读者加深对东南亚国家国情文化的认识，有助于促进中国与东南亚国家间的交流。

由于本丛书涉及面广，受资料收集和学术水平诸多因素的限制，书中的描述与分析难免存在疏漏与不足，恳请同行专家和广大读者不吝批评指正。

解放军外国语学院亚非语系

《东南亚文化概论》编辑委员会

2014年10月于洛阳

目　录

引　言

一、关于老挝文化

对于"文化"这一概念，现代我国学者普遍认为有广义和狭义两个概念。广义的文化是人们在历史中创造的物质和精神财富的总和，狭义的文化就是指精神文化。那么此概念运用到老挝文化上就是指老挝人民在历史发展过程中，创造的物质和精神财富的总和。当然，这是从文化的本质层面来讲的文化。具体论及一个国家的文化时，我们则应该从文化的构成来加以阐述会更加清晰，即物质文化、制度文化和精神文化三个方面，老挝文化亦如此。

（一）老挝物质文化

老挝的物质文化大致包括饮食文化、建筑文化和服饰文化。老挝的饮食与泰国相似，老挝人喜食糯米，老挝菜的特点是酸、辣、腥、生及烧烤食物，很少用植物油炒菜，口味比较清淡。具有老挝民族特色的菜肴有烤鱼、烤鸡、剁生、凉拌木瓜丝（舂木瓜）、酸辣汤等，佐料中臭鱼酱和虾酱不能少，蔬菜多生食。老挝人用餐一般都不使用筷子，而是惯于用手抓饭。但是，近年来由于老挝的开放程度提高，中国人到老挝的越来越多，老挝人也开始学习并逐渐习惯使用筷子。

老挝的建筑大致可以分为民居和寺院。老挝的民居大部分是高脚楼，但是由于历史上老挝曾经是法国的保护国，所以民居中有一部分是具有法国特色的建筑，如琅勃拉邦和万象市湄公河边的法式连排小洋楼。由于历史上出现过多教并存的现象，所以老挝的寺院中大部分是佛教特色的建筑，但也有婆罗门教的寺院遗址留存。

由于老挝民族众多，所以民族服饰各有不同，但是老挝人民都喜爱的还是筒裙，每逢重要风俗节日和国家重要庆典，老挝女性都要着筒裙出席。家里的女性也会按照年龄尊卑的差异，选用相应颜色的布匹量身定做合体合身份的筒裙。

（二）老挝制度文化

在老挝人民民主共和国成立以前，老挝实行君主立宪制，在1975年12月2日以后，老挝废除君主立宪制，建立人民民主共和制。

在1991年8月14日，老挝颁布了建国以来第一部宪法，确认：老挝人民民主共和国是独立的、拥有主权和领土完整的、不可分割的统一的多民族国家；国家的一切权利属于人民；老挝人民革命党是国家的领导核心；以宪法和法律来治理国家。

社会经济制度方面，老挝的经济制度是多种经济成分并存，各经济成分在法律面前一律平等。

（三）老挝精神文化

老挝的精神文化粗略地讲，包括民族、语言、宗教、习俗、文学艺术五个方面。

据老挝官方数据统计，老挝现有49个民族，分散居住在全国17个省和首都万象市。老挝各民族虽然在经济、社会、文化等方面发展水平参差不齐，但各个民族间和睦相处，包容互助。这49个民族各具特色，在服饰、饮食、方言等方面都存在不同程度的差异，这也为老挝多元民族特色增添一抹新意。

老挝语作为老挝的官方语，以首都万象音为标准音，最初起源于公元1世纪中叶的婆罗米字母和梵文的天城体字母，而后又受到了孟—高棉文字的影响。老挝文字历史上也经历了几次改革，1935年以前，在马哈西拉·维拉冯等有识之士的倡导下进行了第一次改革，最终没有废除老挝文字。1948年，老挝成立了"老挝文字委员会"。该委员会规定，老挝文字尽量采用石碑中的字母，石碑中未出现的字母用经书中的字母代替，同时规定按照词汇的读音来拼写单词的原则。1967年，老挝爱国战线中央总书记富米·冯维希出版了老挝第一本《老挝语语法》，对老挝语文字以及语法作了详细的阐释和总结，为我们正确使用老挝语提供了重要依据。尽管万象音是老挝的标准语，但是地区不同，老挝语又带有各地的特色，就像中国官方使用普通话，但是各个地方又有其地方方言一样，老挝北部、中部、南部各个县区又有其地方方言。

　　老挝，众所周知是一个信仰佛教的国度，但是老挝历史上除了佛教以外还出现过基督教、伊斯兰教、巴莱教和婆罗门教多教并存的局面。老挝的佛教是南传上座部佛教。

　　由于老挝受佛教影响深远，所以现在老挝的很多风俗节日都是与佛教相关的。可以说，老挝几乎每个月都有节日，这些节日大都与佛教有关，其中大家耳熟能详的有宋干节（亦称泼水节）、高升节、守夏节、出夏节和塔銮节等。

　　老挝的文学，从时间段落上可分为古代文学和现代文学，从内容上可分为佛教文学和世俗文学。无论按哪种分类，老挝的文学都是历史悠久，形式和内容丰富。至今留存的老挝文学著作有《佛本生经》《坤博伦的故事》《休沙瓦》《信赛》《四棵占巴花树》等，为我们研究老挝文学提供了宝贵的素材。

　　老挝的艺术，分为传统表演艺术和雕塑、建筑艺术。其中，表演艺术囊括了音乐、舞蹈、戏剧等。老挝的音乐主要有"咔"（KHAP）和"喃"（LAM），舞蹈以南旺舞（亦称圆圈舞）为代表，戏剧内容大都来源于佛教、婆罗门教的故事，以及一些神话故事等。老挝的雕塑、建筑艺术受到周边缅甸、泰国、柬埔寨的影响，带有一些外来的特点，但是也体现了其自身历史发展特点，反映了宗教对老挝艺术风格和特点形成的影响。

二、老挝文化的特点

　　老挝文化的特点，可以归纳为多元包容性、民族性、历史继承性（时代性）三点，但是若从文化学角度看，文化特点则应该从以下四方面阐述，即文化形成的超自然性和超个体性、文化传承的历史具体性和内化性、文化现实的整合性和矛盾性、文化主体的被创造性与创造性。在下面的论述中，有些方面在老挝文化中可能是不明显的，对此将作简要论述。

（一）文化形成的超自然性和超个体性

　　这一点在老挝文化中可以阐释为老挝文化具有群体性和社会性。即老挝文化作为一个文化概念，它是老挝全国各族人民的文化，是老挝人民自己创造的物质文化和精神文化的综合，它属于全国各族人民，而不是哪个阶级独有的，也不附属于某一个阶级或某一个民族。

（二）文化传承的历史具体性和内化性

这在老挝文化中具体表现为老挝文化的时代性、民族性、阶级性和内化性。老挝文化的时代性突出表现在老挝的宗教文化上。在佛教传入老挝前，老挝人民信奉鬼神、婆罗门教还有精灵崇拜等。佛教传入老挝后，一开始并未占据主要地位，还曾出现了基督教、伊斯兰教、婆罗门教和佛教等多教并存的现象，随着发昂王统一老挝后，随后的历代国王都推崇佛教，有的甚至定佛教为国教，这同时也体现了老挝文化的阶级性。现在，老挝是一个信奉小乘佛教为主的国家，但是也存在着少量伊斯兰教、基督教和巴莱教教徒。老挝文化的民族性，更多的是相对于世界文化而言。老挝作为一个民族整体，表现出自己独特的民族性或民族文化。老挝文化的内化性，是指老挝人民通过对外在世界的理解认同，将外在的或外来的文化内化后得以保存下来的东西。老挝历史上曾被泰国、越南、缅甸、法国等入侵，一度沦为了"受保护国"，在历史上接受了很多外来文化的影响。但现在老挝的文化不完全是老挝自己创造的，也不完全是保留西方的，它是外来文化适应当地文化后又形成的具有当地特色的一种新文化，比如说佛教文化、老挝法式饮食文化等。

（三）文化现实的整合性和矛盾性

在这一点上，老挝文化表现得尤为突出，尤其是老挝宗教文化。老挝现在信奉的是南传上座部佛教，但是不得不说它历史上出现过多教并存的现象，而且佛教和婆罗门教教义上有很多相似之处，这一情况让老挝文化必须整合重组。由于老挝历史上多位国王推崇小乘佛教，于是老挝人民将原来婆罗门教的一些教义融入佛教教义中，形成了现在人们所信奉的南传佛教。而老挝文化的矛盾性，则突出地表现在老挝本土文化与外来文化的碰撞中。随着老挝国际化程度的提高和开放度的扩大，越来越多的外来文化被带到老挝，老挝的本土文化受到越来越多的冲击，老挝文化在这一点上总体上是秉持多元包容的原则，但是在对待某些外来文化上，老挝也是持辩证态度，将外来文化的精华保留并融入到老挝本土文化中。

（四）文化主体的被创造性和创造性

在这一点上，老挝文化更突出地表现在文化主体的创造性，即老挝各族人民是创造老挝文化的主体，老挝文化是全国各族人民所创造的。这一点和第一点中所提到的老挝文化的群体性和社会性有一定程度的重合。

第一章　文化地理环境

第一节　文化形成与发展背景

一、地理环境

东南亚位于东经93°—141.5°，北纬24°—南纬10°之间，北部与中国接壤，南部与澳大利亚隔海相望，东临太平洋，西临印度洋，与南亚的孟加拉国、印度相接壤。东南亚地处亚洲和大洋洲、太平洋和印度洋之间的"十字路口"，是联系两大洲的桥梁和连接两大洋的纽带。无论是历史上的亚洲、非洲、大洋洲各国人民的交往，西方国家对东方殖民地的侵略，还是现代世界各国之间的政治、经济、文化往来，都要经过这个"十字路口"。

东南亚地区是亚洲纬度最低的地区，绝大部分位于北回归线和南纬10°之间，属热带气候区。在热带雨林气候区以北，包括中南半岛绝大部分和菲律宾北部，属热带季风气候，分干、湿两季，每年5月至10月盛行西南季风，降水充沛，形成雨季；11月至4月盛行东北季风，干燥少雨，形成旱季，年平均降雨量在1000毫米以上。

老挝是东南亚唯一一个内陆国，虽然没有出海口，但是拥有非常重要的战略地理位置。老挝位于中南半岛（印度支那半岛）的中心，与5个国家相接壤：东部与越南相接壤，边境线长2069千米；南部与柬埔寨相接壤，边境线长492千米；西部与泰国相接壤，边境线长1835千米；西北部与缅甸相接壤，边境线长236千米；北部与中国相接壤，边境线长505千米。老挝首都万象到越南首都河内、柬埔寨首都金边、缅甸首都内比都、泰国首都曼谷的距离都在500—700千米之间；万象到新加坡、马尼拉、文莱的距离是在2000千米以内。研究东南亚古代历史的学者们一致认为，老挝具有悠久的繁荣历史，其所处的位置位于世界两大古老文明之间，即古中国文明和古印度文明，这两大文明对生活于该地区的民族的文化具有很大影响。

湄公河是东南亚地区最大的河流，发源于中国的青藏高原（海拔大约5000米），流经六个国家，即：中国、缅甸、老挝、泰国、柬埔寨和越南。湄公河全长大约4500千米，流经老挝境内的长度大约1898千米。雨季时从巴娜拉（北部南塔省孟欣县）流到立皮（南部占巴塞省孟孔县）的水流量很大，严重时会导致湄公河两岸地区发生严重水灾，因为湄公河汇集了来自各条支流的水流量，致使其全年水流大增。

湄公河流经了不同的地理地貌，所以河道弯曲，有些地方浅，有些地方深；有些地方窄，宽度仅为100米，有些地方宽，宽度达到8000米；有些地方有险滩瀑布，如孔帕平瀑布（占巴塞）是亚洲最大的瀑布，高15米。湄公河是一条很重要的河流，对老挝人民日常生活起到了很大的作用。积土和沙坝变成了一个个土地肥沃的平原。湄公河是一条能够便利连接南北的水上交通要道，也蕴藏着巨大的水电能源，是老挝的宝贵资源。

二、历史背景

公元以后，在中国和印度高度文明的促进下，东南亚的历史发展进入了一个新时期，各地相继建立了一批国家政权。如柬埔寨在公元1世纪即已建国；缅甸在公元11世纪建成统一国家；老挝于14世纪建立统一的封建国家政权。值得指出的是，东南亚的古代国家均带有浓厚的宗教色彩，其早期主要受佛教和印度教的影响。13世纪至15世纪，印度教的影响日渐衰退，佛教在中南半岛深深扎下了根；与此同时，伊斯兰教在马来半岛和马来群岛不断扩展，基本形成了东南亚今日文化地理的面貌。

19世纪，英、法两国在中南半岛展开了殖民扩张的角逐，英国于1885年占领缅甸全境，并把它变成了英属印度的一部分。法国的侵略方向集中于东部的越南、柬埔寨和老挝，19世纪50年代至90年代，三个国家均沦为法国的"保护国"。

三、行政机构

老挝人民民主共和国成立后，老挝的中央政权主要由三个方面构成，即立法、行政和司法。国会是老挝政府的最高政府组织机构，在立法的过程中有制定和修改宪法的权利和义务，审查批准、修改、废除法律，审批、修改、取消税费相关规定，选举和罢免国会主席、国会副主席及国家议会常务委员会委员，根据国家议会常务委员会提议选举和罢免国家主席、副主席，审查批准、设立、废除政府，决定组建和解散政府部门，决定省和市的管辖区域范围，审查批准国家战略性社会经济发展计划和政府预算，根据国际法及程序，决定同外国缔结的条约和协定的批准和废除。政府行政单位由两个方面组成，即国家主席和政府（亦称总理府）。国家主席是老挝政府的首脑，是国内外老挝各民族人民的代表，国家主席是由国会选举产生。政府是由总理、副总理、部长、副部长和委员会主席构成的国家的行政机构。政府有义务对国会提出法律草本，规定在各个方面实施和监督战略性发展计划。老挝现在的政府机构由以下18个部门和3个直属机构组成，18个部门即国防部、公安部、外交部、司法部、财政部、农林部、公共工程运输部、卫生部、工贸部、能源矿产部、计划投资部、教育体育部、劳动与社会福利部、新闻文化与旅游部、邮电通讯部、民政部、科技部、自然资源与环境部；3个直属机构为国务院办公厅（亦称总理府办公厅）、政府纪检机构、老挝国家银行；每个部级单位下设办公厅、司局、中心、研究所和协会等，同时也配备有党委和工青妇联等组织机构，各个省份还会根据本省的情况设立其他的部门。

司法机构有两个部分组成，即最高人民法院和最高人民检察院。最高人民法院是对地方人民法院和军事法院的审查、判决有监督义务的国家最高审判机关。最高人民检查院的检察官的义务是统一引导各个部门、政府组织、群众团体、地方行政机构、公务员、人民遵纪守法。

地方政府分为三个级别，即省政府、县政府和村委会，此规定已被纳入宪法第2条和第75条。根据2014年最新统计，老挝共有17个省和1个直辖市，有148个县，8514个村和1,138,287户人家。省政府的最高行政长官是省长或者市长（直辖市），代表政府组织实施、监督党的路线和政策的执行，确保各项国家法律法规付诸实践。县政府的最高行政长官是县长，代表政府组织实施、监督党的路线和政策的执行，确保各项国家法律法规付诸实践。村委会的最高领导人是村长，是从村民中选举出来的。村委会是根据国家的宪法和法律建立的基层政府行政机构。

第二节　文化的主体——民族

中国民族学人类学专家的最新研究表明，同属汉藏语系壮侗语族的中国8个少数民族与东南亚泰国、越南、老挝、缅甸等国家的十几个民族都起源于中国南方。研究表明，中国的壮族、布依族、傣族、侗族、黎族、水族、仫佬族、毛南族，越南的岱族、侬族、泰族、布依族、热依族、泐族、佬族，老挝的老龙族，泰国的泰族，缅甸的掸族，都是"同根生"民族。但是由于东南亚复杂的地理环境，使这些起源相同的人们在长期相对隔离的环境中，形成了各具特点的民族和文化。

老挝人普遍认为他们最早的祖先与中国史籍中提到的"哀牢人"有关。老挝著名学者马哈西拉·维拉冯在《老挝史》一书中就认为老挝人的起源同公元前2500年居住在扬子江流域的哀牢人有关联。但从老挝所遗留的川旷石缸、瓦普寺庙宇等遗迹来看，佬泰族群进入老挝应该是比较晚的事情。有学者认为，直到公元初，老挝居民的主要部分是讲孟高棉语的人，当时老挝北部也可能已经居住有一些佬泰族群的居民。到公元七八世纪，一部分佬泰族群居民迁徙到东南亚陆地，使得佬泰族群的居民明显增加，因此给这一地区的原有居民，特别是老挝北部的居民带来了历史性的社会文化变迁。从8世纪到13世纪，佬泰族群的居民已经替代了孟高棉族群居民的位置，在社会政治组织管理体系中占据了主导地位。到这时，以古孟高棉文化为基础，加上佬泰族群的社会文化体制，足以肯定老挝各民族共同的文化传统特征已经形成。这些族群共同居住在老挝的土地上，后来又受到近一百年的法国和美国的殖民文化的影响，形成了现在老挝丰富的民族文化。[①]

老挝有49个民族，分属以下四个语系：

（1）佬泰族语系：有8个民族，占全国人口的55%，这个语系的民族生活在平原和河岸附近，主要以种水田为生，大部分人信奉佛教。

（2）孟—高棉语系：有32个民族，占总人口的27%。这个语系的各个民族大部分居住在平原和山区，与其他民族混居生活，主要以种旱地为生，生活在平原地区的个别民族以种水田为业。

（3）苗—瑶语系：有2个民族，占总人口的6.89%，大部分人生活在北部的高山地区，一部分人居住在万象省、波里坎赛省和甘蒙省。这些民族的日常生活与种旱地、养殖、狩猎紧密相关。

（4）汉—藏语系：有7个民族，占总人口的11.11%。这些民族生活在老挝北部，即丰沙里省、南塔省、波乔省和乌多姆赛省，他们擅长种植大米、玉米和打铁工艺。

2005年3月1日普查的老挝人口共有5,621,982人，分别为女性2,821,431人；男性2,888,551人，平均人口密度是每平方公里24人。2008年，老挝共有6,000,380人，其中男性2,993,041人；女性3,007,339人，平均人口密度是每平方公里25人。

总的来说，老挝平均人口密度在不断上升。老挝是东南亚地区平均人口密度最低的国家。

老挝人口分布不均匀，人口居住最多的是沿着湄公河岸的平原地区，从中部地区到南部地区的平均人口密度是每平方公里36人，而山区的平均人口密度是每平方公里4—5人。

根据人口的密度预计，在城市地区和交通运输干线聚集点的居住人口会持续增加。人口居住最密集的地区是首都万象，平均人口密度是每平方公里189人；占巴塞省的平均人口密度是每平方公里41人；沙湾拿吉省的平均人口密度是每平方公里40人。

---

① 黄兴球著：《老挝族群论》，北京：民族出版社，2006年，第10页。

平均人口密度最低的省份有丰沙里（每平方公里11人），阿速坡（每平方公里12人）和色贡省（每平方公里12人）。

老挝法律规定人民有宗教信仰自由，67%的老挝人都信仰佛教，15%的人信仰基督教，1%的人信仰伊斯兰教，剩下的17%的人信仰其他宗教。老挝的大部分人都遵守佛教的风俗习惯，佛教是老挝的国教。但还是有其他的一些民族遵守自己民族的风俗习惯，如苗族春节等。

老挝的民族研究工作者是这样评价老挝民族的，他们认为：老挝人不论是哪个民族，都具有礼貌、温和、开朗、尊重别人、谦逊、聪明的性格特点；老挝人是耿直的，同时又是心胸开阔的。老挝人热爱美好愉快的生活，喜爱娱乐，喜好各种优美的艺术。

老挝人是勤劳的，不论是哪一个民族的人民，都是从小参加劳动，刚懂说话就和父母兄妹一道参加劳动生产、勤奋地耕田种地、饲养禽畜、纺纱织布、种桑养蚕缫丝、缝纫织补。老挝人是英勇的人民，打虎捕象，降服凶猛的野兽，也曾在历史上多次抗击外来的侵略。

第三节　文化的区域划分

老挝是一个地形复杂、民族形成过程复杂的国家，因此这个国家的民族交错分布于老挝各地。老挝全国乃至某个小区域都可以根据地形高低不同而划分为高低不同的三个地带，每一个地带就有一个族群居民的分布地盘。随着老挝社会经济政治的发展，过去把老挝民族分为老松族、老听族、老龙族三大主体民族的划分方法已经不再使用，取而代之的是按照四大语言系统划分的49个小民族。而就这些民族所处的地域及其文化区域进行划分的话，按照其所处地势高低命名的三大主体民族划分方法却更具有代表性。

佬泰族群（老龙族）通常分布在低谷地区，在老挝语中，老龙族的"龙"的意思是低处、下面，老龙族是住在海拔低于800米高度的低谷地区的老挝人。湄公河中游地区的各个平原和其他小江河的一些狭小平原是佬泰族群居民集中分布的地方。佬泰族群的村寨常建立在各江河的岸边，或建立在各乡、镇的所在地和各主要交通线上。低谷地区适合耕种水稻和做生意，是佬泰族群人民发展经济和社会文化的有利条件，使得他们处在老挝社会政治生活的支配地位。老龙族是一个能歌善舞的民族，在历史发展过程中他们留下不少优秀的文学艺术作品；主要信奉小乘佛教，禁忌比较少，风俗习惯各支系民族基本一致。

孟高棉族群（老听族）居民分布在山腰地带，在老挝语中，老听族的"听"的意思就是上面、上方，是指住在海拔在800米至1400米的山腰和各大高原地带的老挝人。分布在这个地区的大都是孟高棉族群的居民，此地带的人口密度为每平方公里11—15人。在此地带居住的居民主要靠种植旱稻为生。老听族在老挝的历史最长，是老挝最早的土著民族，但由于居住在条件相对艰苦的地带，其社会经济发展程度还达不到老挝全国的平均水平。老听族成分繁杂，特别是源于古柯姆族的一些民族，如上寮的甘木，据认为曾是孟骚（挝国）的主人。但多数支系民族经济社会发展迟缓，至今还相当落后，甚至还有极少数处于狩猎采集阶段。即使是已经从事农耕的民族，也有不少仍实行游耕或半游耕，生产方式十分粗放，有的近乎"刀耕火种"。

苗瑶族群（老松族）各民族居住在最高的地带，在老挝语中，老松族的"松"是高的意思，是指住在海拔在1500米以上的高山上的老挝人。因为苗瑶族群、藏缅族群各民族来到老挝的时间较晚，只有选择最高处居住。这个地区的人口密度是每平方公里10人左右。由于环境所限，这个地区的居民只能以种植旱稻、玉米和罂粟为生。老松族虽然人口不多，在老挝的历史比较短，但经济社会发展程度相对比老听族高。

这种以居住地地势高低分布族群是老挝族群分布的一个有趣特点，由此产生了老龙族、老听族和老松族的族称，这种分类自1964年开始用，至今成为一种习惯。对老挝人来说，把老挝各族群分为老龙族、老听族和老松族的分类，容易让老百姓接受，并且能反应来到老挝的族群历史的先后，从中人们可以了解到，最早的老挝居民是孟高棉族群的人，他们来自老挝以南的柬埔寨地区的族群，随后到来的是来自中国南部的佬泰族群将孟高棉族群挤向半山腰区域居住，最后到来的同样也是来自中国南部的苗瑶族群就只好住到山顶去了。①

老挝族群结构的复杂性是老挝民族文化多样性的首要表现。老挝地处中南半岛的最高处，是南来北往的民族迁移的必经之地，因此有较多的族群定居在老挝的土地上。老挝的49个小民族分别属佬泰族群、孟高棉族群、藏缅族群和苗瑶族群，各民族的语言各有特色，表现出语言文化的多样性。老挝各民族在宗教上仍然表现出多样性。老挝是佛教国家，大多数居民都信仰佛教，但是在老挝除了遍地都是的佛教寺庙，还有天主教、基督教的教堂和清真寺，可以说在宗教信仰上，老挝人民是以佛教为主，以其他宗教为辅助。民居与建筑文化也体现出多样性。老挝各民族都居住干栏房，但有用料的差别、大小的差别、定居与移居的差别、住屋观念的差别、造房观念的差别等。众多的寺庙是老挝人民建筑技术和艺术的表现，是老挝民族文化多样性的重要组成部分。

---

① 黄兴球著：《老挝族群论》，北京：民族出版社，2006年，第11页。

第二章 文化发展沿革

第一节 文化的孕育

佬族是中南半岛一个古老的民族，是中石器时代的普乐族（按当时所居住的山脉命名）后裔。普乐族是由非洲塔尼族进化成赛帕族莫赛比亚人，之后又演变成为新赛帕族，至今有20万年的历史。赛帕族莫赛比亚人迁徙到普乐山，在普乐山的山洞里居住了大约有50万年的历史，因此他们被称为"普乐人"。普乐族人民经过了很多阶段的社会发展，从原始社会农耕时代逐渐发展到原始部落社会，再从原始部落发展为城邦，直到城邦林立之后，先后出现了科达蒙王国、孟骚王国以及澜沧王国。每个佬族首领都是出生于普乐山，再将族人扩散到每个地方建立居住地。从普乐山到北部、南部、东部、西部，然后分散到中南半岛以及中亚地区。老挝人民在中南半岛建立了居住地，在这段时期，社会学和科学得到了快速发展。他们创造了很先进的发明以及手工劳动产品。起初手工产品是用石头、红铜、青铜、铁、瓷器以及用玻璃和金属制成的装饰品等来制造。因此，老挝人民的很多创造能一直遗留至今，如华潘省石柱，川旷省查儿平原的石瓮群，古陶窑，青铜器等。据老挝民族史记载，老挝古代居民早在公元600—1000年就在色邦菲河岸建立了科达蒙王国。在同一时期，也有其他部落的人民沿着湄公河建立了自己的城邦和都城，如蒙侬罕大城、蒙侬罕小城、万象市、沙格城等。在平原地区靠近帕耶河流域（今泰国湄南河）也有很多老挝古代居民居住，他们建立了蒙西亚塔瓦拉洼地城市，之后发展成了瓦拉洼地王国。也有一些人居住在湄公河流域中部，并且建立起了自己的城邦，如蒙帕城、蒙尼城以及处于同一时期的科达蒙城、蒙侬罕城。蒙帕城的居民后来建立了尤那王国，其下属的各个城邦独立管辖。在科拉高原建立居住地的老挝古代人民，起初建立起了独立的城邦，以及很多城市，如蒙密城、西科达蒙城、蒙侬罕大城、蒙侬罕小城、沙格城。但是之后这些城市因为古吉蔑人的侵入而逐渐衰败。在科达蒙王国时期的南部地区，古代老挝人逐渐建立起了蒙科拉城，之后又逐渐发展成为三个王国，比如位于勐腊城和苏科泰城的王国。这三个王国都能长时间地抵御敌人，各自独立存在。因此随着时间的推移这三个王国被尊为城邦首领。古吉蔑成为附属国并且要上贡给这三个王国。但好景不长，12世纪，这三个王国全部都被古吉蔑人侵占。古吉蔑国王改名为赛亚文腊蛮七世。到了13世纪佬族人才慢慢地重新发展了起来。

科达蒙王国是一个古老的王国，具有悠久的历史。科达蒙王国建立初期，国王将首都定在色巴菲河岸，距河口大约有15千米，被称为西科达蒙城，国王叫西科达蒙国王（根据城市名来命名），王国的领地范围包括湄公河两岸，科拉高原的西部到帕那南桑南多山，东部到长山山脉，南部到色本河流域，北部到川圹省和琅勃拉邦省。大约在公元前400年，科达蒙王国的首都从色巴菲河流域迁移到了湄公河流域。迁移之后首都改名为玛陆卡那空，第一个国王叫做玛陆卡他玛腊萨。大约在公元前300年，科达蒙王国一分为二。因为在科达蒙王国西部边境地区有一个势力强大的人——布里伽，一个年轻的城主，创建了自己的城邦，并取名为占塔布里城。至于玛陆卡他那空城的国王苏密达塔玛文萨已经年老（或者是因为害怕布里伽）就把科达蒙王国的领土分给了占塔布里城的城主布里伽。从南卡定河口至西边，同时为布里伽成为占塔布里城君主举行了登基仪式。苏密达塔玛文萨国王去世之后，玛陆卡他那空城的影响力日益衰弱，而占塔布里城（之后改名为万象）日益发展壮大起来，最后发展成为贸易政治中心，并成为科达蒙王国新的都城。在玛陆卡那空城之后国家最终统一。

科达蒙王国发展繁荣了很长时间，万象成为贸易中心，中国和印度都在万象买卖商品。在中国商人的记录中都能找到依据。例如记录里面说，在公历705—706年，中国商人来扶寮①王国时期的万象买卖商品。中国商人记录中还提到，

---

① "扶寮"指老挝，古代中国人就称老挝人为"寮"，叫占吉蔑人为"扶南"，意思就是在城市南边。

扶寮北部与南昭①接壤，南部与扶南国或者真腊国接壤。②

根据遗留的部分古老的贝叶文字资料和古代文物物证，可以推测，湄公河下游地区和湄公河岸大部分地区的老挝领土，在某些时期和公元8—10年之间，属于古高棉族(吉篾)的行政管辖范围，在公元11—12年被古高棉族占领，在第7年的全盛时期，高棉国王加强了对高棉王国的统治。但是当高棉族的统治势力减弱的时候，古代老挝人民开始争取独立，特别是在高原地区，被高棉族统治着的古代老挝人民，开始奋起争取独立，他们将高棉族的军队赶走，并使高棉族的行政管辖退出老挝的领土，随后建立了自己的城邦。

澜沧王国最初建立于1271年，当琅提腊王成为国王统治香通城(琅勃拉邦)以后，就加强了国家的统治，设立了统一的管理体制，制定了香通城和地方之间的管理制度，并且有了服务系统，行政管辖权划分明确。从那以后，香通城逐渐发展为强大的城市。琅提腊王逝世以后，其子坎丰即位为王后继续加强统治，将各个地方的权力集中于王国。坎丰王调兵去攻占川圹省，将川圹省和香通城合并为一个王国。以上的这些行为，使得临近城市的首领十分害怕，都纷纷送上贡品来表示屈服，请求建立友好关系，当时的封建集权思想，没有得到朝中老臣的同意，但是也没有人敢反对。自从坎丰王逝世以后，朝中大臣就开始抨击封建集权思想，认为侵略攻占其他城市邦的领土来扩展自己的领土，发动战争，使大量的臣民因为受伤而死亡是不道德的。因此，要规定在这样的状况下，不能再次发动战争，但是年轻的朝臣却认为，一个国家要强大，要坚如磐石，要能够抵抗其他国家的侵略，就必须要有辽阔的土地，大量的军队，充足的粮食和消费品，这是为建设家园和战斗提供力量。因此，香通城要想占有优势地位，就必须扩展自己的领土，正如老挝祖先农色城那样。由于政策上的争议，在成败关头，一部分年轻朝臣被撤职并且被驱赶出了王国。

有谁离开了香通城去遥远的地方政治避难了呢？关于这件历史事件，老挝古代史没有一致的说法。有些史书说法蒂王(昭法昂王的父亲)离开了香通城；有些又说法蒂王留在香通城，做了四年的国王以后逝世，其弟昭法坎黑(昭法昂王的

---

① 南昭(依寨)王国包括了川圹省和琅勃拉邦省。
② 《老挝民族》，第1册。

叔叔）即位为第五世国王的时候，昭法昂王带兵攻占了香通城，昭法坎黑由于跟侄子打仗没有取得胜利而羞愧得服毒自尽。关于这个事件，老挝古代史记载，昭法昂王年轻的时候在高棉国，并且在高棉国学习了各种技术。当香通城发生动乱的时候，昭法昂王请求从高棉国带着军队去平定动乱，之后就成为香通城的国王。根据老挝古代史关于香通城（今琅勃拉邦）的记载，证明昭法昂王曾经在南部政治避难，并且于1350年回到北部与父王一起指挥作战，行军至景洪（北卡定）的时候，法蒂王因病在景洪逝世。那以后，昭法昂王继续和主将指挥战斗攻占香通城以外的各个城，即川圹城、华潘五城、天神城、拉伊城、南奔特城、北奔特城、景洪城等，然后回到香通城，昭法昂王定都香通城，并且于1353年统一周边的大小城邦，宣布建立统一的封建制国家——澜沧王国。《老挝民族由来》的编者认为，老挝古代史中关于香通城的记载非常重要，也许真实情况确实那样。

另一种说法是，当昭法昂王指挥战斗到达北乌河口的时候，当时是昭法坎黑（昭法昂王父亲的弟弟）当国王统治着香通城，并且指挥军队离开香通城到北乌河口和侄子战斗，但是香通城的军队被打得四处逃散。昭法坎黑认为自己没有能力从侄子那里取得胜利，因羞愧而服毒自杀来逃避问题。昭法坎黑王逝世后，朝臣和香通城的人民恭请昭法昂王做国王，统治香通城。昭法昂王接受了邀请，成为香通城的国王，并且在1353年宣布建立澜沧王国，昭法昂王建立澜沧王国之后，继续聚集周边其他城邦，清迈地区和万象地区曾经都在澜沧王国领土版图之内。2003年澜沧王国建立650年，老挝人民民主共和国人民举行了隆重的庆祝仪式。

第二节　文化的形成

老挝民族是中南半岛上一个历史悠久的民族，它早于其他民族统治这片土地。在中石器时期到新石器时期的6000至10000年间，老挝民族的祖先把有着相同文化和语言的人民聚集起来组成一个大民族家庭，并统治了湄公河南段的北部和中部，主要是普乐山脉、珊拱潘山脉、普珊苏山脉以及普考利山脉等地区，也就是今天的华潘省、川圹省和琅勃拉邦省。在这些地区探索发现的很多古物都是老挝民族的祖先过去在这里生活留下的痕迹，如：石斧、星石、石柱、石缸、陶缸、谷粒、碎布和日用器皿。这些古物都和早期社会老挝民族的思想观念和信仰相吻合，例如：老挝民族的祖先对于天国有着与众不同的信仰，他们相信先在天堂有了天国，然后才有无人居住的地球。天神派遣自己的军队下凡改造地球，修建房屋使得这个世界繁荣昌盛直至今日。以上所说的信仰和思想观念都不曾有文字记载，但是经过成千上万次的口口相传也就有了这些传说。过去，老挝各个地区的老人都会讲这个故事给后辈听，他们把它叫做"天神的故事"。据说，有一个天神管理着天国，他就是天帝。天帝派了一批天神下到凡间修建房屋，这些从天国下来的天兵天将在人类世界修建房屋使得人间日益兴旺发达。从前，有株蔓藤连接着天国和人界，如果人类有不能解决的危难，比如洪水，旱涝等自然灾害，人们就派布惹和亚惹沿着藤蔓爬上天国去求天神帮忙。有一次，天神赏赐了人类很多谷种，让人类拿去种田谋生。但是有些不知好歹的人，他们懒惰、图便利，不像其他人一样劳作。他们拿到谷种的时候，就把它全部吃完了，然后又派人去求天神帮助。天神在生气地斥责他们的同时也帮助了他们最后一次，天神说，以后再也不要派任何人上来请求帮助了。当这些人下来后，天神就命令把这株藤蔓砍下扔了。从此以后，再也没有人能够上天国了。无论何时人们有危难需要天神帮助，都要举行各种对天神表示尊敬的祈求仪式来请求天神给予帮助。例如，一起放高升火箭来供奉天神和举行祭祀铜鼓仪式。直到今日，举行祭祀铜鼓仪式已经成为老挝的传统习俗。天神国王的故事是一个典型的老挝民间传说，体现了老挝民族祖先相信宇宙空间内共同存在着天国和人间两个世界的思想。国王类似于印度婆罗门教神圣的天神，在他们的信仰里，天神在天堂有着最高的领导权。老挝民族的祖先有着自己独特的思想观念和信仰，才创造出了天神的故事，最后形成了关于本民族的传说。

老挝民族的祖先有了上述的对于天神的信仰，才有了他们各种不同的仪式。他们长期举行这些神圣的仪式传承至今，已逐渐成为老挝的一种风俗习惯，这些习俗和仪式也是老挝民族的文化和文明。

一、星石文化

在琅勃拉邦东北部靠近普乐山脉、珊拱潘山脉、普珊苏山脉以及普考利山脉等地区发现的星石都是星石文化的证据，它是随着老挝民族祖先对天神和天堂的信仰而形成的。老挝民族对于天堂的信仰大致是这样的：在原始时期，老挝民族的祖先生活在天堂，身体是非凡的，食物也是非凡的，还有自己的天宫。他们有着永生的身体，没有生老病死。他们的身体可以在空中随心所欲地飘去任何一个地方，他们只需要用自己的意念想到食物就可以使自己马上有饱腹感。他们可以随时随地用自己的意念变出一个住处。随着时间的流逝，形成了一个没有人类也没有动物生存的世界。国王就派了一些天神下去居住，然后在那里修建房屋使得这个世界日益兴旺发达。老挝民族的祖先根据自己对于天神国王的信仰制作出了很多的星石，他们还相信，宇宙中存在着由一株藤蔓联系着的天上和人间两个世界。根据在琅勃拉邦东北部靠近普乐山脉、珊拱潘山脉、普珊苏山脉以及普考利山脉等地区发现的大量星石，我们可以看出老挝民族的信仰。他们把石头做成各种各样的形状，并放在这些山脚下。他们认为这些地方是他们出生的地方，这些形似太阳或者月亮的星石就是他们自己民族的象征。他们最初只是把石头做成太阳的形状，后来又做成虚拟宇宙的形状，整块石头是被切开的半个橘子的形状，有太阳的图形在正中间，下面是一根树藤（藤蔓），最下面是各种山峰的图形，做出的各种小星石围绕在树藤周围。很多外国人来都看不懂那些山和山峰的图形，总把他们说成是锯齿的形状。实际上，那个时代还没有锯齿，所以他们根本不可能做出锯齿的形状。那些像锯齿的山体形状的石头意指地球，或者是人间。但是在那片土地上布满了成千上万的山体形状的石头，站在海拔较高的山顶上，一眼望去都是狗牙齿的形状，也就是大家所说的锯齿。因此古时候老挝人都把石头雕刻成山体的形状来作为自己民族的象征。在普考利山上发现的另一种石头也是被切开的半个橘子的形状，但是最下面围绕在藤蔓周围的石头却有所不同。太阳的图案有的是在最上面，有的是在中心，下面便是各种动物形状的石头，有爬行动物、蛙类、乌龟以及蜥蜴类动物，大型的有大象、马以及人类。最下面是国王派人砍断的藤蔓掉下来堆在地面的样子。

以上所述制作的石头被认为是老挝民族根据自己的思想和对天堂的信仰所创造出来的，尤其是那些星星形状的石头，它们意指天堂，这些在东南半岛上随处可见的石头同时也被老挝民族看作自己民族的象征。在前4000至3000年的一段时间内，制作石头也被看作是老挝的一种文化，它也可以说是老挝民族的星石文化。因为在普乐山脉附近有大量制作的石头，这些地方都是老挝民族祖先的发祥地。除了星石以外，还有一些动物形状的石头也体现了天堂和人间的共同存在。同时也是为了让天帝看见，然后派天神下来管理和帮助人间。他们认为在人间的人民是在天堂的天神们的子孙后代。后来，制作星形物品不断向东南半岛其他地区扩散，逐渐发展成为雕刻石头、捏制陶石和在山崖和山洞的砖墙上雕刻图案。

二、石缸文化

在葬礼中石缸的出现和使用是老挝人民的又一步发展，这些高原地区的石缸是由埋在山区的石柱转变来的，石缸集中在川圹高原，建设石缸是为了在第二次葬礼中放布施品给死者的灵魂，也就是说先把死了的人拿去焚烧（第一次葬礼），之后拿死者的骨头放在石缸里或石锅里，然后围着石缸埋土下葬，同时拿很多的布施物放石缸里，这是为了致力于找寻死者的灵魂，这一过程被称为第二次葬礼。在过去的大约2500—3000年这一段时期，川圹高原的人民部落是文化最繁荣的部落。在石缸地区有些男僧为了让死去的亲人的葬礼更完整就打造石缸，并且他们长久以来不断坚持打建石缸直至石缸已成为埋葬尸体仪式中的一种葬礼文化。正是由于这个原因，所以在整个石缸平原石缸分布点有60多个点，石缸的总量有1000多尊。

三、陶器文化

陶器的发明是呵叻地区人民的一种文明进步的表现，它有着超过5000年的历史。陶器发现于乌隆府农军县半川村和孔敬府仆旺县南迪村鹧鸪山（位于泰国东北部）。在上述地区不同深度的土层中发现的陶器罐表明了这些部落的人们互相往来相互关联已有几千年了。在半川村的更深土层中发现的陶器罐大约有5000—7000年的历史，而在鹧鸪山也发现有和半川村一样的陶器罐制作技术并且年代也和半川村的差不多。在半川村已经发现一种和石缸相似的星形陶器，这说明他们和创制星形石缸的部落是同一个民族，考力山和在勒诶山线附近的叁姆俗姆山是佬族人的发源地。除此之外，还在其他地方发现了陶器罐，如瑞典女博士Anna kallen在首都万象阪俄城南俄河的Lao Pako开采出的陶土。Lao Pako是古代老挝人民的古墓区，有大约1500年的历史，在Lao Pako地区已经开采出大量的掩埋在尸体下的用来给死者装布施物的石缸和石锅，其中有些陶器罐与半川村的石缸有着一样的制作技术和文化内涵，在技术方面Lao Pako的陶器用品制作已有约1500年的历史。Anna kallen除了在Lao Pako发现上述的陶器，看见死者的遗骸，同时还发现了其他用品，如石斧、铁制长矛，用于纺棉花和做花纹布的石轮，宝石做的纽扣，穿成串的项链，用于在石锅上印花纹的图章和各种青铜用品，如手镯、耳环耳坠、小铃铛等等。

Anna kallen在Lao Pako发现的陶器罐和陶锅以及各种用品还证实了这些东西都是属于同一种文化并且证实了烧制的陶土用品与在东北部南迪村和半川村发现的各种用品都属于同一时期。泰国手艺人在赛麻市王府高山县巴剌萨村也发现了和半川村有相同特点的陶制品，尤其是陶制品上的花纹和颜色，用的是和半川村一样的手艺和技术，但是巴剌萨村的陶制品的年代只有3000年，这说明这些巴剌萨村的人民迁移自半川村的部落，他们进入这片土地居住至今大约有3000年了。以上的各种证据证明了老挝人民制作陶制品已经有长达7000多年的历史，并且一直不断被传承到现在。制作这些陶制品的目的是供人们使用和装布施物给死者，把布施物放入陶器罐后与死者埋在一起，之后这就变成了一种葬礼习俗一直沿用下来。

四、布匹的生产

布匹的生产是老挝民族最高的文明。它继承了来自祖先长久以来的科学技术、艺术和花纹。在班香村挖掘的古人墓穴里发现了有5000年历史的布匹剩余物。以上证据表明：在5000年前老挝民族的祖先就已经知道生产布匹来使用，并且把生产技术延续到现在。正是因为这个原因，老挝各个民族在织各种花纹布方面有高超的手艺，这些技艺传承至今日，并完美地展现在老挝妇女传统服饰——筒裙上。老挝筒裙有别于泰国、缅甸、柬埔寨的筒裙，其特点是需由裙头、裙体、裙脚三部分缝制而成。裙头为普通深色布；裙体为一幅较宽的布，花纹不一定很鲜艳，但色泽好，甚至织以少量金、银丝线；裙脚则要相当鲜艳精美，多织以几何图案花纹。

五、语言文字

老挝语是老挝一种古老的语言，其创造者是老挝人的祖先，老挝语源自日常生产生活中。因此，老挝语有自己特有的单词，有自己特有的语法，比如：单词 ພໍ່、ແມ່、ປູ່、ຍ່າ、ລູກ、ทลาบ、เทลับ；ຂ້າງ、ม้า、ງົວ、คอาย、ໝູ、ໝา、เปัด、ไก่ ；ถิม、บ้ำ、ไฟ、ลิม、ฟ้า、ฝืน；ພູ、ຜາ、ປ່າ、ถ๋ง、ลำท้อย；เຮือน、ຊาบ、บ้าน、เมือງ 等等。上述这些单词是老挝语原词，在老挝人民的日常生产生活中使用得比较普遍。

原生老挝语的重要特点是：都是单音节词，没有弹舌音 ຣ，例如：ພໍ່ 、ແມ່ 、ພູ 、ຜາ、ປ່າ、ถ๋ง、เຮือน、โรງ、ธ้าม、ຮาວ、ธุງ、ແธງ 等等，没有复辅音字母，例如：ກล、ກຣ、ປล 、ພล 、ພຣ、ຄล、ຄຣ 等。有意义的独立单音节词可以组合成多音节词，如：单词 ต๋นไม้ 、ใบไม้、 สายบๅ๋、ลำท้อย、ท้อยทอม，每个多音节词是有自己的意思，例如：单词 ต๋นไม้（树）分开是 ต๋น（树；根源；开始）和 ไม้（树；树木的；木的）；单词 ใบไม้（树叶）分开是 ใบ（叶；页）和 ไม้（树；木的）。

随着社会各方面的发展，原生的老挝语不能满足日益丰富的社会生产生活的实际需要，外来词的借用成为一种趋势，同时也大大方便了人们的生活需要。大约在1世纪到8世纪，从中南半岛迁徙过来的民族大部分是高棉语族。从8世纪到11世纪，在中南半岛高棉语占据了大部分边境地区，12世纪以后高棉族逐渐衰落。老挝民族日益强大，并建立了新的城邦。在当时高棉人统治的地区，有许多高棉语单词混杂到老挝语里，使得很多地方的口音有误差，尤其是根据高棉人用

ຣ代替ສ。在边境与婆罗门教和佛教相连的地方，也有很多婆罗门教语、佛教语和老挝语混在一起。因为这两种宗教都使用巴梵语和巴利语。高棉语和巴梵语最特殊的是都喜欢使用ຣ这个字母，使用复辅音字母，没有ສ这个音节。至于巴利语，则和梵语、高棉语有着同样的特点，不同的是巴利语不喜欢使用复辅音字母，如梵语说ປຣາສາດ对应的巴利语是ປາສາດ；梵语说ກຣະສັດຕຣິຍະ对应的巴利语是ຂັຕຕິຍະ（ກະສັດ）。当有很多外来词和老挝语混在一起时，古人们就通过把复辅音字母修改成单元音字母，把ສ换成ຣ，把外来词变成了自己的单词。

1975年12月2日，老挝人民民主共和国成立时，宣布老挝语为全国通用语，老挝文为官方文字；1991年8月14日，老挝国民议会（国会）通过的《老挝人民民主共和国宪法》再次用法律形式对此加以规定。老挝语是佬泰族群的语言，属于汉藏语系壮侗语族泰老语支；老挝文是记录这一语言的文字。

第三节 文化的发展

一、澜沧王国建立前期

在高棉政权衰退时期，郎提拉王是香通城（琅勃拉邦）的统治者，并把香通城建立成一个独立的王国。郎提拉王始终坚持和高棉政权的对抗，之后勐海王成为清盛城的统治者。历史说勐海王取得高棉政权变得强大，成为清盛城的统治者并建立起清盛王国。清盛城是在高棉的沙耶俄拉曼时期政权凋落崛起的，当高棉政权衰落之后，有着老挝血统的勐海王，带领老挝人民战斗赶走了高棉政权之后开拓了辽阔的百万领土。香通城和清盛城的领土一样，当高棉政权衰退后，郎提拉王就带领老挝民族战斗赶走了高棉政权，之后建立并成为香通城的统治者。郎提拉王在1271年统治香通城直到1316年逝世。

在高棉政权衰落后也同样建立起独立城邦的还有川圹城。一直以来都没有资料证实在那段时间谁是川圹城的统治者。大约在1320年，为了合并川圹城，阚鹏王调香通城的军队来攻打川圹城。

此外，还有很多城市的首领建立了独立城邦，同时也没有放弃和高棉政权的战斗，如万象城川门王的父亲带领军队和高棉军队战斗，之后建立独立政府；侬憨城的古朋森王带领人民获得了独立。

香通王国很强大，在去攻打川旷城并使之并入香通城后，各个地方的首领也非常害怕，并且派遣使团送贡品来香通城以求建立友好关系。尽管如此，阔鹏王仍企图扩大和统一周围的城市，使香通城成为最强大的王国，但是愿望还没来得及实现，阔鹏王就于1344年逝世。召法里奥王子继任君主统治王国以后，根据父亲的计划继续巩固王国，但是遭到大部分的朝臣的反对。召法里奥王子便在统治香通城4年后带着部众逃到南部拉蒙拉玛城，并且建立了根据地，也就是如今的阿速坡省。这个地区有老挝民族和高棉民族混合居住，是老挝政权统治下的自由领土，高棉城的吴哥寺不包括在内。

据《老挝民族由来》书中提到的关于召法昂的事迹是这样说的：卜洛大王说召法里奥有一个王子叫做召法昂，去高棉城的时候还小；另一说法是召法昂和召法里奥逃到南部，在高棉或者柬埔寨王国读书，也可能是在哪一个城，地区靠近色公河河口，如柬崩将城和香登城，但是不会是吴哥寺城和吴哥通城。因为那个时候柬埔寨王国正处于分裂状态，有很多个掌权派，各个派都有自己的统治者。吴哥寺城和吴哥通城在那个时候也是动乱不堪的，常常上演篡权夺位的景象，尤其是14世纪初，如沙耶乌拉曼国王九世在1327年统治王国，在9年后被暗杀。达拉沙潘统治王国，在位4年后，于1340年被自己的儿子夺取了政权。倪攀巴统治王国，在位6年被自己的儿子蓝鹏夺取政权替代了国王。蓝鹏王在位6年，于1352年被无敌城王国的军队攻打首都吴哥通，高棉国王蓝鹏王在保卫国家的战斗中牺牲了。继1352年后，高棉王国（柬埔寨）向暹罗（无敌城）王国进贡多年。

二、召法昂王建立澜沧王国

有很多的史料记载了召法昂王在银塔巴城（高棉吴哥通城）的读书生涯，直到他长大成人并和高棉国王的女儿在高棉首都吴哥通结婚。之后，高棉国王为召法昂王提供了10万的援兵，以挽救香通城正在发生动乱的村镇。召法昂王的军营于1349年在首都吴哥通驻扎，部队进入湄公河腹地，沿着湄公河一带行军。召法昂王自幼在高棉城长大，直到回国时为了拯救老挝才接受高棉国王在军队和武器方面的协助。高棉的历史并没有完全记载这段史实。学者研究了召法昂王的历史之后，认为召法昂王北上解放香通城（1349年）这个时期，高棉城发生了争权夺位的政治动乱，最后的国王（1350年前）在位仅6年就被推翻了政权。由此可见，高棉历史并不像召法昂王的史实记载得那样确切。因为并没有记载召法昂王曾到过吴哥通城，但是曾到过吴哥通东部的城市（可能是香登城或是那一带的其他城镇）。

赛沙翁王时期印刷的琅勃拉邦历史就提到召法昂王为了解放香通城的军事活动是由南至北进行的，召法昂王的父亲召法里奥也参与了同召法昂王一起指挥军队。当召法昂王的军队顺着湄公河从南部延伸到各个番地，直到巴扇城，召法里奥王在此城病逝，丧葬结束后，召法昂王和第一指挥官向川旷城进军，轻而易举就夺下了川旷城，之后进攻了各个要地，北部先后进攻了华潘城、月城、赖城、本南城、本北城和景洪。当召法昂王收复了北方要地之后，就成功进攻了香通城，并于1353年夺取了香通城。同年，召法昂王建立了澜沧王国，备战一年后攻打了兰那王国的腹地清迈。

在昭法昂王收复了澜沧王国的首都之后，国王统一了澜沧王国，并拥有至高无上的权力。其他周边王国如傣越（现在的越南）向中国进攻，当时的中国处于元朝的末期，成吉思汗于1294去世之后，他的侄子铁木真统治中国，人民不忍压迫剥削举行了起义。朱元璋于1328年的起义中从南部扩张到北部，起义的势力不断壮大。1356年攻占了南京，1368年攻占了北京，在夺取了北京之后，朱元璋建立了新的王朝，并改国号为明朝。在元朝的势力每况愈下之时，元朝已无暇顾及南部的西双版纳。当昭法昂王的军队收复了各座城池统一了老挝澜沧王国之后，昭法昂王乘虚而入北上攻占西双版纳，而当时的中国并没有做出任何抵抗。因此澜沧王国合并了西双版纳以及西双版纳的领土和兰那全部领土及香鼎城的领土。无敌城王国也保证每年以蔗糖和糖类等作为贡品上缴给澜沧王国。

根据2000年由玛哈西拉·维拉彭先生写的老挝历史：统一国家之后，召法昂王转向王国建设方面的发展。为建设一个兴旺昌盛安宁的王国，法昂王大力提倡兴建佛寺，传承佛教文化。佛教的敬拜仪式繁多，每年为了敬拜鬼神，达官贵人们都会祭上大量的象腿牛腿。昭法昂王后乔耿娘·阿康玛禾丝看了仪式之后十分悲痛，提议去高棉城请僧侣来常驻老挝，以传播比大乘佛教更加严谨的小乘佛教。当昭法昂王同意王后的提议后，便派遣使团拿着文书带着礼物来到高棉城，请求从柬埔寨王国派遣僧侣来澜沧王国传播佛教文化。柬埔寨王国派遣了由玛哈巴萨曼达忒哈叫僧侣带领的僧团，包含20位僧侣和3位饱学的僧侣：诺拉赛、诺拉戴、诺拉撒，请着佛像从柬埔寨王国来到澜沧王国。所请的佛像以前的名字叫做禁止移动的佛像，后来人们都叫它帕邦佛。这个僧团里面有各个方面都会的能人，如铁匠、铜将、银匠、金匠直至管弦乐器的艺人等等。此外，还有5000人的高棉人和玛哈巴萨曼答僧侣及侍僧1000人，3个饱学僧侣的侍者3000人，乔耿娘王后的侍女1000人，当玛哈巴萨曼达忒哈叫僧侣带领僧团来到香通城之后，建立了小乘佛教，从最初的香通城发展到澜沧王国的全国各地一直延续到现在。[1]

召法昂王从1368年统治王国，直到他的王后逝世。王后的逝世令国王悲痛不已到不吃不睡的地步。召法昂王把权力交给朝臣，有部分朝臣利用权力之便为自己及朋党寻求利益，给人民带来了疾苦。也有忠心的朝臣在政权蔓延到全王国之后，提议让召法昂王放弃政权在拉萨俄罗城加冕并统治泰城。1371年召法昂王决定放弃政权并到喃城（现在的泰国喃府）休养生息，召法昂王在喃城定居了3年后逝世了[2]。

澜沧王国自1353年建国以来，经历了222年的独立，之后于1575—1599年遭到缅甸的侵略，沦为了缅甸的殖民地长达24年，在这段时期老挝人民尤其是居住于万象的居民沦为了缅甸的俘虏被奴役压迫。

脱离缅甸殖民统治之后，老挝努力向和平与安宁迈进，但由于封建官僚势力的不断扩大，老挝人民内部充满分裂斗争，这样的斗争使得老挝澜沧王国于1707年分裂为2个小国，在1715年又分裂成3个小国，这些小国不断地分裂，最后被分成了很多的小国，致使老挝成为一个风雨飘摇的弱国。与此同时，老挝仍受着

---

[1] 玛哈西拉·维拉彭：《老挝历史》，2000年，第45~47页。
[2] 自玛哈西拉·维拉彭叙述之后，召法昂王于1371年在喃城（现在的泰国喃府）逝世，在位18年（1353—1371年）。

被别国侵略之苦，最终于1779年沦为了暹罗王国的殖民地，直到1893年，根据法国和暹罗王国于1893年10月3日签订的法国—暹罗协议规定：暹罗占有老挝湄公河右岸的领土，老挝湄公河左岸的领土则由法国管控。

三、法国统治下的老挝

1893年10月3日签订法泰协定书后，法国和泰国开始划分势力范围管理老挝。泰国提出，湄公河左岸的领土由法国管理，湄公河右岸的领土属于泰国，而且会一直管理下去。尽管沃巴王一次又一次地说是为了帮助老挝摆脱周边国家的侵略，但是法国的目的是统治老挝，是想用非法手段从老挝领土上获取利益。刚开始法国让沃巴王做为外交官与老挝领土管理者进行谈判，谈判期间法方态度也友善，想要和老挝友好相处，帮助老挝摆脱邻国的侵略。但是在法国统治老挝之后，沃巴王再也没有出现了，新的军阀统治者用权势和武器压迫剥削老挝人民，强迫人民出去工作但不支付任何费用，强行征收高额赋税，超出了人民的承受范围，法国还给予地方的封建部落族长特权，使他愿意成为法国听话的奴仆，利用他的地方傀儡政权强行征收高额赋税，从中分得一杯羹。

老挝各族人民不堪重负掀起了反抗殖民主义者、反抗封建帝国主义的压迫剥削的斗争，其抗争过程中涌现了很多历史人物和爱国人士，他们能够调动老挝各族人民爱国精神、保卫家园、捍卫国家尊严的积极性。尽管经过很长时间的反抗还是失去了独立，但各族人民的爱国之心从来没有减退，热爱祖国、热爱家园、捍卫国家尊严、传承老挝优良风俗文化之情一直很强烈，一定不容人轻视。很多前辈如阿努王、哈萨王、君王、沃王、因陀罗王、卡都父、玉佛王、古玛达王、巴伽法王等人都是反剥削道路上的英雄。

四、老挝人民民主共和国的成立

为了国家能够快速地发展，人民的生活能够得到翻天覆地的变化，而呼吁废除封建制度，建立新的管理政权。为了充分利用新时期给国家的内政外交提供的机遇，为了响应全国人民及政府和各级领导的号召，于1975年11月25日在万象市召开了联合会议。

大会集中研究和讨论了多个亟待解决的问题及一个国家在新时代里的重要意义，为了适应国家及地区的发展趋势，大会一致决定废除落后的封建君主制。

大会召开之后，苏帕那翁先生、苏王那普玛先生及普米翁维吉先生将此次会议的要领传达给了琅勃拉邦王朝塞沙万瓦塔那国王，同年11月29日，塞沙万瓦塔那国王也提交了王宫决议。

1975年12月1—2日于万象召开了全国人民代表大会，与会代表共有264位。此次会议通过了国王的王宫决议及临时联合政府决议。同时选举了政府领导人。自此，会议达成以下共识，即：废除封建君主制度，建立人民民主共和制度。建立最高人民议会，选举国家主席，建立老挝人民民主共和国政府，议定国旗、国歌及官方语言。1975年12月1日召开，12月2日闭幕的全国人民代表大会取得了卓越的成就。此次会议得到了其他友好邻国的充分肯定及老挝人民的高度赞赏。①

五、1980年世界和地区的局势

进入1980年中期，世界的局势还很复杂，尤其是世界的社会主义体制和自由世界的分歧对世界各民族的政治和社会经济的调整产生影响。在社会主义体系下的各个国家产生了重大转变，但在实际执行中，东欧和苏联的很多国家局势都动荡不安，最后变成了自1980年底到1990年初的社会主义体系的恐慌。最后，苏联和东欧的社会主义体系最终破产，也对世界上正在进行社会主义道路建设的各国产生了严重影响。

除此之外，自由世界间各国的意见分歧日益紧张，尤其是各资本主义国家的经济发展分歧，因此共有三个经济核心，即：美利坚合众国、西欧各国和日本。为了保护各自的市场，各方制定了各自的标准，并都日益得到了扩展。这也对第三世界的各国，即欠发达国家和发展中国家的经济和社会的发展产生影响。

至于1980年末期的东南亚局势，也有相同的变化。尤其是东南亚联盟，它

① 《老挝历史》，2000年，第996~1005页。

是东南亚各民族的一个组织，旨在发展地区的和平与稳定，它与东南亚各国都有合作。除此之外，越南社会主义共和国的局势也发生了变化，尤其是在1986年越南共产党第六次大会上，带领全国进行革新，以便与世界格局相适应。至于柬埔寨，在政治战争取得胜利后，柬埔寨人民也按照和平道路恢复和建设自己的国家。

在世界和东南亚地区的环境中，老挝人民革命党第四次大会也发生了变化，于1986年在万象召开了会议，全国各民族共有303名代表参加会议。大会研究评估了世界及地区的局势变化和老挝的特殊情况。之后，大会一致通过"老挝人民革命党在经济、政治、社会方面的全面转变方针"。其中，大会上指出，经济改革是重要问题，中心问题是发展生产力，重新分配社会分工，使自然经济过渡到商品经济，转变经济管理机制，废除集中资助管理机制，建立经营管理核算机制等。大会确定了当前社会经济发展的路线与任务，任务有以下7点：

1）逐步建设社会主义工业化，为科技发展奠定物质基础；

2）改造社会主义，转向新社会主义的生产关系；

3）增加工人阶层的数量、提高其质量，并使社会主义农民阶层和知识分子阶层逐渐发展；

4）进行思想和文化的改革，逐步建设社会主义新文化与新人；

5）显著改善各民族人民的生活水平，正确解决社会问题；

6）建立每个社会活动地区的新管理机制；

7）与此同时，大会确定了从1986年到2000年间的社会经济发展的主要路线与任务。

在老挝人民革命党第六次会议上的第二个五年计划中，共有以下12点内容：

1）在全面发展农业的基础上，重点解决粮食问题；

2）限制以及基本停止刀耕火种的生产方式；

3）逐步发展合理的农林系统与工业系统；

4）进行经济划分，制定建设农村和城市的计划；

5）发展交通运输与大众传媒；

6）利用科技的进步，开展基本的勘查工作；

7）调整增强地区国有企业领头人的作用，发展地区合作社经济；

8）全面调整及健康发展社会主义贸易体制；

9）大力调整金融体制和货币体制；

10）发展与外国的经济联系；

11）逐步建立社会主义法律体系；

12）发展教育、文化和公众卫生事业。

为了发展党的第六次大会的"新的转变方针"，国家还制定了从1986年到2000年间的路线与任务。确定了第二个五年计划的内容如下：

1）粮食计划；

2）限制以及基本停止刀耕火种的生产方式的计划；

3）商品开支及商品出口计划；

4）交通运输与大众传媒计划；

5）改革教育事业、建设事业，培养建设社会主义新人的计划。

通过落实实施第二个五年计划，老挝各族人民取得了多项成果。主要是：生产活动比以前顺利，国民经济的发展节奏加快。平均为每年5.5%，通货膨胀的节奏也低于从前。到了1990年，生产总量增加了30%，这使人民的生活得到了更好的调整。生产形式也得到了调整，即从农业合作社转变为主要以家庭为单位、适应地方条件的生产方式。将土地分给农民有效自由地利用。除此之外，还推动各方经济转向农村与山区。以上的转变，从1986年，即转变的第一年，商品显著增加，大米产量达1,449,301吨。

工业方面和手工业方面也得到了调整与转变，推进个人经济、国有经济及集体经济的同步发展，转变国有经济及集体经济让其成为经济实体。仅在1987年一年的落实过程中，就有152家企业转变为经济实体。与此同时，基础工业也产生了，比如，工业加工工厂以及农业工具生产工厂、水泥厂、钢铁厂等。与此同时，还限制了随意破坏森林的情况，植树造林保护环境，恢复被破坏的森林。

在交通业方面，空路、陆路、水路得到了调整，尤其是空路得到了大量的建设投资。13号公路及其他公路改成了柏油路，终年都能方便地通行。很多方面的运输工具都相互结合。如公有的与私人的，以使交通运输将商品更快地分散到各地。与此同时，全国各省的电信体系得到了发展与调整，使联系变得更加快速与及时。

社会文化已得以推进，重点是保护老挝各民族的灿烂文化与古文物，因为它们是国家的文化遗产。公共卫生事业也是引起党和政府重视的一项工作。到了2000年，在教育改革方针和战略下，教育事业得到了改善，教师、大学生以及各职业的队伍在数量和质量上得以提升。

与此同时，公共卫生事业还得到了如下调整：政府着重调整已有的医院与医疗站，使其活动正常运行。允许私人检查、看病、开药，以便确保人民的身体健康。

六、1975年到1985年的老挝社会经济发展

农业方面：1975年之前，老挝的经济不发达，生产不能自足，此外，种植养殖行业发展滞后，不得不订购外国产品。农业的发展需要建造水利系统，使用化肥、杀虫剂，增加季节性种植、增加植物的种类和高效的养殖等才能得到高质量的产品。

工业方面：政府恢复和建立了工业方面的各项事务，增设了新的行业，如机械修理部、建筑器材产品、农具产品、开采矿产、冶炼金属、建设水电站、织布、制药等等。

交通方面：为了使老挝各族人民的生活和经济得到发展，每条道路都被系统地修整过。与此同时，也建设着新的道路，特别是要完成从越南到波里坎赛省的输油管道。

贸易方面：从1975年以来贸易部就有了很大的变化，它组织建立了合作社的集体商店和国营贸易，而私人贸易依旧是正常的活动，每个省随之都有商店和市场的产生。最重要的是老挝人自己可以做生意，广泛流通的商品可以帮助各民族人民解决和调节生活需要。贸易与国际的关系也得到了更进一步的发展。

从1985年以来，为了使经济增长的节奏比以前快，政府在经济方面做了新

的调整，如改变经济管理体系，既有国营也有私营，扩大与外国在经济方面的合作，以市场机制来推动商品的生产，通过提高产品的质量来认真地关注农林业的发展，大力推动发展让工业成为其优势行业，如水利水电、矿产，使得交通和通信更快捷方便更现代化，在财政、贸易、货币等方面调整战略使其有更高效益。

七、老挝人民民主共和国成立39年来所取得的成就

老挝民族是有着几千年悠久历史的民族，有着与外敌侵略作斗争的优良传统，继承了这种优良传统的老挝各民族在老挝人民革命党的带领下能够英勇团结，抵制新、旧殖民帝国主义的侵略和控制，取得了解放斗争的胜利，于1975年12月2日建立了老挝人民民主共和国。民主、人民的政府是通过老挝各族人民的英勇斗争得来的，是来自于人民、由人民掌权，并为了人民的政府。

12月2日对于全党、全国和全国人民来说都是一个重要的日子，2014年老挝人民民主共和国成立39周年。1975年12月2日是老挝民族几千年斗争取得伟大胜利的日子，是一个老挝各族人民获得自由、真正成为国家主人的日子，是老挝取得完全独立和主权的日子，从这一天起，老挝在世界舞台上拥有与其他国家同等的尊严和地位。

凯山·丰威汉主席曾经这样评价1975年12月2日："以往创造老挝民族历史的各族人民从没有像今天一样取得如此完全、彻底、正式的胜利，这个胜利不仅恢复了国家的独立，而且是过去过着奴隶般生活的各族人民第一次成为独立自由的、正在迈向社会主义的国家的真正主人，其将在这片可爱的土地上实现老挝民族以及全人类的强烈愿望。"

2014年12月2日的国庆也是全党、全国和全国各族人民落实老挝人民革命党"九大"会议精神，实施政府"七五"规划的重要阶段，同时也是为了迎接两个重要的具有历史性意义的日子，即老挝人民革命党成立60周年和老挝人民民主共和国成立40周年。

自解放以来，老挝在建设发展国家方面取得的成果是：老挝各族人民能正当家做主，国家有了宪法和法律，老挝各族人民的权利和义务得到了保障，在党的

领导下团结一致，实施保护和发展祖国这两大战略任务，使得老挝人民民主共和国获得全面的发展和进步。

老挝社会经济发展取得了重大成果，并保持持续稳定的发展势头。国内生产总值在各个阶段都有所增长，如1986—1990年，每年平均增长4.8%，1991—1995增长6.4%，1996—2005年增长6.2%，2006—2010年平均增长7.9%，2012—2013年增长了8%，人民收入也有所增加，如1985年人均收入114美元，1995年为380美元，2006年为534美元，2012年为1355美元，2013年大约为1534美元。

把解决贫困问题和建设发展村相结合的方式，使很多方面都得到了改善，2014年有发展村3095个，全国有8514个村子，占36.35%，有发展家庭808.422个，占71.02%，还有贫穷村1966个，占23.09%，困难户有92.328个，占全国1138.287户的8.11%，比2013年减少了24.480户，贫困县还有30个，占全国148个县的20.27%。

农业方面：2004年生产水稻250万吨，2011年生产338万吨，2012—2013年生产341万吨，比2011—2012年度增长2.3%，能够生产成商品并满足市场的基本消费需求，如：生产玉米、甘蔗、咖啡和各种蔬菜5,426,605吨，工业树种如橡胶的种植有了长足发展，农场化养殖业也迅速增长。

能源和矿产方面：正积极发展水电站项目，如南俄河5号和卡曼河3号水电站。大型项目有沙耶武里水电站，南乌河2号、5号、6号水电站等。2012—2013年生产电力10.57百万千瓦时，平均增加2.24%，能够提供电力给每个省和县市区，2014年农村有电网覆盖到6.366个村，占74.77%，比2013年增加324个村。2012—2013年度生产铜矿89,940吨，增长28.4%；生产金矿3.76吨，增加了0.57%；生产水泥227万吨，增加了14.2%；生产钢筋和钢材58.03吨，增加9.04%。

工业和商业方面：2012—2013年度工业发展率为7.4%（比上一年度降低14.45%），为经济增长做出2.12%的贡献，占整个GDP的28.04%。2011—2012年度，加工工业的平均增长率为9.7%，有工厂和手工艺加工厂37.96个，工业有了较快的发展，手工业品的销售量增长了大约7.8%。

商业方面：2013年2月2日，老挝正式成为世界贸易组织第158个成员。商业方面有了很大的发展，2013年全国共有市场677处，其中大市场72处，中型市场116处，小市场300处和其他的市场，使商品能流通分配到偏远农村地区。

交通运输方面：交通运输方面得到很大的改善和发展，有各条道路连接次区域和东西经济走廊。目前，万象市塔纳亮码头至泰国廊开府的铁路已经开通，磨丁口岸至首都万象市的高铁项目正在谈判中，届时将有道路到达各省、县、村。

道路总长为43,604.39千米，国家级公路7352.41千米，省级公路8089.08千米，县级公路5518.72千米，市区公路2160.78千米，农村公路18,757.35千米，专用公路（公司修建的作为该公司生产者进入生产区域的公路）1726.05千米。有柏油路通达每个县，有桥梁90多座，其中跨湄公河桥梁有7座。

邮政电信方面：邮政和电信方面发展迅速，每个县都100%通了电话。2004年有座机和手机总计405,300部，相当于每人6.5部。自动电话服务中心增加23%，手机服务中心从2001年的1所增至2005年的4所。电信网覆盖了全国的80多个县，2005—2013年全国总计有邮局119所，邮政网点108处，增加了3所县级邮政网，总计达117所。通信电缆已快速遍布全国11,500千米。电话服务中心有99所，其中国营电信企业有38所，老挝合资国营电信企业58所，卫星通信公司2所和迷你通信公司1所。现在，老挝全国总共有360万个电话号码，其中座机号码149.3万个，手机号码33.9万个，已经注册使用了259万个。无线座机电话号码有5万个，已经使用了29,570个。

从首都万象市到各省、县的自来水系统也得到了发展，2005年有自来水量75立方米，2012年自来水产量增加到147,947.220立方米。各省的市区已全面使用上自来水，可以满足1,862,876人的使用，可以让人使用的总储水量为107,969,797立方米。

总的来说，2013—2014年，经济领域有了相当快速的发展，尤其是电网、水利系统、机场、火车和其他方面的发展，逐渐成为生产、运输、经贸、投资、旅游和提高人民生活水平的直接和间接的支持优势。随着经济的发展，社会文化持续得到发展，具体表现为：

教育方面：从1975年直到现在，教育各方面的数量和质量都已经得到了拓展。

现今幼儿学校1802所，其中私立部分有293所。中等教育2009—2010学年增加了教育水平，现在全国有初等学校和高等学校1494所，2013—2014学年在系统外的教育中，140个城市有初等和高等补习学校13所，总共有学生3000多人。聚集的教育中心310所，职业训练中心28所。

职业研究和职业训练中心：职业学校增加到95所，其中私立学校有73所，有初级、中级、高级并衔接高等学校和大学学士学位的4个系统。2013—2014学年全国总共有大学5所，其中4所隶属教育部和1所隶属公共卫生部。专科学校有133所，私立学校有72所，全国有高等学士学生115,523人，硕士1048人，博士34人。除此之外还有学生去其他国家深造，总计2894人，女性1020人。1975年有师范学校1所，有学生170人。至今有包括国立大学教育学院的师范学校11所。

公共卫生方面：公共卫生网已经发展成为团体，在2014年已经使用干净水的村庄的人民数量占据93.79%，公共卫生模范村有4646个，占54.57%，与2013年相比增加768个，相当于4.02%。产妇和儿童死亡率都下降了，例如：新生儿死亡率为一年48／1000人，产妇死亡率为339／100,000人，老挝人的平均年龄为65岁。

在劳动力与社会福利方面：劳动力的发展已经得到了持续的调整，全国有超过153处发展劳动力手艺的职业中心，因此，可以培养好几万老挝劳动力的求职。在2012—2013年度，老挝劳动力人数达19,350，增加了21.38%，老挝得到许可在外国工作的人数达22,537，相比上一年度增加了3倍，合法进入老挝工作的人数达5663，其中，在工业部的占71.91%，服务业占27.15%，农业部占0.94%，大多数是来自于中国的劳动力，共占54.14%，泰国劳动力占26.15%，越南劳动力占4.92%，其他国家占14.79%，老挝还落实了对国家有特殊贡献的人才的相关政策。

文化信息工作：无线电广播电台也一步地得到了发展壮大，由2010年的43个电台发展到2013年的63个电台，再到2014年的64个电台，其中，中央有9个电视发射台可以通过卫星发送信号，网络覆盖率达75%。各类报纸和杂志共127份，其中有27份报纸，96份杂志，4份外语杂志。到如今，有超过682,803户文明户，4015个文明村和超过85个联合村。

司法工作：到2014年，国家规定及生效的法律达118部。在2012年，有20多份主席令，多于143份的总理令以及超过189份的其他法律行为。

外交工作：老挝注重与各个友好战略国的合作关系，尤其是越南与中国，在国际和地区的合作很密集。到2014年，老挝和135个国家进行了外交活动，和50多个国家有经济联系。正因以上的合作关系，使老挝在地区和国际舞台上的地位得以提升。

国防工作：老挝已经得到了国际的认可：是一个政治稳定、社会安定、秩序井然的国家，人民慷慨大方、友好，是一个安静、值得游玩的国家。到2014年，在全国8514个村中，有7014个保护村，占全国的82.38%，比2013年增加了72个村，有治安村6491个，占总数的76.24%，状态良好的村有5883个，占总数的69.10%，比2013年增加了689个，无毒品村有5637个，占总数的66.21%，比2013年增加了294个。

总的来说，在过去的39年以来，老挝的社会经济已经得到了平稳和持续的发展，从城市到偏远农村地区的各类基础设施也得到了系统性的发展，人民的物质文化生活也日益改善，解决贫困问题也日益有了方向，在很多方面的工作也取得了成效。

第三章　物质文化习俗

第一节　饮食文化

民以食为天。饮食不仅是生活中的重中之重，而且可以从侧面反映出该民族文化特点。每个人每个国家在食物的种类和制作方法上都有各自的特点。

一、主食和主要菜式及做法

从主食到香辛料都属于亚洲稻米食文化圈的老挝主要以稻米和蔬菜为主。作为佛教徒的老挝人对肉食方面的禁忌比较少。无论做什么菜其中必不可少的就是鱼酱。有句反映老挝饮食特点的话就是"蘸着鱼酱吃着糯米饭，嘴里边嚼着辣椒和茄子"。除此以外，还有一句反映老挝饮食特点的话就是"住着高脚屋听着芦笙，吃着糯米蘸鱼酱才是地地道道的老挝人"。老挝民族的饮食的整体特点是简单、清淡，喜用香料调味。菜式的特点主要是酸、辣、生。老挝人的主食主要是大米，尤其是糯米。糯米饭的制作方法也很有特点，通常是把糯米用水浸泡一晚，第二天早上用一个竹编的漏斗状的容器装米然后放在盛有水的锅上蒸熟。这样蒸煮的糯米口感香软、有嚼劲，并且还透着一股竹子的清香，香甜可口。食用时可以用大小不一的带盖竹编饭篓分装，以便保持米饭的香气和温度。老挝人吃糯米饭时喜欢用手将饭捏成小饭团，或直接送入口中或蘸着用番茄或茄子等做的酱汁配着米饭吃。在农村因为用餐时间不定，通常是上午用锅蒸熟糯米饭后储放在一个陶坛中，以供一家人随时抓食。糯米饭的另外一种制作方法就是将之做成竹筒饭，老挝语称之为"考兰"。通常是将浸泡过的粳米、糯米或者紫米，有时加入椰浆和椰蓉，或者鱼肉，混合后填入竹筒内，并用芭蕉叶封口，然后放在炭火上烧烤。食用时将竹筒劈开，米饭上还粘着竹膜。口味香甜，竹香四溢，别具一番风味。

老挝具有特色的菜肴主要有：剁生、"巴叠"、烤鸡、烤鱼、舂木瓜丝、"考栋"、拌菜、"冬阴"汤、"磨巴（鱼糕）"。剁生是源于老挝语的"LAP"，实际是一种烹调方法的总称，也是一种颇具有老挝特色的风味菜肴。剁生分为生、熟和半生半熟三种。一般的做法是将新鲜的猪肉、牛肉、鸡肉、鱼肉或肝脏、肚子等剁细后用辣椒、香菜、番茄、柠檬、葱、蒜、盐、鱼露等多种香料拌在一起，吃起来略有苦腥味。鱼酱在老挝语中的发音为"巴叠"，实际就是经过腌制后的鱼酱，多用作凉拌或蘸食的佐料。"皮阿"是一道汤菜，一般用牛胃或鱼肚中未完全消化的草，加上配料煮成。老挝人非常喜欢吃烧烤类食物，在老挝语中烧烤类的食物通称为"并"，烧烤的品种也非常丰富，主要有猪肉、鱼肉、鸡肉、鸭肉、香肠以及各种动物内脏，甚至还有烤芭蕉。吃的时候配着一团糯米饭、各种蘸料、一盘生鲜蔬菜一起。在烧烤的食物中不得不提的一道菜式就是烤鱼，其特色在于在鲜鱼的鱼鳞上抹上盐然后放在炭火上烤，烤熟后拨开鱼皮配以蘸酱、新鲜蔬菜等食用，这种做法保持了鱼肉的鲜香和细嫩。舂木瓜丝也是老挝街头巷尾随处可见的一道美味佳肴。其做法是：首先用刀把尚未成熟的木瓜剁成丝放在石臼里，加上新鲜辣椒、茄子、西红柿、柠檬、鱼露或鱼酱、花生米、盐、糖、味精等作料后边舂边拌，最后盛出装盘即成。除了木瓜丝以外，还有很多食材也可以用同一制作方式来舂食，比如：黄瓜、米线等。老挝人平时还吃用肉汤煮的米粉、米线，在老挝语中将之称为"考本"，老挝人吃的时候还喜欢配上豆角，香菜等生菜一起食用。"考栋"是糯米的另一种食用方法，外形和做法类似中国的粽子。先将大米或糯米浸泡后加上猪肉、鱼虾、蘑菇等配料，同时将芭蕉叶洗净并修剪为细长的条状。一端略微修剪出一个尖角用于固定，然后用芭蕉叶包裹配好的米粒后包裹成长方形，放入水中煮熟，味道非常诱人。拌菜类似西餐的沙拉，包括花生、香茅、姜、辣椒、薄荷、炸蒜片等，口感绝佳。"冬阴"也称之为"酸辣虾汤"，做法是先将"大头虾"烤出香味，然后加辣椒、香茅、鲜草菇、柠檬草、香草、鱼露、酸柑、沙姜片等调味料与猪骨头汤同煮，出锅前加三花奶，用炭炉上桌。老挝的蒸制菜肴做法很精细，宴席上常见的"磨巴（鱼糕）"就是其中之一。制作方法就是将鱼肉、香菜、鱼露、盐、辣椒、蛋清、椰子汁混合后舂成鱼泥，放进芭蕉叶做成的盒子里，放在蒸笼里蒸熟即可。

老挝人崇尚自然的生活方式让他们对食材的挑选也是遵循靠山吃山，靠水吃水的原则。往往就地取材，有什么吃什么。除了植物的果实、叶子之外，昆虫在他们眼里也是大自然的馈赠。老挝人将像米粒大小晶莹，洁白的蚂蚁蛋与炒熟了的肉末、香菜、碎姜粒拌在一起，淋上酸甜的酱汁，色香味俱全。另外，油炸蝗虫、竹虫、铁甲虫、辣鼻虫都是老挝餐桌上的一道道珍馐。蝗虫和蟋蟀除了能够果腹之外，还富含钙质，对于不适宜吸收乳糖的大多数亚洲人来说也是补充钙质的好方法。

二、各民族的饮食文化特点

老挝各民族有自己独具特色的饮食习惯。比如：

老龙族的主食多以糯米为主，喜食猪肉、牛肉、鸡肉、鸭肉、鱼肉、虾肉、螃蟹等肉类。蔬菜常以空心菜、莲花白、豆角以及各类叶类青菜为主，也喜欢青苔、竹笋等。

老听族主食大米、玉米、荞子和小米等。除了猪肉、鸡肉、牛肉、羊肉以外还有喜食各类飞禽。蔬菜多以野菜为主。老听族还喜欢用苦菜、瓜尖和豆苞等与酸笋丝一起煮后制作成酸粑菜。

苗族、瑶族等民族喜食大米、玉米和荞子；肉类以猪肉、牛肉、鸡肉和狩猎所得的动物为主。蔬菜较为单一，主要以瓜果、苦菜和野菜为主。

三、饮食习惯

老挝的物产丰富，在烹调原料的选择上，老挝人几乎都是以纯天然的食材为主，简单到普通的调味料也要用石臼研细了，再加入调味酱料一同调制，调味品均使用的新鲜蔬果制作。例如老挝食物中的酸味都是用柠檬或番茄调制出来的，主要的调味料是采用诸如鱼露、虾酱等天然调味品。鱼露是液体的盐汁与生鱼泡制而成的。虾酱则是固体的，呈黑紫色，是将虾和糠虾捣碎发酵而成。因此，尽管老挝菜式的口味重而复杂，究其特色却是以自然界的各类天然素材调制而成。

老挝人喜欢饭后吃点水果，经常根据各个节令在餐后上一点应季的水果。常见的水果有菠萝、橘子、柚子、莲雾、西瓜等，近年来随着和周边国家接触的日益密切，在集市的水果摊上还可以看到一些温带水果，诸如：苹果、桃子、梨等，但价格都比较贵。芒果是老挝最常见的水果之一，几乎很多家庭的院子里都会种有芒果，但是老挝人通常喜欢食用尚未完全成熟的芒果。将之摘下来后去皮切片或条，然后配上用石臼研制的蘸料（通常是辣椒末、盐、糖混合而成的）一起吃。说到老挝的水果，不得不提的一种饮食文化就是"嘎叮车"，这是一种在老挝的大街小巷里游走的小摊贩。在三轮车上装有一个玻璃盒子，分为多格，分别装有洗净削好的西瓜、菠萝、芒果和一些不知名的小果子，每个格子的底部会铺上冰块以保持水果的新鲜和清凉。水果的种类很多，加之色彩丰富，让人看见后食欲大开。小贩为了招揽生意，通常会在车把手上装一个小铃铛，走街串巷时就摇动铃铛发出清脆悦耳的嘎叮嘎叮的声音，这声音远比叫卖声动听多了。故将这种贩卖水果的小车叫做"嘎叮车"。此外，老挝人一年四季都喜欢喝鲜榨果汁，做法也十分简单，也绝不添加任何食品添加剂，真正的保留了水果的新鲜口感。有时还会将几种水果混合后一起榨汁，即老挝人通常所说的"南班"。在饮用其他饮料，包括啤酒、可乐甚至茶水时都喜欢加冰块。在炎热的老挝，冰茶和冰果汁既可解暑热，又可开胃，深受人们的欢迎。

另一个可称得上是老挝饮食标签的食物就是老挝的"酱料文化"。作为一个典型的佛教国家，佛教思想不仅仅对老挝人的行为意识产生了巨大的作用，人们更将这种信仰贯穿到日常生活中，甚至是饮食中，传统的老挝人不吃完整的鸡和鱼，而是要先将其切碎再进行料理。酱料也受到佛教思想的影响，就是要将所有菜式做得模模糊糊。老挝人将蘸料统称为"焦乌"，配合不同的食物有不同的酱料，各种蘸料的原料和口味都不尽相同，品种之多难以想象。酱料的制作方式有腌制、凉拌、炒制等。

四、老挝的酒文化

老挝人的饮料多以天然饮品为主，比如新鲜椰汁、甘蔗汁和前文中提到的各种果汁。另外，酒也是民间颇受青睐的饮品。

关于酒的起源，在老挝有一则传说：

传说一猎人上山打猎，在树下休息时看见一群鸟嘴里叼着麦穗飞到树杈上休息，鸟儿们边吃稻谷，边饮用树枝上的水。不久，鸟儿就出现了一些反常的举动，有的东倒西歪，有的飞起又落下，有的跌落地上扑腾，一副兴奋无比的样子。猎人不解，于是就爬树上察看，发现树枝中间有个洞，里面积了些雨水，树洞底部还有些谷粒。猎人取了一点水尝了尝发现鲜甜无比，喝多了又有点头晕兴奋的感觉。于是他就带了一些回去献给了国王。国王尝后也觉得口感很好，命大臣们为其取一个名字，从此便有了"酒"。现如今老百姓饮用的多为用糯米酿制的白酒。在一些少数民族地区有喝坛酒的习惯，是老挝人的一种待客形式。喝酒时主宾围坛席地而坐，酒坛里插上许多竹管，大家边喝边聊，喝的差不多的时候往里面再加上一些清水继续喝。另外有些少数民族地区喝坛酒的习俗又有所不同，一般是轮流喝酒，第一轮（即喝第一口时）不能拒绝，否则被认为是对主人不敬，第二轮起如果不想喝了就可以双手抱拳并举向右肩，表示感谢。

相对于以上这些饮料来说，老挝人似乎对本国生产的啤酒更情有独钟。老挝啤酒厂成立于1973年，起初是和法国人联合经营。1975年老挝独立后，啤酒厂全部由老挝人接管。2005年老挝啤酒厂与嘉士伯啤酒开始合作并成为其唯一的合作伙伴。从经营之初，老挝啤酒厂生产的啤酒和饮料就占领了老挝国内市场上的绝对份额。老挝啤酒还凭借其高品质的口感多次获得国际啤酒锦标赛的金奖。与老挝啤酒齐名的还有老挝人独特的饮酒方式。为了显示彼此之间的亲密和团结，老挝人喜欢在喝酒时共用一个酒杯。喝酒时由敬酒人先倒满酒杯一饮而尽，然后用同一只酒杯将其斟满后依次敬各位宾客。被敬的人如果拒绝会被视为不礼貌。一轮之后再由下一个人接过酒杯照此法进行下去。然而这种方式对外国人来说很难接受，而且也不卫生。现在老挝人们也逐渐接受了饮酒时一人一只杯子的新礼仪文化。

五、进餐时的礼仪及禁忌

老挝人进餐时的餐具十分简单，只要有一只圆盘，一把汤匙和一双筷子就够了。在老挝正确的进餐方式是就座后先舀适量的米饭在自己的盘中，再用汤匙将米饭和菜肴拌匀，筷子主要是用来夹菜。用餐时不要图方便将盘子端起来倒入口中，既不雅观也很失态。传统的老挝人在进餐时常常是席地而坐，菜肴则是放在帕考上。"帕考"即为老挝人的饭桌，自古以来就是老挝家庭不可缺少的一样重要物品。大多用竹片和藤条编制而成，多为圆形，高约10厘米，制作工艺精致。老挝人喜欢和家人、朋友们在一起聚餐，吃桌餐。因此从某种意义上讲饭桌还是家庭团结，集体和睦的象征。他们将聚餐叫做"欢帕考"，意思就是同在一张饭桌上吃饭，从这里足以看出老挝人对"帕考"的重视程度。无论早餐、午餐还是晚餐时间，所有的家人围坐一起，主妇们将准备好的食物摆放在"帕考"之上，然后端出来放在屋子的中央供大家共同享用。遗憾的是，现如今的老挝家庭和餐厅多以桌椅为主。在用餐方式上和中国并无差别。"帕考"还有另一个功能，就是作为拴线仪式中的重要道具。和很多国家的人一样，老挝人在一些重大传统节日或是有重要的家庭活动，比如：结婚、生子、盖房、贵客迎门等时刻都喜欢呼朋唤友来聚餐，而在进餐前都要举行"巴洗苏款（拴线仪式）"，人们要把做好的花座连同鸡肉、鸡蛋、点心、水果等食物供放在"帕考"之上，等念经祈福，拴线结束后所有来宾一起分享供桌上的食物，以此作为获得福气的方式。用餐的人当中如果有长幼或辈分之分，则由靠近墙壁或是离门最远的上手位置起依次落座。到老挝人家中做客，主人通常会用最拿手的菜肴招待客人，即便是口味习惯不同，客人也要尽量显示出喜欢的表情并赞扬主人的手艺。否则会被认为是主人厨艺不佳或是对主人的不敬。老挝人习惯将鱼头或鸡头让给客人以示尊敬，客人应欣然接受并表示感谢。如果进餐时是席地而坐则要注意不要将脚指向他人，一般情况下，男性多是盘膝而坐，女性则是并膝把脚侧放一边。有人面对面谈话时，其他人尤其是女性不能从中间穿过，应绕道而行，如无路可绕，必须得从别人面前经过时，应低头并微屈身体说声"扩拓"（意为对不起）。

老挝人民是一个能歌善舞的民族，这一特点也体现在老挝的饮食文化中。老挝人在聚会或宴会上通常有种习惯，即在众人吃饭中途开始歌舞助兴，也就是通常所说的"奉兰翁（意为圆圈舞）"。舞蹈是由男女结伴围成一个圆圈，故名"圆圈舞"。第一支伴奏响起后都是由聚会中最有威望者领舞，其他舞伴跟随其后。此后的每支歌曲则依照来宾的地位和身份的高低依次来做领舞者。一次标准的老挝聚会通常是由拴线、进餐和跳圆圈舞几个部分组成。

六、外来饮食文化

老挝曾沦为法国殖民地。在法国统治期间，除了在政治上对老挝的影响外，对普通老百姓的饮食起居等生活习惯也造成了一定的影响。比如：传统老挝人习惯用手抓饭，但殖民时代以后至今更多的老挝人习惯使用汤匙和叉子。另外老挝的西餐文化也被保留了下来，在万象有很多家地道的西式餐厅。老挝历来就有很多华人来此居住，所以老挝的饮食文化中也吸收了不少的中国元素，最典型的就是筷子的使用。近年来随着越来越多的中国人到老挝旅游、投资，老挝的中餐馆也不断地涌现，精致而丰富多样的中国美食也受到了老挝人的追捧。

外来文化对饮食的影响还体现在食物的名称上。比如："粉（米线）"。"粉"最早是由越南人带入老挝的，虽然加工方法上加入了一些老挝人特有的方式，但是名称依然保留着越南语的发音。"道户（豆腐）"和中文中的豆腐发音基本一致，因为这种食物是从中国流入老挝的。诸如此类的食物还有"比阿"——啤酒（Beer），"撒"——茶；"芥基"——荔枝等等。除此，外来饮食也丰富了老挝的菜式。比如颇受游客欢迎的老挝火锅最初就是从日本火锅的吃法演变而来的。火锅用的锅造型很特别，锅底是向上凸起的，在上面有规则地开了很多细长的口子。正确的吃法是在中间凸起部分的周围倒上清水，在凸起部分的中间放上猪油，随着炭火的燃烧，猪油溶化后顺着四周流淌下来，食客将五花肉片，牛肉等放在有开口的四周进行烧烤；蔬菜，鸡蛋等食材则是放入清水中进行汆烫。烹制熟的肉和菜再配上店家秘制的蘸料，味道堪称一绝。老挝人对一些外来食物进行改良以此来迎合老挝人的口味。"考基巴代（鱼膏面包）"就是将法国长棍面包从中切开后，在中间夹上鱼膏片、腌黄瓜片、生菜叶、葱段后，再挤上点番茄酱或沙拉酱而制成。

第二节　服饰文化

老挝历史悠久并且民族众多，在衣着服饰上有着丰富多样的款式和色彩。各个民族的服饰也有着鲜明的特点。随着社会的发展与进步，服饰也随之发展变化着。人们的穿着打扮也不断受到各国之间经济文化交融的影响而产生着不小的变化。

一、老挝传统服饰的特点

传统的老挝男性服装的色彩很单调，根据不同的场合，款式也会有稍许不同。平常干活时，为了工作方便、防晒和防止蚊虫叮咬的需要，男子一般穿着黑色或深色上衣和裤子。至于袖子和裤腿的长度则可长可短，没有限制。居家时，无论老少，男性一般穿纱笼，材质则依照个人喜好和经济状况选择棉布或丝绸。上衣一般为黑色、白色，其他颜色也可以。长袖、短袖皆可。到了参加正式活动或节日庆典的时候，对衣服的要求就颇为讲究了，并且要符合一定的传统规范。男子下装要穿用一幅长约3米的长布做成的"帕嘎刁"或称"帕要迈乃刁"，俗称兜裆裤，通常是绸布质地的。穿法是：将布自后往前包缠双腿，然后把两端布边卷在一起后从胯下穿过，最后将多余的布卷头掖在后腰。由于纱笼下摆较宽，穿着舒适凉爽，因此它是老挝男性中流传最久的传统服装之一。上身穿白色的长袖或短袖上装。同时还要搭配一条"帕要迈"，也叫"帕邦"在肩上。如果不按照这样的方式穿戴整齐，尤其是参加节日，到寺庙里听经理佛或是其他宗教活动时，就会被别人瞧不起。如果是穿着裤子，甚至是短裤的话则更是一种不懂行为举止规范，破坏老挝民俗习惯的行为。

可以说老挝女子的服饰文化也是老挝文化中的一个亮点。它有着与众不同的特点。传统老挝服饰对女子的要求相对男子来说要更多，更严格些。不同场合有着不同的要求。老挝人对女子的着装有着自己的审美观。在干活时多穿着黑色的棉布衣服，下身穿黑色或深色筒裙。在家时上衣的颜色不限，款式较为休闲，筒裙可以带有花色，但是款式和质地和出席公开活动时还是有差别的（裙头和裙脚不一定非要单独缝制，质地多以轻薄、柔软的棉布为主）。在社会上工作的女性衣服颜色没有太多要求，只要是短袖即可。如果是参加节庆活动则大部分是要求穿短袖白色上装，下穿筒裙。无论是过去还是现在，老挝人对于鞋子的要求都比较简单，这可能与过去老挝人打赤脚较多有关。平时在家，不论男女都是赤脚，进屋之前要把鞋脱了放在门口，即便是来访的客人也是如此。其他参加社会活动或外出工作时，男性大多穿皮鞋或凉鞋。女性则是穿套鞋、凉鞋或拖鞋。

二、筒裙文化

老挝女性在社会生活中扮演着很重要的角色，除了承担家庭社会工作外，在宗教活动中也是不可或缺的一部分。她们要为举办仪式做各项准备工作，甚至在寺庙墙壁的雕刻上也能看到女性用身体支撑起寺庙的造型。另一方面社会礼仪规范当中对于女性的要求保留下来的更多。在老挝无论是社会活动还是宗教活动都要求女性穿着筒裙。

筒裙的穿着方法同纱笼一样，布的两端宽边缝合成圆筒状，穿时先把身子套进布筒里，然后用右手把布拉向右侧，左手按住腰右侧的布，右手再把布拉回，折回左边，在左腰处相叠，随手塞进左腰处。穿时也可以用左手以同样动作向相反方向完成。

老挝的筒裙有别于东南亚其他国家的筒裙，是由裙头、裙身、裙脚三部分拼接而成。老挝的筒裙制作考究，堪称老挝的一种手工艺精品。

1. 筒裙的制作工艺

筒裙的制作过程一般是先扎经、再染线，最后再织布。扎经的工序一般有描样、扎制、入染、解结、漂洗等过程；老挝女性们所用的染色原料一般是植物染料，这一天然染色过程是筒裙制作流程中比较有特色的一环，植物染料可利用的部分包括根，茎，心，皮，叶，花，果等，老挝地处热带和亚热带地区植物染料资源十分丰富。染色有低温染色和高温染色之分；低温染色是首先将纱线浸入染料中进行染色，浸泡一段时间后取出经过拧，拍，揉，扯等再放入缸盆使其充分浸透、然后再挤去水分晾晒，如此一般都要经过几次甚至几十次的反复浸染、晾晒方完成。高温染色即先将砍成片的植物染料投入锅中煮，再放入染物一同煮，一定时间后取出染物清洗、晾晒，有的染色后不能在阳光下暴晒，只能在树阴下风干，在染料中加酒对色彩的改善也起一定作用，还可加强染料的渗透性。这种高温染色大大提高了色彩的鲜艳程度，被染物也不易褪色。织布有着复杂的工序首先是整理经线的过程即拐线、浆线、络线、经线、投杼、刷线等，然后是整理纬线即把纬线缠绕在梭心上，这之后就可以织布了。

从布料材质、花纹、织法和颜色可看出筒裙的民族性和地方性，如：南勃拉邦、万象、沙湾等地的老龙族多用金、银丝嵌于筒裙或者是披肩上；有龙纹或狮纹的筒裙是傣族筒裙特征，这样的筒裙多是华潘省的红傣、黑傣；用红色、黑色棉线挖花织制的傣仂族，而用腰织机织布的是南部的老听族；大红色是川圹傣族的特征，而粉红色是黑傣的特征。

2.筒裙上的图饰及其寓意

筒裙上尤其是裙脚上形象逼真、微妙惟肖又富有情感的图案纹理可以说是"高度浓缩了的筒裙文化"。

全世界布匹的图案纹理大体可做以下的分类：

1）几何图形

2）人像或神像，如：梵天神和毗湿奴神

3）植物：树叶、花

4）意念中的信仰或猛兽：蛟龙、狮子

5）家畜、野兽：牛、大象、鸟

6）建筑物

7）文字

在老挝筒裙上后两种图纹较少见，这是因为长期以来，老挝一直是落后的农业国家，全国的国民受教育程度都处于极低的比例，而女性更是没有机会上学。这就造成了这样一个情况：妇女们既不是建筑师，也不懂得文字，尤其是在古代。相反，前五种就比较常见了，她们的大部分时间都是在家里度过，跟外界交流和联系少之又少，在她们头脑中产生的画面和灵感无不与长辈们讲述的故事和传说有关，而老挝又是一个信仰小乘佛教的国家，可以说佛教思想深刻的渗入到第一个人的头脑中：就植物纹理来说，每个人都跟周围的自然环境有相当密切的关系，傣族人大多倚湄而居，常年炎热的天气使得他们喜爱嬉水游泳，这样就跟龙、蛇建立了不同寻常的关系，老挝人普遍信仰的动物是龙，普遍尊敬的动物是大象。

大象在崇信佛教的东南亚国家中被寄寓着圣洁温厚和平的神意，同时大象也是社会地位的象征，象征着社会地位坚不可摧，当然也是智慧和财富的象征。古代大象是战场上的坐骑，是人们生产和生活的得力帮手，跟人们有较深厚的感情，时至今日的街头巷尾，无处不见各种大象的工艺品：丝质地面料、靠垫、木雕……。可以说老挝人的生活和大象有密切的联系，至今老挝很多农村还用大象耕地，大象是老挝人亲密的朋友，反映在筒裙上就是大象图案出现的频率和数量是很高的，无论是产自北部、中部还是南部的筒裙，总能发现大象的影子。

龙（应该称为"那迦"或"那迦龙"）在老挝人的信仰里也占有极其重要的地位，他们相信生命、阳光、雨露等等所有的一切都是龙所赐予的，总之，龙就是拥有神通法力的圣物是大自然的主宰者。因此它的形象也一直存在老挝人的思想中，且有传说云：他们的祖先就是生活在湄公河里的龙王，至今还有很多老挝人持此说法。因此龙的形象也是较多出现在筒裙上的。

家畜也是老挝妇女们比较喜欢织在筒裙上的图案，这其中尤以牛为甚。在沙湾、甘蒙两地，人们信仰水牛，水牛不仅是耕犁的工具、运输工具，帮助人们过着安康和幸福的生活，且在一些传统的节日里都要杀牛祭奠诸神，以祈祷来年风调雨顺，五谷丰登。

3. 筒裙穿着的习俗和禁忌

筒裙不仅是老挝妇女的传统服饰，同时也是老挝女性的日常服饰，小至几岁的儿童，大至高龄的老人，平时穿的主要服饰都是筒裙。当然不同年龄段、不同阶层、不同行业所穿的筒裙也不一样的。如：小学生上学时必须穿蓝白色裙脚的深色筒裙，大学生则只要穿深色的筒裙就可以了，而国家机关的工作人员的筒裙又有特别的规定。当然在平日里穿着可以随便些。随着历史的不断发展和社会的不断进步，筒裙的做工、穿法也得到了不断的改进和完善。到20世纪中期筒裙的设计已趋现代化了，从过去的统一样式转向根据个人的体形、身高、肤色等"量体裁衣"。而且现今的筒裙，在形式上也有所变化，有些没有裙头，有些没有裙脚。长短也各不相同，按老挝的风俗，筒裙应长至脚踝，尤不能短于脚踝。但时至今日长至脚踝，短于脚甚至短过膝盖已经不是什么奇怪的现象了。尽管如此，筒裙所体现出来的特征并没有脱离几千年时间所赋予它的初衷；另外关于穿长或是短筒裙，还取决于天气的冷暖和场合，北部的妇女们在天气冷的时候可能要穿两到三条长筒裙，而中部和南部的妇女们则整年都只穿短筒裙。

红傣族的妇女们在死后要穿一种专门的筒裙，因为天神会抓去审问是否有穿过这种筒裙，只有穿过了才准许去天神的园子里摘金芒果，摘到后，子孙们便会荣华富贵，飞黄腾达。提到筒裙那就一定要提到披肩，虽然无论是在文化价值上还是在文化作用上它都逊色于筒裙，但它毕竟和筒裙一道构成了老挝妇女的文化形象。老挝的披肩一般是从右肩穿过左腋下绕在胸前，起于何时已无考证，不过在中国的文化里披肩最先出现似乎只是为了防晒避暑。但据老挝老者说早在古代披肩就有了，也就在那个时候披肩就跟筒裙搭配了，老挝的披肩不宽，一般都在10—15厘米左右，还有一个特点就是筒裙跟披肩必须选用同质性材质，而且披肩上的图案和花纹必须跟所搭配的筒裙裙脚的图案花纹一致，或者花纹的比例一样或者大于或者小于裙脚的花纹。平日里一般不用披披肩，但是在化缘时必须要披，不过对花纹质地都没有严格的要求，也不需跟筒裙配套；去寺庙上香拜佛时也是必须披的；而在举行拴线仪式时男女都要披上，才算是对本民族风俗的尊重。在一些传统的节日里或者是社会活动时，大型宴会、酒会、演出等等对披肩的各方面的要求就比较严格，如披肩的颜色，质地，花纹必须跟所搭配的筒裙一致，因为此时它所代表的不只是一种风俗习惯也是一种装饰，一种品位的象征。

筒裙作为一种标志性的服饰文化，它不仅体现着穿着者的喜好与地位，同时也反映了老挝各民族的风俗习惯和禁忌。

黑傣族的妇女们平时穿黑色的筒裙，白色的筒裙是在家里人死去后的两个月穿，除此之外的其他时间里不能穿白色筒裙；白傣、红傣族的妇女们在婚庆的日子里穿黑色筒裙，他们认为在这样的日子里穿上鲜艳的筒裙一定会招来鬼怪捣乱，灵魂也将被鬼怪抢去，因此婚庆的日子忌穿明艳的筒裙；傣族忌穿红色的筒裙过河，因为红色是龙王专有色，如只穿一色就代表对龙王的不敬，将有祸上身。

从筒裙的穿着可以看出一个人的品质和文化修养。因此，一直以来老挝的妈妈们对自己女儿们的穿戴都格外的费心，不仅用心教育而且以身作则。每逢传统节日或是参加一些社会活动，妈妈们都会为女儿准备相应的筒裙或者是与女儿一同商量该穿什么样的筒裙才合适。

4. 筒裙对老挝妇女生活的影响

老挝女性自出生之日起便跟筒裙结下了不解之缘，婴儿在妈妈的织机声中长大，久而久之耳濡目染，在骨子里对筒裙就萌生了一种特殊的情感，老挝女孩自小就得开始向妈妈或者是其他长辈学习织制筒裙的方法，小女孩首先是从织筒裙的裙脚开始，因为这刚好跟她们的力气和能力相符合，当然只能是那些图案和纹理都较简单宽度又适中的裙脚，稍大后才开始学做裙身。女孩日后的嫁妆基本上都由自己缝制，从某种意义上来说从小的学习也是为以后做一个合格的家庭主妇做准备，出嫁后全家人的穿着都由自己负责，甚至可以说织筒裙是衡量一个人的社会价值能否实现的一个极重要的参考指数。一方面，使得那些在针织方面有天赋或是有超凡手艺的女性们，在社会上的地位和名声日趋上升，另一方面，也有助于得到青年男子的青睐并成为其追求的对象，更有利于得到亲朋乡邻的称赞，得到社会普遍认可。

织筒裙一直是老挝女性的主要工作，当然也是由她们来掌管这一工作，因此这对她们产生了很大的影响，这种影响在老挝的文学作品中、谚语里、民歌中都有很明显的体现。

织筒裙、织布、绣纹已随时光而深植于老挝各族妇女们的脑海里，甚至已完全渗入她们的灵魂与血液里。如果有人不会这一工作那才是叫人奇怪，这种情况一直维持到19世纪几乎没什么变化，种棉织布，种桑养蚕一直是老挝妇女的日常工作。来自西方的多位调查者在他们的纪事中都有记载：老挝女性们成天都忙于织布，尤其是旱季的时候，1894年一位来南勃拉邦的考察者经过一村庄时描绘到：高脚楼下的妇女们很认真地做着自己的工作，有在棉地里拣棉花的姑娘们，有染棉纱的妇女，还有坐在织机旁脚踩踏板的老龄妇女，好一幅忙碌的和谐之美。

年轻时代以后对个人的穿着打扮也就不及年轻时那般讲究了，老人们穿的筒裙都是女儿们缝制的成品，老人们自己的筒裙有些已经放置了20年，30年甚至更久都从没穿过，因此很多筒裙都已经是年过半百的"古董"了，但还是崭新的。当然有些老年妇女一直闲不下来，经过多年的沉淀，她们与筒裙结下了深厚的感情，每一道工序都非常熟悉，可以说是得心应手，同时也积累了非常丰富的经验，掌握了相当娴熟的技巧。

三、发式及饰品

传统老挝女性以留长发为美，老挝人认为乌黑、柔顺的长发最能体现女性特征。到了现在这种审美依然得到了大多数老挝人的认同。因此老挝女性很少有烫发、染发的。日常生活中要么披在肩头，要么轻轻束个马尾，看上去既简单又大方。除此之外，年轻女子也流行编发辫，样式也是让人目不暇接。根据不同造型分为"鱼骨辫"、"蛇骨辫"、"鸡肠辫"、"马脸辫"、"三股辫"、"四股辫"和"反辫"、"披辫"等等。但传统的发式规范是盘发或是挽髻，这是老龙族女子形象的又一种特征，日常盘髻有多种，有的盘在头顶中央，有的盘在头顶稍微偏左一点的位置，有的挽在后脑勺上，但是在正式活动或重要仪式上，则多见盘髻在头顶中央，且有发饰，或绕以珠串，或插以发簪，或饰以鲜花。

提到饰品，男女在出席正式场合或者宗教活动时都要佩戴"帕邦（披肩）"，只不过男子的披肩布不管从花纹图案到材质都不如女子所用的披肩布讲究，男性的披肩布通常是用格纹的纱笼布或者水布替代。女性的披肩布是老龙族女性民族服饰的又一个显著特征。它多数为丝织品，手工制造，花色图纹特别精美讲究。一般长约1.6—2.2公尺，宽约35—37厘米，两端可以有须，也可以无须。披戴时将其对折，折口朝外，缠胸穿过右腋两端一前一后搭在左肩上。在各种正式场合，例如颂魂拴线仪式，入寺参加节日活动，礼佛听经，布施斋僧，到别人家中参加庆典活动，出席隆重宴会等等，都必须披戴披肩布。有的年轻女子，特别是在充任礼仪小姐或表演文艺节目时，甚至以披肩布代替上衣（穿着方法与上述略有不同），袒露右肩或两臂，别有一番风韵。

　　和中国人喜欢玉石不同，金银饰品是老挝最流行的饰品，绝大多数的老挝妇女都有佩戴金饰的习惯，她们认为金子比现金保值，所以也把购买金饰作为一种投资理财的方法。特别是在结婚的时候，女方家要给出嫁的女儿购置一整套金饰，包括头饰、项链、耳环、手镯来作为嫁妆。男子也喜爱戴金项链等饰物，上层人士佩戴的手表往往也是金灿灿的，以显示自己的社会地位，这在经济仍然落后的老挝并不被认为是一种奢侈。市场上售卖的金银饰品基本上都是手工打造的，造型样式和精致程度都体现着老挝乡土而个性的气息。老挝妇女穿着筒裙时习惯将上衣扎进筒裙里并在腰间系上一条宽约4厘米的金属腰带，这样显得腰部更为纤细。如果是经济状况较好的人家就佩戴银质腰带，如果家境一般或是不想显得太招摇，就佩戴一条合金或铝制的腰带。

四、现代服饰文化

　　时至今日，老挝人的服装也随着时代的变化发生的一些细微的变化，男性的服装更接近于国际化，年轻人平时上班基本上上身穿白色或浅色衬衫，领带系不系都可以，下身穿紧身西裤和黑色皮鞋。女性依然要求穿老挝的传统服装——筒裙，只是在长度上有所变化，但再短也不能短过膝盖。上衣可以穿成衣，也可以根据自己的喜好进行定制。有的女孩非常喜欢自己民族的服装而且也会织造，经过她们的巧手设计和改良，在传统服装中注入了时尚的元素，让两者完美地结合，迸发出了新的火花。老挝女性似乎更钟情于这种定制的服装，可以根据自己的身材扬长避短，展示个性且独一无二。在正式场合，老挝男性则是根据出席的活动是否有外国人参加来选择穿西服或是穿传统对襟上衣。政府提倡老挝妇女要热爱本民族服装，要求在正式场合，无论国际或国内活动都要穿着筒裙，只是质地、款式和颜色比平时更丰富。老挝的学校从小学到大学，都要求男生穿白色衬衫，黑色或深色长裤。女生则是白色衬衫，黑色或深色筒裙。裙身为单色，不能有花纹。裙脚的颜色要与裙身一致，花纹和图案不作要求。

尽管西方、日韩的服饰对老挝服饰文化有一定的影响，但是总体来说老挝人的着装还是比较保守的。不管天气多么炎热，男性在屋外都不能打赤膊，在公共场合也不能只穿工字背心。如果是正式场合，上衣必须要有衣领，有袖子。对女性来说，在公共场合不能穿吊带衫以及过膝的短裤，否则会被认为是伤风败俗。

五、少数民族服饰

老挝各民族服装差异很大。老族和其他老龙族系民族，男子大都上身穿无领大襟或对襟白布、灰布、黑布或其他颜色的短褂，长及腰下臀上，袖口较窄。下身大都穿黑色、褐色或其他颜色的长管裤，裤裆较肥大。也有的穿黑色、褐色或其他颜色的纱笼。妇女大都上身穿白色、粉红色、黄色或其他颜色鲜艳亮丽的紧身内衣，外套白色或粉红色无领大襟、对襟短衫，袖口和腰部较窄，一般没有口子，用布带扎结。下身穿粉红色、褐色或用各种花布制作的长筒裙。脚上大都穿拖鞋，有不少人赤脚。较富裕家庭的妇女腰系银腰带。

蒙莱（花苗）、蒙考（白苗）、瑶族和其他老松族系民族大都穿黑色、青蓝色和其他深色衣裤。其中，蒙考和蒙莱等民族男子大都上穿圆领对襟窄袖黑衣或青衣，袖口常常用三道黑布镶衬，下身着同样颜色的长管裤，裤裆肥大。妇女上身穿绣花或镶银黑色或白色上衣，常常是绣、挑花、编织和镶衬等多种形式并用。下着皱褶花裙，大都以五彩丝线镶绣，部分妇女还佩戴银手镯、银耳环、胸前佩戴大银项圈或银锁。瑶族男子多数穿黑色或青蓝色布扣对襟长袖衣，下着大裆管裤，裤子上的纹饰较简单。瑶族妇女很好辨认，她们一般上穿青蓝色或黑色上衣，衣长过膝，以红色和白色布料镶边，另外脖子上都有长长的黑红相间的毛流苏。下着纹饰复杂的黑色管裤。布料不少是自织自染的。

老佤、老努和其他老听族系以黑色衣裤为主。男女色调差异不大。男性一般穿红边黑衣，袖短，下着黑色大摆档布裤。有的穿耳坠银圈。妇女一般着对襟黑色衣服，用银纽扣，下着管裤。

第三节 民居文化

衣、食、住、行是人类生活的基本条件。民居就是普通老百姓居住的房子，是民间的住宅。就建筑而言是为了满足人们生活各方面需要而创造出来的空间和环境。

一、民居的特点

老挝地处山区，气候潮湿炎热，日照时间长。传统民居多采用杆栏式的建筑，也称作高脚屋，吊脚楼。建筑材料多采用木头、竹子和茅草。房屋分为两层。上层主要是居住，下层则依照主人的使用目的分为不同的功能。一是用来圈养牲畜；二是用来堆放杂物，比如柴火、农具，放置舂米用的石臼或研臼以及其他的生活用品等；三是作为生产活动的场地。如架起织布机在此纺布，劈柴，做木工活；四是作为休息纳凉的地方；如果是靠马路边的房屋，还可以把一层作为商铺，做点小生意。根据房屋面积的大小，以上的这些功能也可以叠加利用。高脚楼是一种很古老的建筑形式，是伴随着农业生产的出现，人们需要固定的住所而产生的，至今在老挝的郊区和农村中还得以保留，这种形式之所以在老挝历史上流行了很长时间，主要是受当地地理、气候环境以及建筑材料是否容易获得等因素的影响。总体来说，这种房屋的特点是：便于通风，防潮性好，不怕水患和野兽、虫害的侵扰。

老挝地处热带雨林地区，终年高温酷暑，雨量充沛，日照时间长，空气潮湿。因此，从建筑的结构、功能、建造方法和风格上都要适应以上的这些地理气候特点，首先建筑物的材料和房屋朝向要兼具隔热和遮阳的功能，尤其是外围要按照当地的日照方位和高度进行设计；其次遮阳隔热的同时还要考虑到良好的通风性能和防雨等综合性功能效果；再次防潮防湿也是不可忽视的一个方面，老挝长期处于潮湿状态，要考虑如何避免房屋的地面受到潮湿的影响，创造出较为舒适的生活居住环境。高脚屋采用的是自然通风的设计，在建筑内部设置了通风措施，通过充足的空气对流迅速排出屋内的闷热，降低室内温度。门、窗的位置与尺寸都是为了便于导风而设计的。高脚屋是一种用桩柱将房屋下层架空的建筑模式。桩柱高度一般为1.5—2米，万象地区由于生活水平较高，高脚屋底层的高度一般是1.8—2.3米。琅勃拉邦地区对传统建筑的保留更原汁原味，高脚屋底层层高一般不超过2米。有些贫苦人家的高脚屋下层只有1.5米，会让人产生压抑的感觉。除此之外，高脚屋还有一个特点就是视野开阔，可以欣赏美丽的自然风光。

二、民居的结构

1.传统民居的结构特点

传统的高脚屋的上层主要是住人，一般由正屋、阳台和门廊组成，并设有两个外门，一个是专供男子出入的，此门通门廊；另一道门是通向阳台，供家庭妇女和子女们出入。门廊也被叫做"有遮檐式阳台"，在老挝语里的发音为"西阿"，有人认为该称呼与汉语里的"舍"发音相似，意为"小屋"。这种阳台有三个特点：一是其遮檐是顺接主屋屋檐的单坡屋檐，二是开放性，即没有墙壁。三是长方形结构。如果是双坡遮檐的阳台则称作"小屋"。在万象，遮檐式阳台一般位于房屋正面，如果是建在房屋侧面，与屋脊线平行的建筑则称为游廊。门廊的功能主要是供人进屋之前脱鞋净足的地方，或者供访客挂放小物件。阳台，也叫做"无遮顶式阳台"是供摆放饮用水、洗漱、晾晒物品或是做饭的地方，有时也是会客和举行各种仪式的地方，有简易楼梯通向下层地面。阳台虽然结构简陋，但是由于该位置的光线好，也是家人乘凉、做手工（如编席子，做针线活等）、孩子们嬉戏玩耍的地方。无遮顶式阳台位于房屋的后面，与厨房相连，从建筑的侧平面图来看像是房屋后部多增加出来的一部分。主屋通常是隔成里外两间，多则4、5间，留一间作为客房，其他的作为家庭成员的卧室。每间宽约3米。老挝社会喜欢"留奇去偶"，认为奇数可以留住好运，偶数则会把运气带走。因而房间的数量多为奇数，万象地区的主屋一般都是3间、5间或者7间。门廊、阳台和游廊等不管封闭与否，都不属于主屋范围之内，不算是一个房间，也就不受此禁忌的约束。主屋的功能主要是作为堂屋（客厅）、卧室等。堂屋通常设在进门第一间，较为宽敞，地板上铺满竹席，是吃饭、聊天、商议事情，招待客人的场所。经堂屋向里走就是用粗竹篾或木板隔开的卧室。主人会按照自己的喜好布置卧室，一般不欢迎外人进入，卧室内没有设床，都是席地而睡，屋内还有用木头搭起的阁楼用来摆放日用品。但是不管什么布置方式，其中相同的一点是卧室东边靠墙会有一个祭祀台，用于祭祀鬼神、祖先等。祭祀台的位置一定要高于头部。

建筑正面有楼梯与地面相连接，有的也可以从侧面入室，楼梯级数常为奇数。房子的墙壁绝大多数都是用宽竹篾编的席子制成。地板用竹板拼成。房顶呈人字形，以适合于热带长期雨量多的老挝。屋顶的材料通常是竹子、茅草、木顶或瓦顶。所以高脚楼用料简单，施工方便而且迅速，老挝的高脚楼全部采用竹子和其他当地材料。这样使老挝高脚楼形式美观、结构合理而坚固、布局得当。特别是夏季通风凉爽，最适宜当地炎热的天气。

老挝白泰、黑泰、红泰和傣泐族人的厨房设在屋内，老族人的厨房和卫生间则多为独立建筑，建在主屋以外。老族人的厨房和主屋分离始于20世纪20年代以后，分开的目的是避免生火将主屋弄黑弄脏或引起火灾。在厨房里设有火塘，火塘上方悬挂着一个木架，熏烤肉品和辣椒，香茅根等佐料。

老挝地广人稀，独门独院的建筑很常见。为有效利用并美化整个院落，房屋的外围也常有一些配套设施，或起保护作用，或为日常生活必需。其中最有特色是筑起各式篱笆，一可以圈定自家领地，免得引起权属纠纷；二可防止他人偷窃或牲畜入内破坏。可作篱笆的东西可谓五花八门，常见的有树木、树桩、石头、草垛等，尤以竹篱笆最为常见。竹篱笆也可分为四种，一是把竹竿的枝杈砍成尖形，绑在木桩上，将房屋四周围住，形成类似铁丝网的围篱；二是将竹子劈成竹篾，编成如席子一样可疏可密的篱笆，一般高1.1米，可有效保护庭院内隐私；三是用较粗大的竹棍横穿过立在地上的木桩，这种篱笆一般高1.6米，相对比较结实，保护性强；第四种篱笆与第三种相近，只在个别可让人通行的地方密密地插上几根棍子，防止牛羊等牲畜进入。当然，在篱笆边上，往往还能见到花架、尿屋、谷仓等，除了其本身的功用外，也是篱笆界定屋主土地范围的标志性东西。

2. 现代民居的结构特点

从外观上看，老挝的房屋以琅勃拉邦和万象地区的房子最具有代表性。

琅勃拉邦建筑主要有两种样式。第一种样式是单屋顶，屋顶两侧为下倾的斜面，有利于排放雨水。卧室位于房屋后侧，是一个相对封闭的结构。客厅位于房屋正面，与楼梯连接，相对比较开放，便于客人从楼梯直接进入客厅，而不会看到卧室。第二种样式是由第一种样式改造而来的，沿主屋侧面再建一个有遮檐的露台，或称站台，上楼需经过这个露台进屋。露台屋顶顺接主屋屋檐倾斜而下，不但其屋顶要比主屋低很多，屋内地面也要低一些。两种样式的房子有一些共同的特点，从楼梯到客厅再到卧室只有一扇门，房屋后侧从卧室开一个门通到厨房和水房。近楼梯的窗户较低，有利于通风和采光。而后侧的窗户较高，符合卧室的私密性特点。第三种形式是有两个屋顶的房子。一个房顶是用来覆盖整个封闭空间的，另一个房顶是用来遮盖开放的空间。开放空间的地板要比封闭房间的地板低一些。

厨房视其位置可分为四种样式，一为室内厨房，二为紧接主屋屋檐的单斜面屋顶厨房，三为紧接主屋屋檐的双斜面屋顶厨房，四为独立厨房，由一个无遮掩的晒台将其与主屋连接。水房一般紧贴厨房而建，位置并不统一。

万象地区的民居分为三种样式。第一种样式是单顶屋，包括封闭的卧室和开放的休息室（相当于客厅）。第二种样式是有檐阳台式房屋，主屋仅有封闭的卧室。第三种样式是双屋顶，即两个格局分布较平均的屋子，其中一个主屋为休息室，另一个主屋是卧室。

三、建房习俗

旧时有很多盖房时的繁文缛节，其中宗教信仰的成分也不少。如果仪式或礼节中的某个环节出现差池会被认为将给房屋的主人带来不幸，甚至灾难。

老挝人盖房子讲究风水。建盖房屋前的选址就是一个很重要的准备工作。老挝人非常重视宅基的位置，尤其是房屋的朝向。有句俗话说"盖房子不能遮挡太阳的方向"，所以老挝人大多数选择将房子窗户的朝向面向东西，让山墙朝向南北。人们认为这样做才能给家人带来吉祥安康。除了朝向以外，宅基地的形状和高低也是至关重要的考虑因素。地形主要是分为方形、圆形或半圆形，院子则按照宅基的形状而定。老挝人对地形高低也很讲究，他们认为有利的地形主要有：西边高于东边；南边高于北边；西南高于东北；西北高于西南；西边高于东南边；认为东边高于西边的地形是不吉利的。另外还要用口尝和鼻闻的方式鉴定土壤的香臭、酸碱度等，因为他们认为这些都是决定房主今后是否幸福和安康的因素。虽然带有迷信的色彩，但是这样做也有一定的科学依据，主要是考察土壤对房屋坚固程度的影响。

在建盖房屋时有六种情况是要注意的：（一）主楼要高过附楼；（二）如果宅基地内发现有大树根必须先清除后才能开始盖房；（三）如果地形是长方形要先对其形状进行改造后才能建房（因为长方形类似于棺材的形）；（四）如区域内发现蚂蚁巢穴也要先进行彻底清除；（五）如果宅基曾经是埋葬用地，要先将棺椁或是骨灰挖出迁移到寺庙，在迁移的过程中还要举行灵魂搬迁仪式以示对死者的尊重，驱赶恶灵。（六）如果所选的地方为寺庙的旧址，同样要进行泼洒圣水等宗教仪式来驱赶可能妨碍建房和给房主带来不幸的不祥之物。选择了某处宅基后还要进行一项仪式，最终确定此宅基是否适合用于建房。仪式前，先将米饭做成白、红、黑三种颜色。然后放置在宅基的不同位置让鸟来啄食。如果鸟吃的白米较多就表示这块地非常适宜盖房。如果鸟吃的红米最多，则表示这块地一般。如果鸟吃的黑米最多，就表示这块地非常不好。这时候就要先请和尚念经做法之后才能盖房。

在选料方面，老挝人充分利用老挝地处热带地区，雨量大，植物容易生长的特点，就地取材。很多房子都采用木头、竹子、稻草、土等材料。这也反映了该地区对于传统民族建筑的审美观，即自然朴素。所有的干栏式建筑都采用竹子及木头作为主材，承重的部分采用的是粗竹木，墙面则多采用竹子编织的竹片或木片，房顶采用当地生长的茅草做成草排后铺排而成。这样做一方面节约建筑成本和时间，另一方面是便于日后的修缮或拆除。

老挝人认为选择房柱很重要，认为一旦误用了不符合要求的房柱，将会导致生活动荡，多灾多病，甚至妻儿死亡。房柱用料要求既要笔直而无节眼，又不能有遭虫蛀的痕迹。每根柱木的形状及柱木上长的木瘤的位置、数量，都会影响居住的安危。为此往往要备足干粮和砍伐工具，择日邀请亲友一同上山仔细寻找。当选中某一棵符合要求的树后，按风俗要先右行绕树三圈，然后用手扶住树干，祝颂道："这棵树，树梢像龙尾，树叶如风翎，把金兜银兜挂在其上，金银财宝将源源而来。"颂毕，才能动手砍伐。如果砍断后，那棵树没有直接倒在地上，而是搭在周边的其他树上，也不能拿去当房柱。砍伐到如意的房柱后，立即运回村中加以修整、晾干、精心保存，留待盖房用。

备齐了建房材料，主人即请人择日动工并通知亲友村民届时前去帮忙。得到通知的每家每户一般都乐意相助，至少派出一人，可男可女，如果是妇女，常随带食品如腌鱼、盐巴、辣椒等前去赞助，并与其他妇女一起协力安排午餐或一天的饮食；如果是男子，则随带刀斧锄铲等工具，并与其他男子一起协力将新房子盖好。

动工盖房当天清晨，主人要请老者在宅基地上举行一定的仪式，恭请"娘图拉尼（地母娘娘）"挪出宅基地。仪式并不复杂，只要献上一个装有鲜花、香烛和些许点心的托盘，由老者双手捧着托盘，跪在地上祷告："子孙们将在此建房定居，恭请地母娘娘挪动一下，让出一小块地。"尔后把托盘放到拟建新房头部的篱笆旁，仪式即告结束，可以破土动工了。

第一步，先挖坑立柱。有些地区对住宅坐向有一定要求，一般是顺太阳升落轨道，即房头朝东，房尾向西，房面朝北，房背向南（坐南朝北）。传统高脚屋有八根房柱。挖柱坑时，要注意蛇神躺卧的方向，不要在蛇神的头、背、尾处挖坑，否则将灾祸临头，挖前要祭蛇神。挖柱坑时如果挖出了不吉利的东西，要洒圣水驱邪，立柱，建山墙前，要为柱子、山墙做招魂仪式。风俗要求第一个坑柱先挖正南的，其次再挖东南的，然后挖"魂柱"柱坑（房头中央正东的那根柱子）。以上三个柱坑依次挖好后，其余才可动工。柱坑一般不深，很快就可挖好。尔后开始竖立房柱。这时，主人要请村里德高望重的老者或有身份、有见识的人把少许钱币（以往用银币，如今改用基普）放入各柱坑内作为"柱垫"，意在支撑主人日后过着富裕生活。同时，把备好的"赛（鱼笱）"（鱼笱和"胜利，好运"同音，有人在鱼笥中放入食物）连同金花银花（用金银纸制成）、"昆（树叶）"（取其音同"福运"）一起用棉线、丝线拴在"魂柱"柱端，人们往往用一个特大的"赛"，为的是让过往参观者赞叹"噢，这个'赛'（福运）真大哦"以此来讨吉利。竖立的第一根柱子应是"魂柱"，在竖立这根房柱时，要有人在旁边唱颂词，然后竖立其他柱子。

除了房柱以外，盖房的木材要来自同一片林中，否则林神不一，他们要打架，给房主带来不安，伐木的时间要选在1—4月，这段时间选材砍伐，将来会财源滚滚、祛灾驱病、安全幸福。

新房落成后，主人要另行择日迁居。乔迁时也请亲友、村民帮忙。仪式主要活动是清晨请僧人诵经，诵经时，要用法纱环绕挖新屋，法纱的一端由僧人执在手中，据说此举可以驱邪避灾，然后僧人诵经。此后将法水和沙子洒在新房的四周。最后，新屋主人向僧人布施以及日常用品，并宴请前来祝贺的亲友。有的地区在迁居诵魂仪式后，还有一种铺床仪式。由领头迁入新居的老者施行。他先经过一番象征性的洗浴，然后到主人卧室睡下，用被子蒙头盖脚，佯装酣睡。须臾，由另一个人装出鸡鸣声，"鸡鸣"三遍表示天亮，新的一天开始。这时，装睡的老者会立即起床并开始说出"睡中所梦情景"。他会自问自答，用"梦中所见"来预见主人未来的幸福生活。

四、室内风俗

与中国云南的西双版纳傣族一样，传统的老挝民居里也崇尚火塘文化。"火塘"就是指生火做饭的地方。以前的火塘大部分是放在室内，从20世纪20年代起火塘就逐渐搬到了室外。因为火塘放在室内会熏黑屋子，另外会显得房间凌乱不堪。但是火塘放在屋子里也有除了做饭以外的作用，比如防盗。老挝常见的火塘有两种：内火塘和外火塘，分别象征着永久和暂时。

每一个高脚楼都有内火塘。内火塘顾名思义是放置在厨房的火塘，较为常见的形式是放在楼板上面，用高约15厘米的长方形或正方形的木板围成。但是有的地方不一样，可能要有小柱子支撑，约离地面40厘米。内火塘要有一定的隐蔽性，不能通过前廊、客厅或卧室看到。如果家里的厨房比较大，也可以在厨房里用餐，此时火塘的火光还可以充当照明工具。另外烟火还可以保护大家免受蚊虫的叮咬。为了防火的需要，通常火塘旁边都有水塘。外火塘通常是因为取暖或有重大活动需要临时搭建的火塘。当内火塘不能满足需要时，外火塘就能起到一个很好的补充作用。

就房间的朝向和房间之间的位置关系来看，老挝人讲究睡觉时任何人的脚不能对着别人的头。因此相邻的卧室的朝向一定是睡觉人的头对着另一个睡觉人的头，脚对着另一间房间里睡觉人的脚。同理，相邻的两家人之间的房子也是前面对着前面，后面对着后面。另外睡觉时人的身体必须要与屋脊成垂直方向，也就是说床的摆放必须是床头床尾的方向要屋脊垂直。如前所述，他们建盖的房屋多是坐南朝北，这也是顺应河水流淌的方向。过去有句俗语是这样描述的："南边给你带来盐，北边给你带来米，两边给你花与钱。"

老挝人特别在乎上、下位的顺序。譬如在河里洗澡时，男子一般在河流的上游位置洗。女子则在相对比较下游的地方洗。在家里睡觉时丈夫的头要略高于妻子的头等。这种位置关系体现在房屋上就是老挝以北为"上"，以南为"下"。所以从北向南依次表示不同等级的房间。相对于"上下"来讲，老挝人对左右的关系并不是很看重。他们只有内外的区别。女人一般坐在靠近卧室的面，男人则多坐在靠近栏杆的位置。因为里面更加安全，越外面则越危险，越容易遭受攻击。出于对女性的保护，男人总是坐在靠近外面的地方。

第四节 传统手工艺

老挝的传统工艺主要体现在手工艺上，手工业是老挝经济生产中较为发达的一个产业，就业人口中相当一部分是手工业者。老挝生产的工艺品很精致，颇具特色。主要产品有：木雕、木制家具、金银制品、手工纺织品、民族服装、编织品以及各种装饰品等。

老挝的雕刻艺术主要体现为木雕，犹以琅勃拉邦的木门雕刻最为出色。常见的是人物和动物雕刻，一般为人踩在动物身上，人物的四肢同时展现古代喃旺舞的姿态。周围常雕刻花草树木，并以各种花纹图案加以装饰。另外一种比较流行的木雕是佛像，一般为十五厘米左右，最高的雕像可与人同高。佛像的姿态通常是右手指向地面，头顶雕一个火炬，头发的雕刻也很精细，雕成菠萝的外形，再盘卷系于头顶。有意思的是，木雕佛像的手臂通常都很长，且手指的长度是一样的，个中缘由不得而知。

金银饰品是老挝最流行的饰品。绝大多数的老挝妇女都有佩戴金饰的习惯，老挝男子也好佩戴金项链等饰物，上层人士佩戴的手表往往是金灿灿的，以显示自己的社会地位。市场上售卖的金银饰品基本都是手工打造的。

老挝盛产竹子，因此用竹子编成的各类生活用品不胜枚举。如渔具、箩筐、米篓、家具、竹墙等等。在满足生活需要的基础上，手艺精湛的人还能编制一些竹制手工艺品，如：斗笠、玩具、小动物等，主要投放旅游市场。藤制手工艺品由于其精致美观且比较耐用，近年来也越来越得到市场的认可，老挝各地对藤制品的手工业发展力度也非常大。一些少数民族的武器也开始以手工艺品的形式进入市场。

老挝手工业中最重要也最为老挝人骄傲的就是手工织布，长期以来老挝人民的衣食住行都是自给自足的，每个家庭中的女主人都有一手织布的好手艺，这就给他们的生活奠定了一个坚实的基础。随着社会的发展，手工织布受到了一定的冲击，但织布业也在积极发生转变。努力适应市场的需求。目前，老挝的织布花样越来越多，图案也层出不穷。一些自然风景、季节变化、风俗节日、日常生活等等反映老挝政治社会生活的图案都出现在织布上，大大改变了原来织布比较单调乏味的传统，迎合了消费者的口味。老挝的丝绸织品可作为老挝手工纺织的代表作品，近年来远销欧美等国。

第四章　民间信仰

第一节　原始宗教

原始宗教是宗教发展的最初形态，是先民在原始社会生产力和认知能力都十分低下的情况下，对出现在日常生活中的不了解，无法解释的自然界现象和事务所臆造出来的超自然神秘力量。原始宗教作为原始人类的普遍信仰，即给当时的人们以精神依靠，同时在历史长河中不断与后来发展起来的宗教相交织融合，延续发展到现当代，并在当下的社会中出现了与其他宗教共生的状态。

老挝最早的宗教观念是从人的死亡，灵魂不散的想法中产生出了"鬼"信仰，这是对逝去祖先的亡灵崇拜，并在此观念上产生了"万物有灵论"即"魂"信仰，把所有的自然物和自然力视为神灵，通过一些仪式来获得保护或者趋利避害。因此，要了解老挝的原始信仰就要先弄清楚"鬼"和"魂"的含义。

一、"鬼"信仰

"鬼"在老挝语中的发音为"皮"。老挝通坎·乌玛尼松博士编写的《老挝语词典》中对"皮"的解释是"人所信仰的一种神秘的，看不见的，但可以现形的东西。这种东西既可以给人类带来祥瑞也可以带来厄运，既有好皮也有坏皮"。老挝社会学研究学院出版的《老挝现存宗教研究》一书中提到"皮是对无生命、无形态且不可触摸的灵魂的称呼"。另外老挝人通常把人死后的尸体叫做皮，而把没有灵魂的躯体称之为尸体或者骷髅。由此可见"鬼"是由先民设想出来的一个抽象名词。用以称呼那些神秘的、无形的东西。并且"鬼"被认为是具有超强能力，能引发各种好事或坏事的力量。"鬼"的行为可以是具象的也可以是抽象的。具象的行为诸如刮风下雨、闪电、地震等一些无法解释的现象，他们就说是天神所为。

抽象行为主要表现为巫师能与灵魂对话等令人称奇的现象。总而言之，"鬼"在老挝的文化中既包括我们通常所理解的恶鬼，坏鬼，也包括神仙，天神。"鬼"不仅分善恶，而且可以按照性质和所处之地的不同形成了一个"鬼"的社会体系。

老挝的"鬼"有很多类型且称呼不同。大部分老挝人认识的"鬼"有皮公归（一种红毛山林怪兽）、皮厄（蛇形水鬼）、皮节（房间角落里的鬼）、皮赵皮众（鬼王）、皮雅各（巨神）、皮旦皮恒（祖神）、皮达弘（横死鬼）、皮达亥（稻田守护神）、皮填皮泰（天神）、皮版（家神）、皮勃（琵琶鬼）、皮佩（饿鬼）、皮排（旋风鬼）、皮闷（符咒鬼），皮胡孤（无头鬼）等等。这些"鬼"中有好有坏，对待好的鬼神，人们会定期或不定期地进行祭拜活动，而对于坏的鬼神也会通过巫师，术士等人做法或消灭或驱赶。比如传说中可以钻进人的肚子里兴风作浪的琵琶鬼。当有人被琵琶鬼上身，巫师就会用刀剑、蜡烛或其他巫师认为琵琶鬼所想要的东西来对其驱赶，驱赶时往往是厉声大骂或是抽打被上身的人，直至病人求饶或者认为鬼已经从病人身体里离开。

在老挝发现的贝叶典籍中曾有记载："鬼"的世界分为三种类型：一、家鬼类，即与人为善型。家鬼或是寨鬼都是本民族中英雄人物死后幻化而成的。这类鬼的前身或是为保家卫国而英勇牺牲的祖先或王公贵族，或是英明神武，统一了领土，为百姓谋福祉的先辈。为了让大家铭记他们的丰功伟绩、唤起民族团结的意识，古人就创造出了各种传说、故事和相应的各种仪式来表达对祖先的崇敬和感激之情。并认为先祖们的灵魂不会随着生命的逝去而逝去，他们幻化后的"鬼"将一直守护着所生活过的土地和在这片土地上生活着的后人。这一类鬼包括家鬼、村鬼、乡鬼、天神等等，其中天神就是这类"鬼"当中最至高无上的神灵。二、野鬼类。古人认为这类鬼是与天地同时产生的，和人类毫无交集并会给人畜的生命财产带来伤害的一类恶鬼。他们主要出没于山林野地、湖水沼泽、洞穴、大树等地方。这些鬼往往是些贪得无厌的家伙，为了获得某样祭品而荼毒人类，如果被这类鬼缠上轻者失智，重者丧命。另一种说法是如果家鬼玩忽职守，没有保护好家人，就会给野鬼乘虚而入的机会。于是便产生了驱魔、驱邪、招魂、颂魂等仪式。三、因恶行而产生的鬼。如果某人在断气前心里焦躁不安，行为怪异则认为这个人是因自己的罪孽所害。在其死后灵魂必须遭受折磨才能得以赎罪。正所谓行善事灵魂早登极乐世界，做恶行灵魂将入困顿之地，甚至将变成怨灵。

除了前面提到的家鬼外，在老挝人的家里还信奉院鬼。院鬼就是掌管整个住家范围内的鬼。老挝人会在自己宅院内的某个角落建盖一个神龛。有的有钱人家会在房屋外的四个方向各建一个神龛。以这个神龛作为除了城隍庙和城柱石以外的保护自己的第二道屏障。有种说法认为这种鬼魂要么是来自于无亲无故的孤魂野鬼，要么是来自于建盖房屋，厅堂的建造者或是驻守某条溪流、大树甚至是蚁穴里的鬼魂。

二、"魂"信仰

"魂"一词在老挝语里有具象和抽象两层含义。一是指人或动物头部毛发的中间螺旋状的发旋。老挝人认为一个人如果头上有两个发旋则一生中会嫁娶两次。在挑选牛、马、羊等牲畜时也会特别注意动物身上的毛旋，毛旋长的好的就留下来做劳力，不好的就将其食之。二是指能给人带来好运的吉祥之物。需要特别说明的是"魂"与之前所说的可以幻化为"鬼"的"灵魂"是不一样的。这里所说的"魂"是依附在人、动物或日常事务上的可以带给人类幸运的吉祥之气。而"灵魂"是指存在于人的身体之中，死后会离开人体另觅生处的东西。有的说法是人全身上下共有32个魂，有的传说中说人的全身共有92个这样汇集了祥气的地方，正面50个，背面42个，分布于身体的各处，如：眼睛、耳朵、下巴、眉毛、手指、手臂、脚踝、小腹等。这些魂构成了一个整体，如有其中一处离开了身体，人就会患病。

除了人有这样的吉祥魂之外，家里的牲畜或是日常所用的物品都有魂。也就是说凡是对人有用处的东西都有"魂"。当说一个人或一样东西的魂不在了，魂丢了就需要举行某种仪式把魂找回来。其中"巴西素宽"就是最常用的一种仪式。"巴西素宽"意为招魂、敬魂，也叫拴线仪式。无论在过去或是现在的老挝社会，"魂"信仰都有着举足轻重的影响，与人们的生活息息相关。老挝古人相信凡是与人的生活有着密切关系的一事一物都是有价值有益处的，都应该给予尊重、赞扬和鼓励。拴线仪式就是通过念诵不同的颂词来召唤魂并赞颂魂给人带来的祥瑞，这样做也是给被拴线者以安慰和鼓励。

三、关于"鬼"、"魂"信仰的仪式

人类的延续就是一个生老病死的循环，在这个过程中离不开食物、衣物、住所和医药。对于以农耕为主的少数民族更是离不开这四个要素。基于这样的需求逐渐形成了最初的文化产物，即风俗和仪式，而后再演化出了信仰和宗教。仪式产生的原因无外乎两个原因：寻求庇护和远离恐惧。老挝人相信人之所以会生病，除了疾病和衰老本身的不可抗性之外，有的情况下是因为鬼魂作祟。为了驱赶鬼魂就一定要有可以和鬼魂建立联系的巫师。所以在很大程度上巫师不仅是驱魔降魔的人，同时还扮演着医生的角色。尽管现在祭鬼，颂魂仪式较之以前已经有很多不同了，但在老挝有的地方依然保持着每年固定祭拜鬼魂的习惯。

1. 传统风俗中的祭鬼方式

巫术仪式。在老挝几乎所有的民族都有不同形式的巫术仪式。当发生重疾或重大灾害时，人们就认为是神秘力量或者是鬼在作祟。这时就需要可以通灵的巫师来做法。巫术仪式将视目的的不同而在所需物品、形式、步骤上有所不同。有为治病举行的仪式，还有唤魂、延寿、还愿和专门为死者送灵举行的仪式。

举行巫术仪式时除了要准备很多道具之外，必不可少的就是巫师。巫师通常是女性，做法时的穿着较之平常要特殊一些：上身穿黑色的长袖衣服，银质纽扣，下身穿筒裙，身搭披肩，手带银镯，在盘起的发髻和耳边插上鸡蛋花或者扶桑花。巫师的打扮有时会根据所祭的鬼的不同而有不同。总之就是要博取鬼的欢心，要依照鬼的喜好和要求去打扮。比如：奉鬼仪式中巫婆要竭尽所能的打扮漂亮，有什么东西都要往身上带。在仪式中另外一个不可或缺的角色就是会吹芦笙的师傅。

如上所述，巫术仪式有很多形式。这里以为病人举行的巫术仪式为例，概述一下仪式的基本过程：仪式中所需的物品准备就绪后放到巫师面前的供桌上，芦笙师傅和巫师并排坐下，病人或坐或躺在供桌旁。随后芦笙师傅便开始吹奏。巫师首先祭拜先师，然后开始唱曲请鬼，鬼请来后巫师会询问鬼生病的人是犯了什么错误而惹怒了鬼，需要怎么做才能解除。而且巫师要依照不同身份的鬼再次打扮自己一番。如果是厄鬼（传说中的蛇形水怪）或者蛇鬼，巫师就要用红布包头。如果是野鬼或是普通的寨鬼，巫师就要用花布裹头。所请的鬼来到后，巫师将和鬼进行对话。对话时将挑选一名患者的亲属或巫师的随从来充当翻译的角色，记录下鬼的要求并一一满足。如果要求一时无法做到便先应诺下来。以上的步骤进行之后，如若鬼仍然不肯离开患者身体或者病情没有好转，则需进行扫除仪式。扫除仪式时需要患者将身体转向西方，然后用腊肠树树叶蘸水后从病人的头部一直扫到脚底，如果鬼仍冥顽不灵，就要用刀剑再扫除一遍。除此以外还有一个步骤就是病人的家属要在一定时间内做到巫术仪式上所允诺的事情。比如需要到田间地头或是水河岸边满足鬼所提出的要求。仪式后4—5天巫师会来看望病人的病情是否好转。在进行这一步骤时巫师还要进行卜卦以便了解做法的效果。占卜时一般使用大米为道具。巫师会从盛米的碗中捏取一些米放在手中观察，如果米粒为偶数则为吉象，奇数则为凶象。如此这般进行三次。还有一种常用来做占卜道具的是刀剑。占卜时剑稍向下将剑立在盛米的碗中，如果剑能直立不倒则为吉。占卜后如果一切正常就要进行最后一个步骤：把鬼请回到神龛里。然后整个巫术仪式随即结束。

巫术仪式要是在非礼佛日进行，时间上一般是从下午五点开始，要注意的是不能选择下午两点，因为那通常是运送尸体到墓地的时间。举行的地点多为病人的房屋里，如果病人因住院而无法在家举行时，也可以由其亲属选定其他地方，但是必须将病人用过的物品或者是穿过得衣物带到现场。

2. 传统风俗中的祭灵方式

老挝人对于寿终正寝的祖辈是非常崇敬的，并且认为祖辈死后离开的只是身体，而灵魂会幻化为"Phi"（译为鬼）继续盘旋在家中护佑子孙。当然这样的鬼也是有好有坏的，如果子孙行的端、坐的正，祖先的魂灵自然会庇护，如果子孙品行不佳，或是做不到对祖先魂灵所许的愿，那么神灵也不会善待他们。老挝人相信祖辈死后尽管不能再和他们直接见面，但是一些意识现象就是祖辈和自己的交流方式。比如有的地方在父母死了下葬后，下葬的那天晚上，家人由于对父母的逝去仍无法释怀，他们就会在簸箕里撒上一层灰放在房屋四周。早上如果看到灰上有痕迹就会认为那是灵魂踩踏的脚印，是父母的灵魂也牵挂活着的家人，所以趁夜回来探望。老挝北部山区的少数民族会在父母的尸体送到墓地埋葬后的当天，等到太阳下山之时带上米饭、糕饼等食物来到墓地，或者将食物摆放在从家到墓地的沿路边，或者放在墓坑旁，然后呼唤亡灵来享用。

3. 与魂有关的仪式——巴西素宽

"宽"即为魂，"巴西素宽"的意思是颂魂，是对有益于人类的人、动物或物品歌功颂德，同时祈求这些祥瑞能保佑参与仪式的人的一种仪式形式。它可以是为个人，也可以是为某个家庭或群体举办的仪式。依照所颂之魂不同可以分为三个大类：颂人之魂的仪式，颂动物之魂仪式和颂物之魂的仪式。

（1）颂人之魂的仪式

为人举行的颂魂仪式根据被颂人的年龄、身份以及时机分为：新婚典礼前及典礼中针对新婚夫妇的仪式；另外还有专门针对产妇和婴儿、幼儿、成年人、老者、病人的仪式，还有迎接新年时的仪式。

为新人举行的颂魂仪式：在婚礼当天，新婚夫妻的父母首先要在各自家中为新人举行颂魂仪式。然后新郎的亲友要将新郎送到新娘家（也有的民族是将新娘送到新郎家，比如红泰，黑泰族），在进行正式婚礼仪式时还要再次举行颂魂仪式。

为产妇和新生儿举行的颂魂仪式：这个仪式通常是在妇女生产，做了一个月的月子之后举行。对产妇和新生儿的仪式是同时举行，只是颂魂时所念的颂词不同而已。

为幼儿举行的颂魂仪式：老挝人认为一个孩子常常生病，爱夜哭或者刚脱离某种险境时，必是因为魂魄出窍。其家人就会专门举行一个颂魂仪式，意为将其魂灵唤回到身体中来。

为年长者或资深前辈举行的颂魂仪式：当年事已高的长者或品德出众的老人患病、身处险境或是当某些重要时刻来临时都会为其举行颂魂仪式。假如家里的一家之主久病不愈也会用颂魂的方式为其祈福，召唤魂灵回归肉身，这种颂魂仪式通常是在晚上九十点钟开始，连续进行2—3晚，不同之处在于供奉的蜡烛数量较之普通的仪式要多一些，要求和患者的岁数相等。

为普通人举行的颂魂仪式：为普通人举行颂魂仪式的情况有很多，比如某人升官发财了，或是阔别家乡很久刚回到家中，或是要去很远的地方生活、工作等等。这类仪式中的颂魂词更多的是祝福性的语言，祈求魂魄一定要紧随主人。

（2）颂动物之魂的仪式

被颂魂的动物一般是为家里的劳动作出贡献的牲畜，比如：牛、马、大象等等。当某个繁杂的农活结束后主人都会为参与这项活动的动物举行一个颂魂仪式，以此颂扬和感谢它所做出的贡献。这种仪式不像给人举行的颂魂仪式那般复杂。只需要准备一个高脚钵、鲜花、香烛、白布白线、香水，一点用芭蕉叶包好的盐和一些动物爱吃的东西即可。仪式的过程也比较简单，通常只有牲畜主人一人向动物表达下心理的感激之情，夸奖下它，鼓励它再接再厉。接着把系在钵上的白布的另外一端系在动物的身上，边洒香水边给它喂食食物和盐包，做完后仪式结束。如果主人想把仪式弄得更隆重一些，也可以请祈福师来给牲畜颂魂。这样整个祈福的程序和时间要更久一些。

（3）颂物之魂的仪式

老挝人对与之生活有密切关系的事物，像是房屋，生活生产用具等也要举行颂魂仪式。只是仪式的规模和档次会依照不同事物和主人的财力而有所变化。当家里的房子刚落成时，他们会请祈福师来给房子颂魂，在给房屋祈福前会先给家里的锅碗瓢盆、厨房用品等赞颂一番。其后再给房屋和家人进行颂魂。除此以外还要给自家的水田旱地、打谷场、谷仓、锣鼓、渔网、捕兽器等场地和器物颂魂，不过形式要简单得多。

（4）颂人之魂仪式的步骤

筹备仪式阶段，首先要请算命先生算好良辰吉时，时间越精确越好，但是要避开中午到下午4点前这个时段，因为这个时段一般是松棺下葬的时间。确定好时间后就要请仪式中的主持者——祈祷师。通常一个地方会有很多位祈祷师，人们会根据被颂魂者的身份资历和年龄长幼来请相应地位和声望的祈祷师，有时甚至是不惜花重金从很远的地方请。然后就是要邀请亲友来参加仪式。至于在仪式中所用到的祭祀用品主要有用鲜花装点好的祈福桌，将煮好的猪肉或鸡、鸡蛋、米饭、水果、饭篓、酒、一碗白米、蜡烛和5—7根长约2米左右代表吉祥的棉线置于桌子之上（在进行仪式时棉线的两端分别被祈福师和坐在祈福桌周围的人们握在手里，这样祈福师的祝福就可以通过棉线传递给每个参加者）。另外还要准备些较短的棉线挂在祈福桌的装饰物上。受邀参加仪式的亲友要带上鸡蛋、米饭、饭篓、拴在手臂上的棉线等作为礼物送给主人家。无论主人还是客人都要盛装出席仪式，还要搭配披肩，女士是搭在左肩，男士相反，祈祷师则是在右肩上搭一条披肩或白布。

在进行颂魂仪式前，家里的男主人或者祈祷师要先进行一个简单的祭拜家鬼的仪式，把蜡烛、水果、烟酒等放在竹编的篾桌上，然后把桌子抬到屋外的某个地方放好。之后邀请客人们入场，听从主人的安排各就各位。祈祷师按照事先算好的吉时座好后，主人简要地把颂魂的目的告知众人。接着就将仪式转交给祈祷师来主持。祈福师把篾桌上的蜡烛点燃。接下来仪式中最德高望重的老者要给祈祷师拴线，以求他所说的祈福词都能够一一实现。拴完线后祈祷师举起高脚钵，手里还抓起桌边垂着的长棉线，口中念念有词，这是在邀请各路神仙来给仪式做个见证者。有的祈福师会用巴利语念祝词，有的则是用老挝语，但这都不重要，最重要的是要心诚。这时为了能感受到祈福师的气场，坐在福桌周围的人要抬手摸着桌子边缘，坐得远一些的人就用手搭在前面一个人的手臂上，这样一个人接一个人地把祝福传递下去。然后祈福师要念上三遍佛祖的法号，然后继续念祈福词。在念词时祈福师的语音语调或多或少会有些不同，也会存在地区差异，但是总的来讲语音语调应该要婉转悠扬，让人听了有宁心静气的作用。

念完祝福词后，祈祷师会把插在篾桌饰物上的，用来缠在手臂上的短棉线全部取下来念一遍福咒，然后把酒倒在酒杯里，边念着洒酒词边用花梗或树叶蘸上酒向各个方向抛撒出去，之后就进行拴线。首先是祈祷师为被颂魂者拴线，被颂魂者用那只即将要被拴线的手抬着一个装着鸡的盘子，祈祷师把棉线绕在对方的手腕处，每打一个结就说一句祈福的话，被拴者则跟着一起念祈福词，另外一只手也要抬起来，以示接福。在祈祷师给主人栓完线后就是主人与亲戚之间相互拴线。最后是来宾们根据自己的意愿为其他客人拴线。因此一个人手腕上缠的棉线越多，说明获得的祝福越多。在一些仪式的拴线过程中，比如结婚、孩子外出求学等，拴线的人还会将钱绑在线上，然后再拴在对方手上。有人会把装了钱的红包放在对方掌心后再为其拴线。

拴线后就是仪式的最后一个步骤，祈祷师把颂魂时所用的篾桌移交给主人，并由亲友们一起托着桌子，祈祷师宣布仪式结束。

通常仪式结束后祈祷师和长者会用鸡来占卜吉凶。之后大家就会共同来分享篾桌上的祭品。主人家会设宴款待祈祷师和众宾客。筵席结束后大家便各自回家。

可以说颂魂仪式或是说拴线仪式尽管在形式和具体操作的细节上较之过去已经有了很多变化，它源于原始信仰，同时又受到后来的婆罗门教和佛教的影响，但仍然在老挝人生活中具有举足轻重的地位，是老挝人不可或缺的一项活动。

第二节　祖先崇拜

祖先崇拜是同宗同源的多民族集体崇拜同一个人的信仰形式。老挝人相信人死后灵魂不灭，会幻化成各种皮（译为鬼）和人类共同存在于这个世界上。小到一个家庭，大至一个民族都相信逝去的先人的灵魂不会随着身体的陨灭而消散，而是一直陪伴着这个民族的后人，给予他们庇护，也在危难时刻给予他们提醒。伴随着这种信仰的同时还产生了很多仪式来表现对先民的敬仰和感激。从之前所讲的鬼的分类来看，老挝人祖先崇拜的具体对象既有创造了本民族的始祖，也有带领本民族人民英勇抗争的远祖，亦或德高望重的氏族家祖。

一、始祖崇拜

老挝人的始祖崇拜是源于对本民族起源和产生的解释，表现形式主要是神话故事。这些故事中人类的始祖被称之为"布耶"（男）和"雅耶"（女）。布耶和雅耶的长相很具有东南亚人的特点：长发、塌鼻梁和宽嘴巴。关于他俩的神话故事在老挝广为流传，在故事中他们被描述为一对无所不能，具有神奇力量的勇士。不仅改造了世界，将人类、动物、火种带到了人间，还教会了人们种田，盖房。在老挝流传最久的一则神话故事《天神造世》中布耶和雅耶是天神派到人间来的一对夫妇，来到时天神还给了他们三颗种子和水牛、老虎和蟾蜍来给他们做伴。其中一个种子长成了一棵参天大树，另外两颗种子种下后长出了两个大葫芦，葫芦长大后不断地从里面走出来很多人和动物。天神嘱咐夫妻二人不能让人和动物吃树上的果子。刚开始，人和动物生活的很快活，尽管他们不吃也不拉，不会繁衍后代也不会死亡。直至有一天人和动物忍不住偷吃了果子，开始产生了种种欲望。天神知道后怪罪布耶雅耶，并砍倒了神树。命令布耶雅耶教化人类。一则名为《布耶偷火种》的故事中，布耶和雅耶是天神派下来管理人间的神仙。那时的人间被阴云笼罩着，狂风大作，人类生活在疾苦当中，衣不蔽体。很多动物也因为寒冷而死去。布耶为了拯救普罗大众，不惜牺牲自己为人们带回了火种。另一则故事《布耶砍树》中布耶雅耶被描述成一对力大无穷的英雄。他们一个背斧一个拿刀，劈开了遮住太阳的大树和藤蔓，为大家带来了光明和温暖。终因疲惫倒地而死。但是人们没有忘记他们，不仅以他们的名字作为对祖先的称呼。为了铭记他们的恩情，在吃饭做事之前还会呼唤他们的名字，比如：吃耶、做耶、走耶……慢慢的布耶雅耶名字中的"耶"字就变成了一个语气助词，放在动词后表示祈使。

除了泛化的始祖崇拜对象——"布耶"、"雅耶"之外，每个民族和地区还有对始祖的不同称呼和始祖创造本地区、本民族的相关神话故事。比如红傣族的创始故事中认为天地产生之初只有土、水、风、火四样物质，随后才有了植物和动物，才有了被称之为"布桑格撒"（男性）和"雅桑格西"（女性）的人类始祖。佬族认为各民族的产生是得益于一个叫昆布仑的国王，他在立国之地发现了两个葫芦，凿开后从第一个葫芦里走出来了卡族、卡因族、普南族等民族的人，从第二个葫芦里走出来的就是佬族人。昆布仑国王命自己的七个儿子率领这些民族到了不同的地方建立王国，其中的长子就在勐兆（今琅勃拉邦）建立了"澜沧王国"。

现在老挝的某些地方还保留着每年五月要祭祀"陶昂郎"和"娘昂蕾"的风俗。"陶昂郎"和"娘昂蕾"是老挝流传的"葫芦生人"故事中的一对兄妹，在一次狩猎过程中他们捕获了一只竹鼠，竹鼠为了逃命告诉他们人类将要灭亡的消息，同时也告诉了他们避难的方法。兄妹俩按照竹鼠的话躲过了一劫，却发现其他人全都在灾难中丧生了。不得已兄妹俩成了亲繁衍后代，"娘昂蕾"却生下了一只葫芦，凿开葫芦后从里面陆陆续续地钻出来很多人。"陶昂郎"和"娘昂蕾"对这些后人进行教化，让他们懂得团结、友爱。

二、远祖崇拜

氏族社会产生后，人们开始崇拜与自己有血缘关系的氏族首领。因为他们要么是氏族的建立者，要么是保护氏族得以延续的英雄人物。祖先崇拜就从原始社会的始祖崇拜慢慢地过渡到了对已故去且对氏族部落产生深远影响的先祖崇拜。在老挝，小到一个村，大到一个城，都有自己所崇拜的祖先。具体的崇拜形式就是在建村或建城之初就会在某地埋下一根石柱或是建一个神龛以此来作为奠基或庇护村寨、城市的象征。在村寨里这样的地方叫做 "Ho Phi Ban"（译为鬼庙）在城市里这样的地方叫做 "Ho Phi Meang"（译为城隍庙）。老挝建国之前，某些农村或城市会举行大规模的祭祖仪式。到了祭鬼的日子，全村、全城的人都停止劳作，大家杀猪宰牛，置办各式瓜果然后送到庙里。整个活动会持续三天，这几天中除了祭祀还会有打陀螺、扔沙包等活动。现如今有的地区虽然仍然保留着这一传统，但是形式和规模都不似以前盛大隆重了。

以首都万象为例，万象人奉西勐娘娘为自己的保护神，万象的城柱就埋在西勐庙里。无论就历史价值还是现实意义来说，西勐娘娘庙都具有无可比拟的重要地位。它既是各类佛教活动的举办地，同时也是佛教徒们的心之所依。每年在举行塔銮节祭塔仪式前都要在西勐庙里先做祭拜和准备工作，而现在的仪式内容包含了老挝原始的鬼信仰，婆罗门教和佛教等宗教仪式的痕迹。在祭拜塔銮节之前，有一名巡视官会召集男女老幼们齐聚西勐庙来准备仪式中所需的道具和供品。主要的道具有高脚钵，椰子、槟榔、篓叶、芭蕉、甘蔗树苗、稻米、谷子、香烟、锦旗、蜂蜡塔、香油、沙石、红白布条，除此以外还要准备一套女士衣服和披肩，用来绑在城柱石的上面。上述物品准备就绪后，僧侣们就开始进行祭祀仪式。时间通常是按照佛历的12月10日起，每天下午4点钟开始诵经，连续三天，直到12日晚上。13日早上8点开始献祭品和为城柱换装的仪式。当天下午4点再进行最后一遍诵经，晚上则是点上香烛，抬着蜂蜡塔，绕着寺庙游行。

三、寨祖崇拜

老挝的农村至今还有信奉寨鬼（Phi Ban）的传统。寨鬼是指曾曾祖父辈的先人逝去后，依然驻守在村里的灵魂。老挝人认为如果有后人死去，那么之前的那位曾曾祖父的灵魂就会升天为神，与更早前的其他祖先一起成为魂灵之根。同时他们还负责监督人间的后人们的言行，成为后人的护荫。奉养寨鬼的仪式一方面可以表达对先人的感恩，另一方面还起到了维系村寨团结，密切村民关系的作用。每年到了农耕前或是农收后都要举行奉养寨鬼的活动。老挝人把这两次祭鬼活动称之为"请鬼"和"送鬼"。意思是把祖先的亡灵从村里的鬼庙里请出来和送回去。"请鬼"时要备好白酒，芭蕉叶包好的甜食，鲜花香烛，公鸡母鸡各一只。然后请村里的巫师念经请鬼。除了农耕时节以外，如果家里有人要出外做买卖，狩猎或是上战场都要先祭鬼许愿，如果心愿达成回来后还要到同一个地方还愿。还愿时要带上和许愿时相同的祭品。

四、家祖崇拜

家祖是指已故的祖父祖母辈或父母辈。家祖死后的亡灵在老挝语里称之为"Phi Pho"（译为父亲鬼）、"Phi Me"（译为母亲鬼），或者笼统地称之为"Phi Hean"（译为屋鬼），老挝人相信灵魂不灭，因此先人死去后仍然会将自己的灵魂留下来陪伴守护家人。为了表达对先人的尊重，后人会在自家房子的左边盖一个家鬼龛来供奉先祖。子女们要另立门户时，也要修建一个神龛，请家鬼来神龛里住，保佑家庭安康殷实。但是家鬼不仅仅只有好的一面，如果家人对家鬼不敬或有所怠慢，家鬼也会反过来报复家里人。如果家里有人无缘无故生病或是遇到什么不幸，就会请可以通灵的巫师来看，假如是家鬼作祟，巫师就会告诉家人该怎么化解，有时是因为家人不辞而别让家鬼生气了，有时则是家鬼有什么愿望希望家人帮助其实现。除了特殊的情况以外，平时也要定期对家鬼进行祭拜，祭拜时要准备猪肉或鸡肉、大米、酒、香烛等，然后由家里的长辈请鬼来吃。佬族在信奉家鬼的同时也信奉佛教。正如他们所说的：在家里尊父母，在庙里尊佛祖。在很多佬族家里会分成人住的地方和鬼住的地方。家鬼住的地方一般就是一个木板龛，在上面会放些家鬼生前用过的用品用具，甚至是他们的头发牙齿等。在佬傣族人的家里屋鬼龛通常是和佛龛并列供在楼梯进入房间的房梁上。佬傣族对家鬼的崇拜还表现在先人的丧葬仪式中，后人在老人寿终正寝后要在房屋以外的地方搭建一间棚屋，在里面放上香蕉、甘蔗、植物种子、家禽和一些日用品以供先人灵魂享用。每天还要做好饭菜端去。三天后将故人的鬼魂请回家来做屋鬼或是将他们的鬼魂送上天堂。红傣人认为只有祖父死后的灵魂才会变成家鬼。其他先辈的灵魂会在祖父成为家鬼后变成一个抽象的形象。

常言道：家有家规，庙有庙规。家里有家鬼保护，在寺庙里也有所谓的庙鬼保护。庙鬼生前或是带领村民修建寺庙，修行得道的住持，或是对宗教产生深远影响的长老。在他们圆寂后灵魂已经和寺庙融为一体。庙鬼的职责主要是监督寺庙里的僧侣和信徒们的日常行为规范。这个功能在很大程度上与家鬼的作用是一样的，只是监管的范围不同罢了。

第三节　自然崇拜

自然崇拜是原始宗教当中时间最为久远的形式。在原始社会中对于各种自然现象不能解释，甚至是束手无策的时候，人们自然而然产生了对超人类的神奇力量的联想，也就产生了之前所提到的"万物有灵"论。自然崇拜的实质就是将所有与人的繁衍和生存密切相关的自然事务都人格化，具有人所不具有的神性。但是对自然的崇拜并不是把所有的自然食物都列为崇拜的对象，这其中只有人所认为的总有力量、最有威胁的个别自然因素和自然力才具有这样的地位。

一、植物崇拜

植物对于人的生活来讲是非常有用的自然物。之前就提到过"万物有灵"的信仰让老挝人认为凡是对人有益的事物都是有"魂"的。从老挝关于创世的神话故事中我们也可以看到植物的产生是早于人类的。林林总总的植物所具有的强大社会功能，使得它必然会成为自然崇拜的对象之一。从原始社会到现在，树林一直都是人们觅食、狩猎、栖息之所，甚至也是衣物、食物、药物的来源。加之植物本身枝繁叶茂的样子也代表着一种旺盛的生命力和繁殖能力。这些都是老挝人植物崇拜的根源。

树是老挝人自然崇拜中比较具有代表性的一个物种。在老挝人关于人类起源的传说中树扮演着很重要的角色。《天神造世》的神话故事中就提到人类的产生就是来自天神的三粒种子。其中一粒长成了神树，另外两粒结出了两个大葫芦，葫芦成熟后从里面走出的形形色色的人就形成了后面的各个民族。还有的故事中树被描述成人类生存的障碍，而且是普通人无法破解的障碍，只有天神才能战胜。这些说法无不显示出树对人的支配力和控制力。

现实社会中，老挝人对树的崇拜也可以从他们的日常生活和仪式中窥见一斑。例如从建筑结构来说，老挝传统的杆栏式高脚屋所采用的建筑材料都是树木和茅草。即使不是全木质结构的房屋，在打桩和建房时也很注重木材的挑选。作为房屋的主梁柱要挑选树干笔直无虫眼的木材，挑好树木后要对其进行诵经然后才能砍伐。要在同一片树林里挑选建房所需的木材，否则木材之间会吵架，会导致家庭不和睦。老挝人很喜欢在自家庭院中种树种花，树木多种芒果或菠萝蜜，除了果实可供食用以外，也取芒果树和菠萝蜜累累果实所代表的子嗣兴旺之意。

每年老历11月份的出夏节期间，老挝各地都要举行龙舟比赛。用来做龙舟的木材也需要经过精心挑选。选中了某棵树后同样要进行敬树神的仪式，以此来告知它将被做成龙舟。老挝北部的佬族人到了每年的农耕开始前都要举行祈雨仪式，仪式中除了要敬水神之外，还要敬家神和森林神。敬森林神的目的就是祈求动物们不要破坏庄稼。老挝有一句谚语说：树大必有鬼护，人美必有人爱。因为这样的观念，所以老挝人在进入森林觅食或狩猎之前会先敬树神。求树神饶恕自己的冒犯，并祈祷不要碰到牛鬼蛇神。

老挝属于热带季风型气候，常年温暖湿润，自然环境适于葫芦的生长。老挝人有食用葫芦的习惯，成熟的葫芦刨开掏空里面果肉后可以用来舀水。老挝的苗族还有用葫芦盛装下一年耕种所用的种子的习惯。葫芦的这些实用价值使它很容易成为人们所崇拜的自然物。另外葫芦的外形和多籽的特征让人联想到怀孕的妇女以及强大的生殖能力。在老挝的神话故事中，也有很多关于"葫芦生人"或是"葫芦救人"的情节。

原始社会进入到农业社会后，人们对稻谷的依赖感加强，稻谷也逐渐成为自然崇拜的一部分。随着稻谷崇拜的加深还产生了很多与之有关的传说、习俗和仪式。

老挝的神话故事《织布鸟》中说到过去的人类世界是没有稻谷的，人们只能吃蔬菜瓜果。后来人类听说在喜马盘森林里有稻米，那是种非常营养且美味的食物，便去向人间的大王禀告此事。大王听说后便打算派人前去打探。但是因为喜马盘山非常高，一般人爬不上去。于是他就养了一只鹦鹉并训练它说话，然后派鸟飞上山去侦查。鹦鹉飞回来后说的确如此，但是因为天帝派人严加把守，出入山中的动物都要被搜身，很难将稻种带出山来。大王于是吩咐鹦鹉召集群鸟开会，告诉他们谁能从山里将稻种带出必有重赏。最后一种名为织布鸟的鸟类用把种子吞进嗉子，然后将嗉子转到脑后隐蔽起来的方法将稻种带到了人间。从此人间便有了稻米，大王为了奖励织布鸟还允许它们每年稻谷成熟时可以和人类共同分享。另外一则《九尾狗》的神话故事将稻谷的由来说成是天神通过龙卷风送到人间的。老挝原始鬼神信仰当中有一种叫"Phi thahek"或称"Phi hai Phi na"，意思就是守护农田的鬼。

因此，在耕种的每个环节都要举行祭祀仪式：每年三月进入农耕之前，老挝人都会举行祭祀仪式，祈求稻神保佑丰收。祭祀的对象有土地神、稻田神和家神。祭祀时要准备的祭品主要有甜食、酒、香烛等。所说的祭祀语大致意思是：一年一度，周而复始到耕种季节，请稻田神将天地赐予我们耕种，让我们不用忍饥挨饿。在开始犁地的时候，老挝人还会专门的为犁举行颂魂仪式。插秧时还要再次祭拜Phi thahek，要在田里插上九株长势良好的野生稻秧苗作为稻神。仪式结束后方可下地插秧。到了十月稻谷抽穗时还要举行粽子节，大肆供奉稻田神和谷神，以求丰年。稻谷收割后要送到打谷场晾晒，这时也要对打谷场进行一番颂魂，祈求收获的谷粒大而饱满，不要被鸟抢食。

可以说佛教传入前，在根深蒂固的稻作文化影响下，老挝就已经形成了很多与稻谷相关的节庆活动。只是在佛教传入后，为了能够顺利地推行佛教，当时的国王在原始的传统祭祀活动中融入了佛教的理念。慢慢使得现在与稻谷有关的节庆活动中涂上了浓重的宗教色彩。比如老挝的十二风中每年二月举办的聚场节（老语为Bun Khunlankhau）。其中Bun的意思是节日，Khun是增加，Lan就是打谷场，Khau是稻米的意思，加在一起的寓意就是期望打谷场里的谷子一年比一年多。按照老历，每年的九月份是先人节（老语为Bun Khaupadapdin，也称Bun Hokhaunoi），节日名称的含义是用稻米插到地里的方式来装点土地。老挝的历史学家马哈西拉·维拉冯在他所编写的《老挝之12风俗》一书中提出这一节日是老挝的古老风俗之一，远在佛教传入之前就存在了。举行节庆的目的就是告知稻田守护神插秧已结束，请神保佑种下去的庄稼。与稻谷相关的节日还有老历十月份的抓阉节（老语为Bun Khausak）。这一时期往往是稻谷抽穗时节，人们会用大米做成的各式糕点当作祭品，一份挂在树上请家神来享用，一份放在田间地头请稻田守护神来吃。佛教传入后，把节日的起源与佛教故事相结合，仪式中也融入了布施等内容，以便于佛教的传播。

二、动物崇拜

德国哲学家费尔巴哈曾说过："动物是人类不可缺少的必要的东西，人的存在要依赖于动物，而人的生活和存在所要依赖的东西，对于人来说就是神。"老挝是典型的农业社会，人的生存所依赖的对象自然而然会从崇拜天神、自然植物等转为与农业有关的事物和动物。比如：耕牛、田地和各种农具等。牛作为农耕文化中的代表，成为老挝人的崇拜对象也是必然的。牛可以为人们的耕作所用，创造财富，另一方面，牛所具有的憨厚、纯朴、勤劳的品质和默默无闻，只顾劳动的性格也是人们崇拜它的原因。在神话故事《天神造世》中牛是尾随天神来到人间，帮助人类劳作的灵畜。《葫芦生人》中天神送给人类一头卷角大水牛，三年后水牛因为劳累而死，死后从它的鼻子里长出了一根葫芦藤，葫芦成熟后从里面走出了老挝人的先民。在现实生活中，老挝人常常会在耕种前后或是牛首次发情时专门给牛举行颂魂仪式。颂魂时在桌上放上香水和草，然后念诵颂词，颂词的主要内容是感谢牛勤勤恳恳的付出，还要告诉牛主人之所以鞭笞它的原因，希望得到它的谅解，同时还希望它子孙不断，身体健康等等。

老挝人认为凡是依水而居的民族都有"厄阿"信仰，只不过具体的称呼、形象有所不同罢了。"厄阿"（Ngeak）是老挝原始宗教所崇拜的动物。但是关于"厄阿"的说法莫衷一是。总体说来它是很多种水生动物的合体，老挝语字典中对这个单词的解释是一种类似于蛇的水生动物，头上有冠，是Phi（鬼）的一种，叫做"皮厄阿"。也有科学家分析认为厄阿其实就是电鳗或者蟒蛇。过去的人在涉水渡河时会遭受电鳗所放射出来的电流袭击，但又缺乏对这种现象的科学认识，只能解释为厄阿吃人了。民间普遍把厄阿看作是邪恶的化身，因为它会吃人，会损毁村庄，而且它存在于每一条河流当中。人们还会根据河流的不同名称给藏身其中的厄阿起名字。从对厄阿的原始信仰中逐渐创作出了很多与之有关的民间故事。

川圹省的勐昂县流传着一个叫《佤拉昂吃厄阿》的故事：很久以前，勐昂城是一个世外桃源，厄阿利用自己的神力将这一地区隐藏在一片密林之中，这里物产丰富，到处是金矿、银矿、盐井。所有一切都是厄阿创造的，这里慢慢形成了一个传统，每三年就要用一个年轻的女子祭祀厄阿。三年一次的祭祀时间又来到了，这次选中的这家人只有祖孙俩相依为命。奶奶心疼自己的孙女，不愿让她去当祭品。两人就逃跑了。厄阿发现后就变成一只螃蟹，用蟹钳夹住了勐昂城主女儿的脚，把她拖下了水。城主带着巫师和村民下水救女儿。可是城主女儿刚冒出水面就死了。城主为了报仇想把厄阿杀了，结果只砍断了厄阿的尾巴。最后城主用厄阿的尾巴煮成汤分给了村民。

现在在一些信仰鬼神教的地区仍然保留着祭祀厄阿鬼的习俗。例如每次修水坝前，村民都要准备些煮好的鸡肉或者猪肉，花束及银盘，白酒，一些白布和红布，把这些东西塞在竹筒里放在水坝某个角落。然后村长就会站在水边请厄阿鬼前来享用。除了上述情况外，在修桥、修水电站时也要进行这样的祭拜仪式。有的地方如果家里有五六岁的孩子一直生病不见好转，父母会带上孩子的衣服给算命先生看看，如果算命先生说孩子的魂掉进水里，被厄阿带走了，就要请村里的长者或者孩子的母亲带着招魂布（有时也可以披上孩子的衣服），顺便再带上鸡蛋、饭篓、渔网、盐包等到水边唤魂。唤魂一般选在太阳快下山，但还没有完全天黑的时候，唤魂的人还要带上一段冒着火星的木柴，意在为孩子的魂指路。招魂词主要是祈求厄阿可怜孩子的父母，让它放了孩子的魂……念完后，招魂人会撒一把网，不论网上来什么物体都被认为是孩子的魂，然后带着捕上来的东西回家。到家门口后，招魂人会问一句："XXX的魂回来了吗?"屋里的人就会回答说：

"回来了。"仪式的最后一个环节是把带回来的鸡蛋，石块或是其他代表魂的物品放在病人手里。

除了祭祀的仪式外，老挝人的日常生活中也以厄阿作为自己的保护神，比如有人家里会留有些所谓的厄阿头冠或牙齿的东西，人们把这些东西磨成土药擦拭在红肿的皮肤上，据说有消肿止痛的作用。还有人说如果谁家有厄阿的头冠或者牙齿，这家就不会遭受火灾，即使全村都起火了，这家仍旧可以幸免于难。这样的说法无从考证，但足以看出人们对厄阿的敬畏之心。

后来由于婆罗门教和佛教的传播，厄阿逐渐与这些宗教中相似的图腾形象——那迦交织融合，产生出了很多关于厄阿和那迦的不同解释。在佛教中那迦的作用是保护佛祖，保护佛法，厄阿就沦为了"恶鬼"的代表。不过现在在一些远离城市，佛教文化传播滞后的偏远地方仍然信仰的是厄阿。

三、地物崇拜

老挝人对地物的崇拜主要体现在对水和对土地的崇拜。崇拜它们除了因为这二者具备所有崇拜对象的基础，即本身带有神秘性和强大的力量，并且与人们的生活、生产有着千丝万缕的关系。

水可以孕育生命、滋养生命，也可以淹没生命，溶解物质。在老挝的神话故事中，水既是生命之源也是灾难之源。传说老挝的主体民族佬族就是一个在湄公河边捕鱼的妇人被河面上一段粗糙的树干触碰腿后怀孕生下的。另外与水有关的仪式也很多。从形式上有单纯的祭水仪式，还有与巫术相结合的仪式。祭祀的对象包括河流、湖泊之水，天降之水——雨水，也包括与水体同时产生的水神。前文中所提到的"厄阿"也是水神的一种。在老挝北部某些信仰鬼神教的地区，至今仍然保留着每年耕作前祭拜"厄阿"，以求神灵保佑不旱不涝的传统。具体做法是先将灌溉田地的河渠进行一番清理，接着在平时吃饭的竹制饭桌上摆放些煮熟的鸡肉或猪肉、五对蜡烛和一些点心，酒水，抬到水渠口，由族里的长老口念诵经，希望"厄阿"神保佑水渠坚实牢固，粮食丰收。除了耕作前的祭祀外，每年的三月到五月间还要到河边或水潭边进行祭祀，如果哪年忘了祭祀，那一年

"厄阿"神就会对其进行责罚，或让人生病或发生其他不好的事情。由于耕作的需要，老挝人除了祭祀河水的仪式之外，还有祈雨的仪式。根据所使用的不同的道具，可以将祈雨仪式分为：簸箕祈雨、高升祈雨和游猫祈雨。簸箕祈雨的仪式要准备两个簸箕和四根扁担，把从寡妇或离异妇人家借来的镜子、梳子或是首饰放在簸箕里，仪式开始后由两个小伙子抬着簸箕，众人在领唱人的带领下一起颂念祈雨歌谣。一曲终了如果簸箕没有动弹，则换人来抬，接着唱歌谣。通常参加唱歌的人都是些寡妇或是没结过婚的女性，这样做的目的是通过这些可怜人的诉说引起天神怜悯，降下雨水。高升祈雨的由来是因为老挝人认为天界的主神是男性，大地和水神是女性，只有当天神和水神相遇时才会下雨，于是人们把象征"厄阿"神的竹子或棕榈杆拿来掏空晒干后填上火药制成高升，送到天上与天神相会。如今燃放高升不仅是一种祈雨方式，也是一项竞技活动。老挝人会通过高升燃放后升空的情况预测当年的天气状况。比如：高升如果没有飞起来，而是在燃放架上爆炸了，则认为当年会有水灾发生。如果升起不久就熄灭坠落，则当年会发生旱灾等等。游猫仪式的由来是因为猫是一种怕水的动物。老挝人认为它是干旱的化身。这种仪式的举行通常是在佛历新年以后，如果天气仍然闷热难耐，且没有要下雨的迹象，就会举行游猫仪式，具体做法是将猫放进一个竹箩里，穿上一个木棍做扁担，由两名男子挑着竹箩在村里穿行，所到之处人们要用水泼洒竹箩里的猫。同时还要唱祈雨歌谣。一场仪式后如果仍然没有下雨，人们会认为是人为的原因造成的，比如仪式中的某个环节不合规矩，或是有不合时宜的穿着等。会择日再举行一次。通常来讲举行过三次仪式后便会下雨。

　　老挝人对水的崇拜还体现在对"水"淋漓尽致的使用。在很多地名当中都带有"水"字。比如：南塔、巴色、色贡等等，都是由于这一地区内主要的河流干道而得名。老挝语的"河流"（Me Nam）一词中 me 表示妈妈，nam 表示水，合在一起则表示"水之母亲"，这与中国人把大川大河比喻为母亲河有异曲同工之妙。老挝语中用 Nam Chay 一词表示"精神、心意"等意思，其中 nam 为水，chay 表示心。这是因为老挝人认为水是纯净之物，用它表明人心的纯洁再合适不过了。过去没有法律时，佬族人为了解决人与人之间的矛盾，常采用在水面前发毒誓，然后一饮而尽的方法来证明某人的清白。正所谓 Nam Sai Chay Ching（意为心净如水）。

　　水在老挝人的传统习俗中扮演着很重要的角色。众所周知，当新年到来时大家会相互泼水祈福，用浸泡着鲜花的香水给寺庙里的佛像进行洗浴等等。水还出现在很多与人生老病死有关的场合中：当家里有产妇难产时，会请巫师来做法，烧符化水后让产妇喝下，或是用符水泼在产妇的身上和家里的屋顶。婴儿出生后，先后要用温水和凉水给孩子洗浴。条件较好的家庭会在洗澡水里放上些金银，祝福孩子长大后大富大贵。在月子里的婴儿是不能喝水的，只能喝母乳。待满月那天，有专门的喂水仪式。族长会将从七个井里打来的水喂给孩子，因为他们认为这七井水是水神的神水，喝了以后孩子才能健康成长，无病无灾。自此以后孩子就可以饮用一般的水了。男子在择偶娶妻的标准上，要求女方要懂得"三房四水"，"三房"即指卧房，厨房和发房，意思是要求妇女们勤于打扫，归置好房间里的物品，注意梳理自己的发髻。"四水"即指心地（Nam Chay）、饮用水、日常用水和石灰水。这是要求妇女要懂得宽以待人，精于持家。家里要常备给家人和客人的饮用水。洗澡、做饭用的水缸里不能没水。随时给客人准备好嚼槟榔所需的石灰水。在老挝的结婚仪式中有女婿游行的习俗：在仪式中新郎的亲友会跟着新郎从自家出发走到新娘家去。到家后进门前要给新郎洗脚，表示洗去身上的尘土和不干净的东西。生病时用念过经的圣水泼洒或洗浴也被认为是一种治疗疾病的方法。人死后在处理遗体时，首先是用泡着鲜花的香水给尸体洗浴，火化之前，亲人们要轮流用椰子水（老挝人认为椰子水是天神所赐的水）来给死者洗面。最后参加送葬的人在离开前还要用香水洗手去尘，表示一切皆随死者去了，从此了无牵挂。

　　老挝自古以来就是以耕种为主业，土地对于耕种的意义可想而知。按照万物有灵的理论，土地是有魂灵的，且有鬼神寄居其中。老挝人最初崇拜土地神主要是源于对农耕生产的保护。土地神没有具体的形象，主要祭祀的对象有掌管所有旱地水田的稻田神（Phi Thahek）和掌管大地上所有生物的地母神（Tho La Ni）。祭祀稻田神的方式从种稻谷前就开始了，到了每年三月农事时节，要先祭祀稻田神。要准备的祭品有鲜花，香烛和之前丰收后保留下来的谷子。然后选一块地供奉这些祭品，一边祭祀一边念祭祀词："又到一年农耕时，我们来向稻田神请求赐土地让我们耕种，让我们有饭吃……" 一般佬族人会把供奉稻田神的神龛立在地头。到了动土耕种前要举行"开犁"仪式，将准备好的鸡蛋、糕点、白酒、槟榔、香烟、鲜花等物品放在芭蕉叶或竹席上，念着祈祷词告知稻田神耕作的时节已经来临，请田神前来享用祭品并保佑粮食丰产，不要有虫害发生。祭完神再择吉时将一块事先选好的地犁上三遍，仪式就完成了。此外，每当插秧前后也都要举行祭田神的仪式，只是形式上稍有差别。老挝的传统风俗中还有专门祭祀土地的节日。每年九月朔日的先人节（也称祭鬼节或小粽子节，老挝语称之为 "Bun Khau Pa Dab Din"）就是为庆祝插秧结束而举行的一个节日。老挝的历史学家马哈希拉·维拉冯认为这是一个流传千年的传统节日，早在佛教传入老挝之前就已经存在了。所谓的 "Bun Khau Pa Dab Din" 并非指将大米做成的食物放在地上供鬼神食用，而是指将稻秧插在田地里告诉土地神插秧已结束，希望稻田神保佑庄稼。后来由于佛教的影响日益加深，佛教徒将这一风俗的起源与《达摩经》中的故事相结合，慢慢的才演变成为一个佛教节日。

第四节　民间禁忌

禁忌属于一种心理层面的信仰行为，是建立在有着共同信仰基础上的群体对某种事物深切的崇拜而派生出来的带有防范性的手段，目的是约束、限制和规范自己对所崇拜对象的行为。按照所涉及的领域，老挝民间的主要禁忌分为以下几个方面：

一、生活禁忌

民以食为天，谈到生活中的禁忌，首先想到的就是饮食方面的禁忌。吃的禁忌主要体现为吃的食物和吃饭时的礼仪。从吃的食物来讲，老挝人一般食用禽畜类，水产类的肉，例如：鸡、鸭、猪、牛、鱼等。但有十种动物的肉是禁止食用的，分别是：人、虎、蛇、象、鳄鱼、猴、猫、秃鹫、乌鸦和某些水生动物，比如：鳝鱼、乌龟等。不食用这类食物的原因有些是因为信仰，有些是因为这种动物对人有益。

和中国人一样，老挝人很忌讳在吃饭时张大嘴巴嚼东西，口里发出很大的声响。擤鼻涕、吐口痰更是不礼貌的行为。和中国人提倡光盘行动不同的是，老挝人吃饭时不能把食物一扫而光，总是要剩下一些留在盘子里其意义类似于中国成语里的"年年有余"。老挝人通常是住在一起的家人一定要在同一张桌子上吃饭。一般由家里辈分最高的祖父母开始动筷，如没有的话则是按照父亲、母亲、子女的顺序开吃。座位顺序也带有一定男尊女卑的思想，即男性坐在上座，女性和孩子依次坐在下方位置。做妻子的不能将自己的剩饭给丈夫吃，孩子也不能让父母吃自己的剩饭。旧时的老挝人讲究吃完饭后要向饭桌行礼，表示对谷神的谢意。现在虽说这样的风俗已经很少见了，但还是保留着另外一些讲究：吃完饭后要将装糯米饭用的饭篓的盖子盖上，如若不然会导致婚姻不幸福，甚至是离婚丧偶。

现如今，老挝人在穿戴方面的禁忌大部分是针对女性而言。老挝妇女的传统服装是筒裙。穿着筒裙时应该注意：在正式场合里很忌讳穿没有裙头或裙脚的筒裙；从长度上来讲，长不过盖住脚腕，短不过膝盖；款式上要合体，需展示女性的身材，但又不能过紧、不便于走路；裙腰大致位于肚脐位置，不能过低；在某些特殊场合下对筒裙的颜色会有要求。比如葬礼时，死者家属通常着白色衣裙，亲属以外的人可以穿着别的颜色。另外给僧侣布施时男女都要佩戴披肩。清洗衣物须在河流的下半段，因为上半段的水是用来饮用的。衣服晾晒和收纳的位置也不能在房屋里过高的位置，否则认为会对家庭的社会地位造成影响。妇女的饰品忌讳不同种类放置于同一个盒子里，认为这样做会影响财运。

家是每个人依赖的地方，对于老挝人来说也不例外。因此，从挑选屋址到落成后的入住都有着一整套严格的要求和需要遵守的禁忌。在挑选建盖地址时，要先观察地势，忌讳在东高西低的地面上建房。除此还要注意周围环境，忌在有水池、泉眼、白蚁巢或是有大木桩的地方建房。这些禁忌一方面是基于老挝的地形地貌条件而形成的，另一方面是认为在这样的条件下建盖的房屋会对居住者的运势带来阻碍。老挝的干栏式建筑在建盖之初非常在意对屋里主柱的挑选。要挑选生长于平坦地势上的，主干笔直无节点，枝繁叶茂的树木。忌用在雨季砍伐的木材、树根旁有白蚁穴的树木、树根浸泡在水中的树木、已死的树、有树洞、有藤蔓缠绕的、靠近佛堂田地的树木，否则会招致厄运，使房主丧失原有的社会地位。

建房的时间既要看月份也要看日子，甚至择月比择日更重要，按照老挝人的说法：一月建房多富贵；二月建房交好运，贫穷者会变富贵，会化敌为友；三月建房则不吉利，会与友人交恶；四月是建房的吉月，朋友和财富会积聚而来，病痛会好转；五月建房则会疾病缠身，无福享用；六月建房财满朋友多；七月建房会影响社会地位和权力下跌；八月建房会漏财；九月建房幸福平安，长命百岁；十月会招致疾病；十一月建房则会招惹官司；十二月建房会带来财运。一周七天当中不在周二建房，不然兴建三个月后会发生火灾，或是带来疾病；也不挑选周六建房，这天盖的房子会在建成后四个月后家道衰败，穷困潦倒。老挝在建盖房子时非常看重竖立第一根房（认为这是房子的屋魂所在）的方向。如果是一、二、三月建房，首柱要从东北方开始竖立，这样能保佑房主衣食无忧；四、五、六月建房要从东南方向开始立，才会有好运相伴；七、八、九月建房要从西南方向开始；十、十一、十二月建房要从西北方开始，以保子嗣兴旺。房子盖好后入住前要给房屋举行拴魂仪式，古代的老挝人为了趋吉避害，对于入住新居的时间和进屋的方向也有很多讲究。通常会选择周三、周四和周五。方向上忌讳从东、东南、南和西方进入新居，认为从这些方向进入轻者会招惹是非，损失财物，重者会招致疾病，甚至丧命。另外在改建房屋时还要注意以下禁忌：不要把两所房屋合并为一所，如此会招来厄运；做生意的人家忌讳将房屋改建成凉棚；年幼者不要参与建塔、修厕所，否则会丧命。

二、生产禁忌

这里所讲的生产禁忌主要是指老挝传统的生产方式——农耕劳作中的禁忌。老挝自古就是一个农耕社会，稻作文化不仅产生了很多信仰、仪式，同时还形成了很多与之有关的禁忌。老挝人在种稻期间要祭祀稻田守护神（（Phi Thahek），但是在这个祭祀仪式中寡妇不得参与，认为这样会引起稻田神的不悦，带来祸害。每年在祭祀寨神的五天中，不能挑水、舂米；不能触碰象征寨神的物品和祭祀用品；不得在稻田里、牛圈里大小便；耕种时要先进行占卜，挑选吉时播种。每当朔日和望日不得耕田。每年插秧时不得面朝东向插秧。因为每当这时水神那迦会盘踞在田地里，它的头朝向东方，尾部对向西方。头部是老挝人认为最神圣的部位，何况是水神的头，所以无论做什么都不能冒犯圣物头部所朝向的方位。

三、社交禁忌

老挝有一句谚语：进了闭眼城也必须跟着闭只眼，意思就是入乡随俗，有样学样。和老挝人交往时也应该了解当地人的风俗习惯，也包括禁忌习俗，以免造成不必要的麻烦。老挝人认为人的头部是人体最高的部位，也是最神圣不可侵犯的魂之所在，所以非常忌讳被别人摸头。见面打招呼时，老挝人通常是行合十礼。行礼时双手手心相对，手肘下垂。依照对象的不同，手指尖的位置高低会有所不同。拜佛时，指尖要抬高置于眉心；向身份地位或年长者行礼时，指尖的高度位于鼻尖或下巴。对同辈或晚辈行礼时，指尖高度位于胸口即可。如果行礼者是女性的话还需要在抬手的同时，微微颔首。旧时人们相互行礼时都是施以合十礼，现在随着国际交往的增加，老挝人也会在见面时行握手礼或贴面礼，但是男女之间仍然保持合十礼的习惯。女性可以主动伸出手与异性行握手礼，如果没有伸手的话，异性不能强行要求握手。当长辈对晚辈训话时，晚辈要肃立静听，回答问题时不能用嗯嗯啊啊的声音回答，必须回复Chao（意为是），或是Toi（意为诺）。

到老挝人家做客时忌讳穿着鞋进入别人的房屋。另外，老挝人认为家里的楼梯是除了房柱以外的一个重要地方，在上楼时忌讳重力踩踏楼梯，发出巨大的声响。某家如果正在建房，很忌讳看到有头戴花朵，身穿红衣的人来访，认为遇到这种情况会使家里遭遇火灾。

日常交往中还要注意不能从正在谈话的人之间穿行而过，万不得已时，要边躬身穿过，边说对不起。男女之间在公众场合不应有亲昵的举动。

四、信仰禁忌

"厄阿"是老挝原始信仰中生活在水里的一种神物。在佛教没有传入之前，"厄阿"的形象有好有坏。佛教在老挝产生影响后，为了和佛教故事中的水神"那迦"形成对比，"厄阿"被形容成一种与人有害的动物。老挝的谚语中提到：进山不惹虎，坐船不犯厄。比喻不要招惹地头蛇的意思。但是这句谚语也从另一个侧面反映出老挝人对于"厄阿"的畏惧心理。他们走水路时忌讳提到"厄阿"，认为这样会冒犯它，惹怒它，还会造成翻船事故。另一种禁忌是坐船走水路时不能穿戴红色或绿色的衣物。因为水里生活着两种"厄阿"，分别是红色头冠和绿色头冠的，这两种"厄阿"之间经常发生争斗。如果穿了红色或绿色衣服，会被认为是某一方的同伙，引起另一方的攻击，带来没顶之灾。小孩子或年轻的姑娘不得单独在水边嬉戏，否则灵魂会被"厄阿"带走，等等。

　　除了原始信仰引起的禁忌外，佛教信仰中也有很多需要恪守的禁忌。对于僧侣而言，每天要遵守过午不食的规矩。外人出入寺庙时要在门口脱鞋后方可入内，必须要穿戴整齐，衣着不能过于暴露，不得穿露出膝盖的裤子或裙子。女性不得靠近僧侣，更不能直接递东西给僧侣，需由在场的男性代为转交。还有就是不得与僧侣并排前行，更不能走在僧侣之前，忌讳走路时踩到僧人的影子。在家里供奉佛像的地方不得摆放其他杂物。日常生活中，普通人向僧侣行礼时，无论对方身份地位再高，是禁止僧侣向对方回礼的。因为僧侣代表的不是本人，而是佛，世人向他行礼是在向佛表示敬意。佛教信仰的禁忌还体现在葬礼中，佛教认为人的出生是到人间来受苦受难的，穷人有穷人的苦，富人有富人的苦，而死亡是解脱，是结束这种束缚的，所以老挝人对葬礼的态度是没那么哀伤的。尽管如此仍然有需要注意的禁忌。比如：忌抬着灵柩穿过农田，忌在半路将尸体放下，忌抬着灵柩时回头看。

第五章　宗教文化

第一节　佛教

老挝，一个静谧、安详、幸福的国度。走进老挝，随处可见修缮完好的佛寺佛塔，着装统一的沙弥僧侣。老挝是一个信仰佛教的国家，其佛教信仰主要是小乘佛教，它在老挝的社会文化、生活习俗和民间节日等方面表现得尤为突出。

一、老挝佛教的起源和发展

老挝的相关学者认为早在2200年前左右，印度阿育王派遣高僧到金地讲经时，佛教就开始在老挝传播，只是当时老挝社会受婆罗门教和鬼神崇拜的影响，佛教未能得到大范围的传播。而中国学者通常认为，早在6世纪以前老挝就有了佛教传播，但是没有更早更确切的史料记载，所以佛教在老挝存在和发展的具体时间和地点尚无定论。

七八世纪，大乘佛教经中国云南传入老挝上寨，由于老挝社会文化水平有限，对各种宗教的教义没有很好的甄别能力，于是就出现了鬼神崇拜、婆罗门教和佛教混杂发展以致后面佛教与婆罗门教融合发展的局面。

1353年，昭法昂王统一老挝，建立澜沧王国。据载昭法昂王曾经流亡于高棉，被高棉国王收养，期间受到了优异的教育，接受了佛教思想的熏陶，在其16岁时高棉国王将公主娘娇更娜嫁给了他。昭法昂王在取得政权后，遂遣使赴高棉请求国王派高僧来老挝讲经弘法。这一请求得到了高棉国王的允许，遂派4位高僧、4位沙弥、11位学者和9门手工艺工匠们携带"帕邦"佛像和《三藏经》前往川铜（现琅勃拉邦）。这个宗教使团抵达老挝川铜后，开始讲经弘法，传授各种手工艺，佛教自此在老挝得到了大范围的传播。昭法昂王也按照佛教思想创建了5条道德准则，这5条道德准则的大部分内容渗透进老挝的社会管理和政治事务中。但是，佛教在老挝的发展仍然受制于鬼神崇拜和婆罗门教，于是老挝发生了一场思想运动，即各民族将鬼神崇拜和婆罗门教的正面思想与佛教思想相融合，逐渐形成了国家主流思想。历代国王看到了佛教思想在国家统治方面的突出作用，于是为了加强和巩固佛教地位，在他们任职期间都会去寺院里出家修行一次，无论时间长短。1500年，昭维孙纳腊王将佛教定位国教，逐渐消除鬼神崇拜，将五条道德准则定为宫廷法规，发动群众全面修建佛寺，此外还出现了一大批与佛教相关的著作和译作，如《坤博伦的故事》《佛祖十世》《瓦三敦的故事》等，这些都在很大程度上促进了佛教文化的发展。1520年昭赛塔旺索王颁布法令，严禁鬼神崇拜。1522年，昭赛塔旺索王派遣一个使团前往清迈邀请宗教使团来老挝讲经弘法，历时97年之久，从昭赛塔旺索王朝、昭赛耶谢塔提腊王朝到昭苏里亚旺萨王朝。1560年昭赛耶谢塔提腊王迁都万象，佛教文化得到了空前的发展，修建了一大批佛寺佛塔，如玉佛寺、西萨格寺、塔銮等。1631年，昭苏里耶旺萨王朝时期，佛教文化在老挝达到了鼎盛时期，修建了很多佛寺佛塔和佛学学校，邻国也时常派遣使团来老挝研习佛法。1690年，昭苏里耶旺萨王朝结束，澜沧王国进入动荡时期。1778年，老挝沦为暹罗的属国，暹罗人消灭老挝文化，烧毁寺院，抢夺玉佛。被洗劫一空的老挝颓败不堪，但是暹罗人也信仰佛教，于是佛教在老挝得以存留下来。1893年，老挝彻底沦为法属殖民地，法国在老挝设立领事馆，建立学校，用法国的管理体制和教育体制影响老挝，用宗教入侵逐渐消灭佛教。1954年，美国势力侵入老挝，同样的想用宗教入侵消灭佛教，从而控制老挝人民的思想。但是，佛教在老挝有着深厚的根基，佛教"善"的思想深入人民心中，使得外来宗教的传入没有得到老挝社会和人民的推崇和信奉。

老挝人民民主共和国成立以后，老挝人民革命党和政府结合老挝社会情况和人民生活现状，对佛教进行了有效的继承和发展，与佛教相关的一些节日和风俗习惯被保存下来，成为主导老挝人民的社会文化和道德准则。老挝人民革命党和政府对佛教也很支持，每年都会参加万象市的塔銮盛会，并拨款修缮塔銮及其周边寺院，如今塔銮已经成为老挝的标志，在老挝国徽上就有塔銮。另外，全国各地的佛寺也如雨后春笋般涌现出来，截至2011年，据老挝国家宗教部的统计，全国共有4,894所寺院，2,3055位僧人，信佛人数占到总人口的68%。这些都表明了佛教在老挝社会文化生活中占据了重要地位，同时也对老挝社会的和谐和稳定发挥了不可替代的作用。

二、佛教对老挝的影响

（一）对社会政治的影响

老挝虽说不是一个政教合一的国家，但是佛教在老挝社会政治中却有着深远的影响和不可替代的作用。起初佛教传入老挝时，并没有在国内形成全民信佛的局面。在14世纪，昭法昂王邀请高僧来川铜讲经弘法时，佛教才得到了大多数人的信奉和推崇。但是，当时澜沧王国刚统一，国家还处于调整期，人民对国家没有一个清晰的认识，思想不统一，于是昭法昂王为了加强对国家管理，统一人民思想才引入了佛教。这一举措不但巩固了昭法昂王的地位，对国家的统一稳定更是起到了重要作用。不仅昭法昂王这样，为了巩固自己的地位，同时也为了社会的长期稳定，老挝历史上的封建统治者们都极力推崇和保护佛教：昭维孙纳腊王将佛教定位国教，禁止鬼神崇拜，发动群众全面修建佛寺，此外还出版一大批与佛教相关的著作和译作；昭赛塔旺索王还派遣一个使团前往清迈邀请宗教使团来老挝讲经弘法，历时97年之久；昭赛耶谢塔提腊王迁都万象时，发动群众修建了玉佛寺、西萨格寺、塔銮等标志性佛教建筑；昭苏里耶旺萨王朝时期，佛教发展到了鼎盛时期。佛教不仅在老挝社会相对稳定时期起到重要作用，在老挝社会一度处于混乱动荡时期，佛教也发挥了积极作用。特别是在暹罗入侵老挝，老挝沦为法属殖民地和美国干涉老挝的漫长历史时期，佛教一方面要抵制基督教的侵袭，维护佛教的独立和尊严，另一方面也积极支持进步政党和团体的武装反抗活动。在老挝爱国阵线的感召下，老挝佛教人士利用佛教的强大影响，积极宣传维护民族独立和尊严的进步思想，甚至参与到爱国阵线中央，参与抵抗外来入侵势力的组织领导，为老挝获得独立作出重要贡献。

（二）对人民生活的影响

佛教信仰对老挝人民生活的影响是广泛的。

1. 语言方面的影响

佛教传入老挝时，佛教经文由巴利语和梵语记载，当时的老挝还没有自己的文字，人们就只能学习巴利语和梵语才能看懂经文。后来，随着佛教的不断发展，老挝在巴梵语的基础上创造了属于自己的文字。现在老挝的很多古籍中仍然有大量的巴梵语，老挝语的词汇也有很多是由巴梵语演变而来。

2. 文学方面的影响

佛教的传入对老挝古代文学的发展起到积极作用。在佛教思想的影响下，当时有人选取了佛教经典中的十篇关于佛祖释迦牟尼的故事，编写成《十诫》，用于平时讲经弘法。另外，有很多作者以佛教思想为中心，创作或译作了《坤博伦的故事》《佛祖十世》《瓦三敦的故事》《四棵沾巴》《信赛》等。这些作品成为澜沧文学的代表，并为后世的创作提供了丰富的素材。

3. 对风俗节日的影响

老挝每个月都有一个节日，而且几乎每个节日都与佛教有着或多或少的联系。老挝有"十二风""十四俗"之说，前者指一年十二个月里老挝的风俗节日及庙会，后者指古时王家贵族和老百姓应遵从的习俗，现在已经成为全国人民都应遵从的习俗。老挝的节日不仅仅是与佛教有关，有的节日是与鬼神崇拜和婆罗门教有关的，但是由于佛教的发展以及百姓知识结构不完善，造成人们无法区分，比如每年三月份的万佛节，僧侣们要清扫寺院，准备供佛物品，同时百姓也会前往各个寺院斋僧礼佛，但是"万佛节"原是婆罗门教的"湿婆神节"；每年四月份的泼水节，其泼水风俗起源于婆罗门教，后来由于佛教的传播，人们又增加了浴佛、浴僧和向亲朋好友泼水等活动。人们在过节时，无论性质差别，统一按佛教仪式来举办，通常由寺院高僧或和尚主持和操办，这已经成为一种具有老挝特色的佛教文化。

4. 对思想教育的影响

佛寺可以说是古代老挝人民的第一所学校，是除父母以外给予人第二生命的地方。在古代老挝，百姓要从佛寺学习结束后才能被认为是"成熟人"，才懂得区分正误，知道哪些该做哪些不该做。因此，佛寺又被看做是人们的精神净土、文化生活中心、艺术交流中心、老人休养中心和游客纳凉之地。现在老挝慢慢地发展起来，有了自己的学校，百姓不必再到佛寺里学习，但是老挝男子一生一定要剃度出家一次，无论时间长短。佛教与人为善的思想深入人心，无论是高僧弘法，父母教育孩子还是老师教育学生，都会引用佛家"善"的思想来加强人们的道德观念，制止人们作恶。这种与世无争，一心向善的思想在维护老挝社会稳定方面起了积极作用，但同时它也在一定程度上让人民安于现状，不求进取。

5. 对历法的影响

虽然老挝现在用公历纪年，然而在一些历史文献和旅游景点的碑文中，仍然会遇到佛历和小历（即傣历）。佛历比公历早543年，公历比小历早638年。所以，老挝现在同时使用公历、佛历和小历。

第二节　婆罗门教

在佛教传入老挝前的很长一段时间，老挝大部分人信仰婆罗门教和鬼神。婆罗门教对老挝的社会生活及民风民俗产生了很大的影响。

一、婆罗门教对老挝风俗节日的影响

尽管老挝现在的很多节日都被人们视作佛教节日，但其中很多风俗中还留有婆罗门教的影子，如：

每年一月的忏悔羯磨节，老挝盛行"祭天"风俗，这一风俗就源自婆罗门教的祭奉天神活动。婆罗门教三神中的湿婆神和毗湿奴神每年正月要先后降临人间一次。湿婆神正月初七降临，正月十六返回天国；毗湿奴神正月十六降临，正月二十返回天国。二神降临的时候，民间要有盛大的欢迎仪礼，以各种歌舞敬献。

每年二月的谷丰节，有两种不同的庆祝仪式，一种是佛教的仪式，另外一种就是婆罗门教的仪式。在节日当天，要在谷堆旁放一个魂盘，把白色的棉线即混线缠绕在谷堆上，请婆罗门教的师父或非佛教僧侣的讼师诵颂谷魂，同时为耕牛拴线驻魂等。

每年四月的"宋干节"又称泼水节，是因为节日的主要活动就是泼水，意在除去一年的晦气和劳顿，祝福新的一年平安喜乐，风调雨顺。泼水活动很多，有浴佛、浴僧、向长者泼水、互相泼水等。关于泼水风俗的源起，老挝流传着这样一则极具婆罗门教色彩的故事：从前有一位富翁，年迈无子祠，于是就带自己的仆人去河边的菩提树下，用河水淘米七次，待米蒸熟后供奉菩提树神，又搬来乐器演奏，悲惨至极，感动了天神，于是天帝派坦玛古曼投胎为富翁的儿子。富翁喜得贵子，感念于菩提树神的恩情，在菩提树旁建造了一座七层高的房屋居住，儿子七岁时已经修习了婆罗门教经典《三吠陀》，掌握了各种技能，成为远近闻名的哲人。由于坦玛古曼的美名传至天国，当时一位仙人叫帕雅卡敏拉奔，他也是一位有名的哲人，就提出三个问题想和坦玛古曼一比高低，如果七天之内坦玛古曼回答出这三个问题，那么帕雅卡敏拉奔自愿砍下自己的头颅，反之则砍下坦玛古曼的人头，这三个问题是：人的灵光早晨在哪里？中午在哪里？晚上在哪里？结果第七天坦玛古曼回答道："早晨人的灵光在脸上，所以要洗脸；中午灵光在胸脯，所以要擦身；晚上灵光在脚上，所以要洗脚。"帕雅卡敏拉奔听后目瞪口呆，自愿砍下自己的头颅，但是他威力很大，砍下头颅的一瞬间会给人间造成一场灾难，于是在砍头前就召来自己的七个女儿，让其用金盘接住自己的脑袋，并且小心谨慎地端去藏在须弥山上，还嘱托她们在每年宋干节轮流端出来用鲜花浸泡的清水泼浴，并绕须弥山巡行后再放回。从此就有了泼水的习俗。

每年八月的结夏节或称入腊节，是老挝佛教的一个节日。但它却是佛教沿袭古印度婆罗门教"雨期禁足"的风俗，规定每年雨季的三个月时间里，沙弥要停歇云游活动，安居一处，静心修持。

二、婆罗门教对历史遗迹的影响

在老挝随处可见具有佛教色彩的历史遗迹，但其中也有部分是与婆罗门教有关的。其中，最突出的就是位于老挝南部站巴塞省的瓦普寺，它是吴哥时代以前留下的一座古祠，属于婆罗门教信仰的遗址，也是老挝世界文化遗产之一，现今只留下残垣断壁。在瓦普寺中，有个祭台状的大石头，上面凿有两个恐怖的人形凹槽，据说是婆罗门教用幼儿幼女祭祀天神的地方，而婆罗门教有以牲畜或人祭祀天神的传统。

第三节　基督教

一、基督教的传入

基督教是带着优越性和侵略性传入老挝的，最早可追溯至1641—1647年苏里耶旺萨王朝时期，一位来自东方公司的荷兰人万吾撒多，以商务特使的身份来到老挝考察。在接下来的200多年中，有两个团队在传教士马里尼和德格德勒里阿的带领下以考察的名义进入老挝（1866—1868年），有法国人带领考察团以考察南部的塞公河和塞东河流域的名义进入老挝（1870年）。到1879年，法国政府任命欧古德巴维为法国驻老挝琅勃拉邦大使，对老挝展开了从南至北的全面考察，从最南部的川登省（今占巴塞省）一直到最北边现今西双版纳的景洪市，这次考察让老挝从暹罗封建统治中解放出来。1895年，法国政府任命果罗内恩杜尼尔为军事总指挥，驻守老挝孔省（今占巴塞省的孔恩岛附近）。从此，基督教在法国政府的推行下慢慢传播开来。

在老挝人看来，基督教传入老挝分为三步：第一步，商务使团来老挝寻求市场和自然资源，以获取更多的经济利益；第二步，传教士带领宗教团队以人道主义的名义，给予老挝政府和各部门援助，还教老挝人学习文字，帮助老挝人治病扶伤，同时也动员老挝人信仰基督教；第三步，用军国主义侵占老挝后，让法国人管理老挝各大城市。

由此可见，基督教的传入是带有一定攻击性和侵略性的，所以在其初传入老挝时，并没有得到很多人的认同和信奉。

二、基督教对老挝的影响

基于上述因素，所以基督教对老挝的影响远不及佛教等其他宗教对老挝的影响。基督教认为人的罪孽只有上帝能够给予救赎，不服从上帝的人将受到惩罚最终落入地狱，这个教义与佛教的通过积德行善修持可以从痛苦和罪孽中解脱出来相悖，这就使得基督教与佛教及其他宗教相对立，激化了社会矛盾，遭到了老挝社会尤其是佛教界的强烈反对。据老挝建国战线中心2005年度的数据统计：从1887—2005年，老挝有基督教徒62,529人，占国家总人口的15%，有四个主要的基督教管区即万象、琅勃拉邦、他曲—沙湾和巴色，有传教士129人。基督教主要是在国外的老挝人中传播，特别是美国、法国等老挝侨民，这主要是受所在国政治和社会文化的影响。老挝国内信仰基督教的并不多，即便是在最初传入老挝时也没有得到老挝人民的推崇。现在的老挝开放性程度提高，定居国外和去外国读书学习的老挝人逐渐回国，这一部分人的思想和信仰在一定程度上影响着国内的人，再加上这些影响得到了国外势力的支持，从而使基督教的影响有所扩大，截至2008年老挝有基督教徒12万人，教堂552座。但是，由于佛教在老挝社会和人民心中的地位，导致长期以来基督教在老挝的发展不如佛教。

第四节　伊斯兰教

据老挝学者研究老挝开始有伊斯兰教是在1925年，那时有10个印度人来老挝谋生，在紧接下来的几十年中直到1960年，就有信仰伊斯兰教逊尼派的巴基斯坦人络绎不绝地来到老挝谋生活。从1975年至今，老挝新建了一座清真寺，位于万象市西阔达堋县蓬萨瓦德村。老挝信仰的伊斯兰教的逊尼派，传教讲学者5人，礼拜主持者12人，伊斯兰教徒400人，其中大部分是在万象谋生的巴基斯坦人，印度人和柬埔寨人。根据2011年度老挝建国战线宗教司的最新数据显示，老挝全国有伊斯兰教徒965人，其中女教徒423人，清真寺2座，传教讲学者10人。近年来，有一部分阿拉伯的穆斯林人来到老挝谋求生计，他们在伊斯兰教斋戒之时就捐献功德，平时就卖牛肉和羊肉给万象市塞塔尼县及周围的市民。

据中国学者研究，老挝的穆斯林可以分为三个部分，主要为外来人口，第一部分是从中国云南进入老挝的汉族人（在老挝称为贺族）；第二部分是从印度泰米尔进入到老挝的穆斯林，他们主要从事商业贸易；第三部分是住在老挝高原山区的农村穆斯林。伊斯兰教平时的宗教活动不是很活跃，基本上只在穆斯林之间传播。无法渗透到老挝族人内部。

第五节 巴莱教

在宗教学者索葛欤卜芬的资料记载中，伊朗籍博士哈撒玛哒伊德是自称按照条约义务来老挝传播巴莱教的第一人，他说："巴莱教在老挝的出现，将带给老挝人民以福音，并且让世界上的巴莱教徒都认识老挝。"1956年，在琅勃拉邦建立第一座巴莱教堂。紧接着于1958年在万象市沾塔布理县西萨瓦德村建立了第一所巴莱教学校，于1960年开始招生办学，它在鼓励人们学习英语的同时传播巴拉乌拉大师的教诲。在获得老挝总理府于1960年1月19日签署的06号文件同意后，巴莱教逐渐向华潘省发展。现在巴莱教总教堂坐落于万象市赛色塔县蓬萨湾村和西扩达珊县的瓦傣村，分支遍及9个省，即：万象、琅勃拉邦、华潘、乌多姆赛、川圹、波里坎塞、甘孟、沙湾拿吉和占巴塞。这9个省份中，每个省都有一座教堂和由9人组成的宗教理事团。据2006—2007年度和2007—2008年度万象市建国战线信息显示，老挝信仰巴莱教的家庭有595户，共计8537人，其中巴莱教徒最多的是沙湾拿吉省，共有1140人。据2011年度老挝建国战线中心宗教司的最新数据显示，老挝有巴莱教徒1354人，其中女教徒702人，教堂3座，礼拜堂3处，宗教事务负责人19人，其中女性1人。巴莱教教徒没有自己专门的聚居区，大部分和佛教徒即其他宗教信徒生活在一起，和周边社会民众同吃同住，因而他们也尊重老挝当地的一些法律制度和道德准则，用自己的行动为老挝国家和社会做着贡献。

第六章　传统艺术

老挝的传统艺术按其类别，可分为：音乐、舞蹈、戏剧、建筑、雕塑等方面；按老挝不同历史时期的传统艺术特点而言，传统艺术更多地倾向于建筑艺术。角度不一样，所呈现出的传统艺术可能也会不一样，但是这其中又不乏相似之处。

第一节　音乐与舞蹈

一、音乐

老挝人民质朴善良，生性活泼开朗，音乐在老挝人民的工作和生活中更是不可或缺的，在一些重要仪式或者活动中都少不了音乐，例如婚丧嫁娶、新年、入住新居、庆祝丰收和祈雨等。但是由于地理环境和历史发展的原因，老挝的音乐呈现出一定的多元性和开放性。以下从民间乐器、民间音乐、古典音乐和现代音乐四个方面介绍老挝的音乐。

（一）民间乐器

老挝的民间乐器有很多，如锣、鼓、箫、芦笙、笛子、胡琴、撞铃等，但是由于资料的匮乏和信息的不完整，在下文中主要介绍芦笙和鼓两种乐器，同时这两种乐器也是老挝音乐演奏中不可或缺的乐器。

1.芦笙

（1）关于芦笙的来历

老挝坐落于东南亚中南半岛北部，是一个内陆国，属于热带、亚热带季风气候，森林密布，民族众多。这样的地理位置和条件，就出现了许多竹制管乐器，其中，最突出的当属"芦笙"，亦称作"寮笙"。

在老挝的故事《坤博隆》中这样写道:"吃糯米饭,嚼槟榔,住高脚楼,吹芦笙,就是老挝人了。"由此可见,芦笙早已成为了老挝人民日常生活中的重要组成部分和娱乐项目。关于芦笙的由来,老挝民间有这样一个传说:从前有个猎人在森林里狩猎,突然听到一阵鸟叫声,声音清脆悦耳,让人欣喜不已。于是当猎人回到村庄时,就和村里人讲这个故事,其中一个寡妇听后,就对那个鸟叫声很好奇,想跟随猎人一起进森林亲耳听一听。在猎人的带领下,寡妇来到了猎人听到声音的地方,也听到了猎人所说的动听的鸟鸣声,顿时消除了心中的不愉快。寡妇听着听着就喃喃自语道:"以后我想听到这个声音该怎么办呢?如果我住在森林里,没吃没喝的,晚上野兽出没也会把我吃掉的。但是,如果每次想听这鸟鸣声都要走那么远的路,也会很艰辛的。"于是,她产生了一个念头,自己制作一种能发出鸟鸣般声音的乐器。回到家中,她就尝试制作各种乐器,但是都没有发出她想要的那种声音,最后她下定决心,重新砍来糯米竹,将其截成笛子状一截一截的,又花了很长时间精心凿孔研究声音,最后制作完成。她拿着制作完成的乐器去敬献给当时的国王,国王得知她制作乐器的故事后,对那个传说中的鸟鸣声很是好奇,于是令她吹奏给国王听。寡妇吹奏了一曲又一曲,国王沉醉其中,寡妇吹奏完所有的曲子后问道:"您觉得怎样?""好,不错!"国王不停地叫好。"您觉得该给乐器起个什么名字?""好,不错!"国王仍然沉醉其中。由于老挝语中,"好"一词也有"芦笙"之意,自此,这个乐器就得名为"芦笙"。

关于芦笙的来历,老挝民间有着不同的传说,以上只是老挝民间较为广泛流传的版本,至于芦笙起源于何时何地,谁是芦笙的始祖,至今尚未有定论。

(2)芦笙的制作

从古至今,老挝的芦笙制作仍然保留着它原始的形式:家庭制作(以家庭为单位)、村部制作(以村为单位)。而且,各家各户各村的芦笙手工艺人都是按照购买者的需求现场制作售卖。按照老挝的风俗习惯,芦笙手工艺人必须是男性,而且是跟随专门的老师或会这门手艺的父亲学习过芦笙制作的男性。原来芦笙的制作只是为了满足一些乐队的演奏或是节庆时吹奏用,现如今芦笙制作已经变为一种家族手工艺品生产了,制作出来的芦笙都在当地市场、商店里有销售。

制作芦笙前，要准备好以下器具和材料：小芦竹、花梨木根、坡垒、篾条、银、赤铜、(长柄)划篾刀、火炉、火炭、锥子、芦竹篾青、铜簧片、石灰、刺毛蓝耳草、磨石、锤子、三花马蹄藤、象骨或牛角、剪刀、面板等等，以上这些东西如果缺了某一样的话，制作出来的芦笙就不精致，同时也不便于永久保存。

以上这些东西都各自有着自己的作用，例如小芦竹用于制作芦笙的芦竹管，花梨木根用于制作芦笙的木制座子，坡垒、刺毛蓝耳草和三花马蹄藤用于捆扎固定芦竹管，银或赤铜用于制作芦笙的簧片等等。

有了以上这些东西，那么就按照以下步骤进行芦笙的制作了。第一步，准备用于制作笙管的芦竹。在老挝，几乎每个地方都可以找到芦竹。准备的芦竹和指头粗细相当，长度在一米左右。砍芦竹的时间也有特殊要求，一般在每年的12月到次年的3月，因为这个时节雨水较少，芦竹逐渐变黄变干。同时，砍芦竹时通常会挑选粗细相当，竹茎笔直的芦竹。当芦竹砍回来后，就将其放在太阳底下晾干竹内水分，通常晾晒一个月左右，待其晾干后就将其捆在一起立着放在树荫下，当需要用时就挑选其中较长的芦竹，先在火上燎一燎，然后将其扳直待用。第二步，笙管的挑选和固定。老挝的芦笙有大有小，有长有短，尺寸不一，通常芦笙手工艺人是按照购买者的需求来确定笙管的尺寸大小。第三步，簧片制作。第四步，试音。

芦笙的制作大体就是这样的，老挝现在还依旧保留着这样的手工艺。

（3）芦笙与老挝人民的生产生活与文化风俗

一直以来，芦笙以及其优美的声音都与老挝各个民族的生活以及文化风俗息息相关，它带给老挝人欢乐的同时，也成为老挝人民的骄傲之一。

芦笙是老挝民间乐器之一，是一种简洁轻便的乐器，配合其他乐器一起吹奏的话更加悦耳动听。芦笙除了平时吹奏用于调节气氛以外，它还在以下场合吹奏：有人生病时，会请巫医来治病，这时吹奏芦笙配合着巫医的舞蹈来驱赶病人身上不净之物；如果村里的小伙看上同村的小姑娘，就在村子的一头吹奏芦笙，让芦笙的声音带去自己对女子的爱慕；当男子女子相爱结婚时，就要吹着芦笙迎女婿，并进行拴线仪式；在一些与佛教有关的节日盛典上，也会吹奏芦笙，比如一年一度的塔銮节等。

2. 鼓

在老挝人民的生活和风俗习惯中，除了上述的芦笙外还有一种不可或缺的乐器，那就是鼓。老挝的鼓有很多种类。其中我们常见的鼓有大鼓（又称赛鼓），象脚鼓和法鼓。

（1）大鼓

大鼓，又称赛鼓或雷鼓。顾名思义，这种鼓是老挝民间娱乐时的大鼓，古时打仗时就敲击大鼓来鼓舞士兵的斗志。这种鼓用木头做鼓身，鼓面蒙以干牛皮，用木槌敲击。在老挝举行龙舟比赛的时候，就敲击大鼓来鼓舞桨手齐心协力争取胜利。当老挝人民把田里的稻谷收割完毕以后，通常会举行击鼓比赛，在庆祝丰收的同时也祈祷来年能够风调雨顺。在老挝的有些省份，通常还会用一对大鼓来迎接贵宾。

（2）象脚鼓

老挝的象脚鼓原意是尾巴鼓，而不是用大象骨头之类做成的。老挝的象脚鼓也是用木头做鼓身，鼓面蒙上干牛皮，这种鼓只有一个鼓面，然后鼓的头和尾用绳子或者布带系着，可以放在地上用木槌敲击，也可以挎在身上用手拍击。有时鼓手还能一边拍鼓一边作出各种舞姿。象脚鼓与芦笙、锣、钹等可组成一个老挝民间乐队，可以独奏、合奏和伴奏。

（3）法鼓

所谓法鼓，就是老挝佛寺鼓楼里的钟鼓，它通常是用于报时辰或发生紧急事件时发出警报。这种鼓很大，有两个鼓面，而且鼓面大小尺寸一致，也是用牛皮蒙。这种鼓通常悬挂在各村主要佛寺的鼓楼里，当佛寺有信徒出家时、举行浴佛活动时、高僧圆寂时，佛寺就撞击法鼓，周边的村民听到鼓声时就会双手合十，口念"善哉！善哉！"。当听到佛寺急促的鼓声或钟声时，村民就会知道村里有事情发生了，然后就会丢下手边的事情，跑到寺里探清事由。[①]

老挝鼓的制作，虽然还沿用着传统的工艺，但是对风俗十分讲究。特别是老

---

① 蔡文枫：《老挝风情录》，北京：世界知识出版社，2008年版

挝佛寺鼓楼里面的法鼓，民间风俗认为：一月做鼓幸福安康，二月做鼓克敌制胜，三月做鼓火灾四起，五月做鼓灾难降临，六月做鼓家庭和睦，七月做鼓好运连连，八月做鼓六畜兴旺，九月做鼓金银满贯。所以，在做鼓时民间通常要选一个吉日。

另外，对于鼓的尺寸大小也是有讲究的，民间风俗认为，鼓面周长60厘米、80厘米是福运鼓；160厘米是祥瑞鼓；20厘米或140厘米是灾厄鼓。

当把一段圆木凿孔形成鼓身时，民间会举行一个蒙鼓面仪式：在仪式之前先在鼓身上贴一张纸，上面写着巴梵语的符咒，祈求吉祥如意，鼓声洪亮。仪式开始后又在两个鼓面上贴纸，同样会在纸上写着巴梵语的符咒，意在祈求鼓面与鼓身牢固。

在新鼓制作完成后，会有一个游鼓仪式。游行队伍由两位身穿鲜艳民族服装的长者带领。当新鼓随游行队伍到达寺院后，游行队伍就停在寺院鼓楼楼梯口，然后会有一位僧侣手持长矛挡在楼梯口，用巴梵向领队的长者提问，当长者答毕，僧侣就会让道给游行队伍走上鼓楼。当队伍到达鼓楼，就会举行拴线祈福仪式，最后大家一起把鼓悬挂在鼓楼的横梁上，然后离开。[①]

（二）民间音乐

老挝的民间音乐通俗易懂，节奏明快，"咔"和"喃"是民间音乐的两种主要曲调。"咔"和"喃"这两种曲调在老挝广泛流行，"咔"多出现在老挝北方民歌中，"喃"多出现在老挝南方民歌中。"咔"和"喃"原意均是唱，但事实上，二者是歌唱和舞蹈的一种表现形式，通常表现为歌中有舞，舞中有歌，二者唯一的区别就是演唱的内容不同。"咔"是集演唱、叙事和舞蹈于一体，而"喃"通常是根据其固有的曲调即兴创作，或叙事、或抒情、或讲理等。

1. 琅勃拉邦图姆咔调

琅勃拉邦图姆咔调起源于琅勃拉邦，已有上百年的历史，现在在全国范围内广泛流传。图姆咔调在各种节日盛典或重要仪式上由两个人用当地方言即兴演唱，通常会有芦笙、鼓、锣、胡琴等乐器作为伴奏。

---

① 蔡文樸：《老挝风情录》，北京：世界知识出版社，2008年版。

2. 桑怒咔调

桑怒咔调主要流行于老挝华潘省，伴奏乐器为7管或8管的芦笙，曲调也因地域和即兴内容的不同而稍有差异。

3. 娥咔调

娥咔调主要流行于老挝万象省南娥河流域，演唱多为二人对唱，内容也多以男女情爱为主，伴奏乐器通常有芦笙或笛子。

4. 川圹咔调

川圹咔调主要流行于老挝北部川圹省，从伴奏乐器到曲调和演唱内容都和桑怒咔调很相近。

5. 普泰喃调和孔莎万喃调

这两个曲调均流行于沙湾拿吉省，其中，普泰喃调最先来自当地普泰族人的民歌，用来祭祀神灵祖先，曲调比较平实。普泰喃调发展至今吸收了很多其他民族的特色，因而曲调更加优美。孔莎万喃调演唱时也多以男女青年对歌为主，形式类似于中国广西以刘三姐为代表的对歌。这两个曲调在演唱时，以8管芦笙为基本伴奏，兼有鼓、胡琴、摇铃等。

6. 沙拉湾喃调

沙拉湾喃调主要来源于老挝沙拉湾省的民歌，该曲调节奏明快，适用于舞蹈伴奏。沙拉湾喃调，根据地域的不同又可细分为五种曲目，即："风吹竹"调，流行于纳空平地区；"金斑鸿"调，流行于色顿和瓦比坎通地区；"瀑布泻"调，流行于老岩和达色地区；"蝶恋花"调，流行于顿兰地区；"踢稻根"或"跳方块"调，流行于沙拉湾县地区。[①]

7. 当外喃调

当外喃调主要流行于老挝南部沙湾拿吉省，曲调与普泰喃调和孔莎万喃调略有不同，当外喃调节奏欢快，演唱时常常会有多人在旁以起哄的形式作为伴唱，这样就会使得气氛更加欢快和热闹。如果演唱时有舞蹈表演，那么舞者的节奏也会随着音乐声而加快，舞蹈动作也会由单一的双手绕圈和挪动小碎步而变得丰富

---

① 郝勇、黄勇、谭海伦：《老挝概况》，广州：世界图书出版公司，2012年版，第146页。

起来，使气氛更加活跃。

8.西潘敦喃调

西潘敦喃调主要来源于老挝南部占巴赛省的孔县和巴色这两个地方。老挝南部占巴赛省有远近闻名的风景区西潘敦（音译名，直译为四千岛），故名西潘敦喃调。演唱形式以说唱为主，伴奏乐器有8管的芦笙、鼓和锣等。

9.马哈赛喃调

马哈赛喃调主要来源于老挝中南部甘蒙省的马哈赛县，最初也是来源于当地的普泰族民歌，后面慢慢吸收了其他民歌的优点，已得到了全国大部分人的接受。演唱马哈赛喃调时，通常有8管的芦笙、鼓、胡琴、箫和摇铃等乐器作为伴奏。

在日新月异的今天，老挝不但没有摒弃民间音乐这两种曲调，反而将其加以很好地保护和传承，可见"咔"和"喃"已经成为老挝民间音乐的两颗明珠，更表明了老挝人民对自己民族的传统艺术的严谨的态度。

（三）古典音乐

1353年昭法昂王统一老挝后，从柬埔寨请来高僧讲经弘法，同时也将音乐带入了老挝。当时老挝的音乐主要是用于宫廷和佛教仪式上，例如宫廷游行、勃拉邦佛像游行、龙舟比赛等。古典音乐在昭苏里亚旺萨时期基本成型，主要分为两种形式：一种是供演唱或演奏用的，一种是为舞蹈或戏剧伴奏的。经过长期的发展，古典音乐逐渐流传于民间。聆听古典音乐时总会给人一种宁静怡然的感觉，闭上眼睛仿佛置身于大自然中，微风袭来，醉人心田。古典音乐从某种层面上表现了老挝人民善良温柔、与世无争、热爱家园的精神风貌。古典音乐的伴奏乐器通常有芦笙、箫、胡琴、鼓等。

（四）现代音乐

虽说古典音乐已逐渐流传于民间，但是老挝新一代年轻人对传统音乐不太感兴趣，这时从外国传入的流行歌曲就受到了年轻人的追捧，由于受到外来音乐文化和形式的影响，老挝现代音乐便应运而生。老挝的现代音乐主要受到西方国家以及泰国流行歌曲的影响，现在已出现了摇滚和说唱形式的现代音乐，同时也出现了不少流行歌曲歌手和乐团，并逐渐在老挝年轻一代人中掀起了流行歌曲风、摇滚风等。但是，老挝现代音乐仍处于发展初期，从事创作和表演的主要以20世纪80年代和90年代的年轻人为主，在创作水平和表演水平上还有待进一步提高。①

二、舞蹈

老挝是一个能歌善舞的民族，有了丰富多彩的音乐，那就不得不提令人赏心悦目的舞蹈。老挝的舞蹈可以粗略地分为古典舞和民间舞。

（一）古典舞

老挝的古典舞是和老挝的古典音乐一起传到老挝的。澜沧王国时期，昭法昂王的妻子娘乔更娜从吴哥王朝带来了古典音乐和舞蹈的精髓，并将其与当时老挝的宫廷舞蹈相结合，从而逐步形成了新的舞蹈艺术。

老挝古典舞蹈的一大特色就是动中有静，静中有动，舞姿优美，动作连贯。据相关学者统计，老挝古典舞蹈一共有68个舞姿，而且每个舞姿都有其特定的含义。这些舞姿通过优雅平缓的节奏来表现人们喜悦、愤怒、伤心、痛苦等复杂的内心活动。

老挝古典舞蹈的另一个特色就是舞者在舞蹈的过程中，有一位歌手随其舞姿歌唱，用歌唱的形式来表现剧情的发展，用歌词来阐释舞姿的含义。

老挝古典舞的内容很丰富，情节曲折，主要是展现皇室贵族里国王、王后、公主、王子与妖魔鬼怪以及神仙之间的复杂关系。老挝的古典舞发展至今，最突出的当属节目开场的祝福舞，这个舞蹈借鉴了泰王国古典舞蹈的部分精髓，并与老挝民间舞蹈中的祭祀神灵舞相结合而形成，这个舞蹈涵盖了古典舞蹈的68个舞姿，表达了对观众和宾客最美好的祝愿。

（二）民间舞

在老挝舞蹈中，流传最为广泛，最受群众以及外来宾客喜爱的当属南旺舞。南旺舞，在老挝语中意义为"圆圈舞"或"团结舞"。在宋干节、生日宴会、婚宴以及各种喜庆或重大节日期间，人们都喜欢聚集到一起跳南旺舞。南旺舞跳起来

① 郝勇、黄勇、谭海伦：《老挝概况》，广州：世界图书出版公司，2012年版。

比较方便，不需要太华丽的服装或齐备的道具，它的基本舞式是：人们围成一个圆圈，伴随着民族乐器和击鼓声响起，便开始拍手应和并哼唱，舞曲一开始，男方纷纷趋身向前走向女舞伴，并向女舞伴行合十礼以示邀请女方伴舞，女方也同样向男方行合十礼以示接受邀请，于是一对对男女随着舞曲翩翩起舞。当南旺舞舞曲结束时，男女双方便向彼此行合十礼以示礼貌和再见，然后各自回原位。有时，男方也会将一串花环谦恭地挂在女方的脖子上以示邀请伴舞，女舞伴同样的行合十礼以示接受邀请。通常情况下，当男方行礼或敬献花环来邀请时，女方很少会拒绝。

很多外国友人到老挝后，在迎接的活动中第一个仪式就是南旺舞，而且从各个方面可以看出老挝人民对南旺舞的喜爱之情，让人误以为南旺舞是老挝本土的民间舞蹈。其实不然，在东南亚国家中除了老挝有南旺舞之外，泰国和柬埔寨也有南旺舞。据考证，南旺舞是在第二次世界大战后才在老挝流行起来的。一开始只在琅勃拉邦、万象的几个极少数城市流传，到20世纪40年代末才传到乡镇和农村，到50年代初，老挝自己的南旺舞舞姿和舞曲才形成，50年代中期老挝自己的南旺舞才真正形成，自此老挝南旺舞又吸收了其他民间舞蹈的精华，发展为现在丰富多彩的老挝南旺舞。

老挝民间舞蹈中，除了南旺舞以外，还有一种大型的民间舞蹈表演——占芭花灯舞。这种舞蹈表演，演员少则几十人，多则上百人。用细竹篾条做灯架，然后扎成一朵朵盛开的占芭花，花灯有白色、黄色和粉红色。表演时，演员们边唱边跳，用不同的舞步和舞姿来表示对观众的尊重，与此同时花灯上会出现老挝语的祝福话语和老挝民族图案等。这个舞蹈起初是在老挝王室或重大晚会上表演，以表达对国王和贵族们的祝福，后来慢慢传到民间逐渐成为大型晚会表演的传统节目。①

在老挝的老龙族中有一种舞蹈与象脚鼓是分不开的，那就是象脚鼓舞，每逢泼水节、龙舟节、水灯节、火箭节（亦称高升节）时，就会有象脚鼓舞表演。表演时，男女青年们身着民族服装，伴着象脚鼓欢快的节奏，摆动着自己的头部、颈部、腰部、腹部以及四肢，气氛欢快热烈。这种舞蹈可以在舞台上跳，也可以

---

① 李达：《老挝的舞蹈艺术》，载《东南亚研究》。

在街上边走边跳，舞蹈的时间比较长，舞姿变换迅速，舞曲旋律轻松明快。体力不支者或者是年长者一般不敢尝试。表演时，可以是男女双方相互绕圈跳；可以是男方绕着女方跳，女方在原地拍手应和；也可以是女方绕着男方跳，男方在原地拍手应和；还有一种情况就是男方挎着象脚鼓边击鼓边跳，女方在一旁跳舞配合。

老听族中有一种舞蹈叫"坦约"舞，这种舞蹈由两个男青年表演，表演时一只脚着地，另外一只脚放在着地那只脚的大腿上，然后用自己的脚掌与对方脚掌相蹬，比谁能凭借体力和技巧取胜。与其说这是一个舞蹈表演，不如说它是一项民间体育娱乐活动，它一开始是在王室表演，以表达对国王的祝福，后来慢慢演变为老听族民间舞蹈。

同样，老松族有一种与芦笙息息相关的舞蹈——芦笙舞。这种舞蹈是老松族的男青年向女青年示爱时的一种舞蹈，它集民族舞蹈和体育娱乐活动于一体，是老松族不可或缺的一个舞蹈。①

第二节 戏剧

戏剧是文学作品不可或缺的组成部分，老挝的戏剧更是同老挝的文学有着千丝万缕的关系，早在澜沧王国时期，昭法昂王引进佛教时，很多佛教经典便一起来到了老挝这片土地上，进而与佛教有关的文学作品如雨后春笋般涌现，戏剧便从这些文学作品中慢慢走入人们的视野。

一、诵读史诗

老挝最原始、最简单的戏剧表演形式就是诵读《罗摩衍那》。诵读象征着荣誉和圣洁的罗摩故事将会使人免于一切罪过；以信仰和虔诚诵读罗摩故事的人死后，他和他的儿孙及仆人们都会受到人们的尊敬和爱戴；聆听或是诵读罗摩故事的人会健康长寿；可以减轻痛苦等。从这些教诲中可以看出，诵读《罗摩衍那》

---

① 李达：《老挝的舞蹈艺术》，载《东南亚研究》。

是宗教信仰使然，而且老挝人的祖先以及老一辈人可能很多都是罗摩故事的诵读高手。[①]

二、舞剧

老挝戏剧的另外一种表演形式就是舞剧，这种舞剧是从老挝的古典舞发展而来，它也有68个动作，而且每个动作都有其特殊的含义，不同的动作表现了人物喜悦、悲伤、愤怒、忧愁等细腻而复杂的心理活动。表演时，演员戴有假面具，把女演员的脸蛋画得俊秀美丽，以此来与反派人物的丑陋面目形成鲜明的对比。这种舞剧对演员，尤其是女演员的要求很高，要求眼神、手势、身段与脚步的灵巧配合，更要求女演员的手指以及手腕的柔韧度和灵巧性。

这类舞剧的部分题材均来自印度史诗《罗摩衍那》，大多表现有关众神仙、妖魔鬼怪与王室成员的民间故事。例如，舞剧"娘西达"叙述了王后娘西达被魔王施法带走后，国王帕拉与弟弟帕廊借助神仙和猴王战胜魔王的故事。故事具体情节是这样的：一天，貌若天仙的王后娘西达在花园中游玩时，被魔王看见，魔王施法术将王后带走。之后，魔王想尽一切办法强迫娘西达做自己的妻子，娘西达对魔王的无耻行径严加痛斥并且顽强抵抗。后来，帕拉带领弟弟帕廊在神仙和猴王哈努曼的帮助下，救出了王后娘西达，消灭了魔王。最后，国王帕拉和王后娘西达幸福的团聚了。[②]

还有舞剧"群战恶魔"，其情节如下：一天，四位貌美如花的仙女在一个美丽的湖边梳洗打扮，伴着嬉笑打闹，忽然间就从云雾中跳出一个凶残的恶魔，欲强行霸占四位娇柔美丽的仙女，仙女们英勇反抗，此时四位英俊潇洒的少年路过湖边，于是见义勇为与恶魔斗争，最终制服了恶魔，解救了四位仙女。最后，四位仙女与少年们坠入爱河，终成眷属。[③]

这类舞剧中，男主人公一般是英俊潇洒又品德高尚的王子或少年，因为有众神仙的庇佑，所以他们具有超凡的能力，能够与恶魔英勇作战，营救出女主人公。

---

① 张玉安：《罗摩戏剧与东南亚民族表演艺术》，载《东南亚研究》，2004年第5期。
② 李达：《老挝的舞蹈艺术》，载《东南亚研究》。
③ 张良民：《老挝戏剧简介》，载《印度支那》，1988年第2期。

女主人公一般是有仙女般的美貌，有忠贞不渝的性情，能够历尽磨难，最终获得幸福。因此，这类舞剧一般都是以大圆满为结局，从某种层面来讲也表达了人民弃恶扬善，向往美满生活的愿望。

老挝还有一种舞剧形式，叫做"衣给剧"和"娘乔舞剧"。这两个舞剧都是老挝广大城乡人民喜闻乐见的艺术表演，尤其是衣给舞剧。在老挝，琅勃拉邦省以南的几乎所有城镇都设有这种舞剧团。表演这类舞蹈时，要求演员们身穿古代服饰，头戴不同人物的假面具，一边舞蹈一边唱词，用丰富的舞蹈动作和通俗的唱词来表现剧情的发展。每逢过节或者农闲时节，城里的舞剧团就会组织到周边的农村进行表演，周边的村民扶老携幼赶来观看，这种表演经常演一个通宵，观众就观看一个通宵。这类舞剧不仅丰富了人民的精神文化生活，更给农村创造了一种欢乐祥和的氛围。[①]

第三节　美术

老挝是一个虔诚信佛的国度，因此老挝的美术题材主要以佛教文学作品为主，大致可以从绘画、雕塑和雕刻三方面来加以介绍。

一、绘画

（一）壁画

老挝的绘画主要以建筑物的壁画尤其是佛寺墙壁上的壁画为主，其中最突出的是琅勃拉邦皇家博物馆、香通寺、巴铁寺、龙昆寺里面的壁画。壁画内容大多来自佛教故事，例如佛祖十世、罗摩衍那故事、信赛的故事、菩萨的故事、维孙达腊的故事和民间百姓的生活等。例如琅勃拉邦香通寺的壁画就很精致，如图1所示，画作的底色是红色，上面会有一棵菩提树，树的颜色以黑色和深绿色为主，在菩提树的左右两侧是两只金翅鸟，也涂上黑色，在金翅鸟下方是一个凡人与几只动物，菩提树的顶部是五位佛像，按这五位佛像的位置以及手势大概可以判断

---

① 张良民：《老挝戏剧简介》，载《印度支那》，1988年第2期。

出是《罗摩衍那》以及《摩诃婆罗多》神话故事里的哈努曼、毗湿奴、湿婆神、梵天神和讫哩史那（毗湿奴第八化身）。又如香通寺里讲经阁门墙上的壁画，如图2所示。壁画的底色涂饰黑色，上面会有金色的佛像，以及各种佛祖的坐骑，在画的底部边缘还装饰了一些花蔓图案，看起来既精致又美观，让人们不禁想研究其历史。

图1   图2

（二）服饰花纹

老挝除了多姿多彩的壁画以外，还有一些服装上印的图案，虽说不是绘上去的，但也是老挝绘画艺术的一个表现。

在老挝的很多景点门外，会有卖纪念品的小店；在琅勃拉邦的话，夜市上会有各种各样的手工艺品售卖，其中之一就是印有老挝特色图案的服饰。这些服饰以T恤衫为主，颜色以白色和米色为主，在T-恤的正面会印有老挝标志性的图案或样式，其中有佛面像、占芭花、老挝的景点以及老挝文字。这种T-恤价格合理，受到很多外国游客的喜爱，有的游客甚至一到老挝就迫不及待买了穿上，以亲身体验老挝风情。

二、雕塑与雕刻

老挝的雕塑艺术主要体现在与宗教有关的作品中，例如佛祖像、本生经故事里的仙女和神仙，以及装饰佛寺里面讲经阁、藏经阁等佛教建筑物的那迦形象、动物像、花草藤蔓纹饰等等。这些作品用青铜雕塑铸造或石灰雕塑。

老挝的雕刻艺术也主要与佛教文化有关。如老挝很多寺庙扶梯两侧的那迦形象，就是来自佛教故事。相传那迦原来是条恶龙，常常对周边的村民造成威胁，有一天晚上那迦就装成凡人进入寺庙听佛祖讲经弘法，结果突降大雨，这时那迦就变成七头伞状为佛祖遮雨，自此人们改变了对那迦的看法，那迦也从此变成了佛祖的守护神。因此在很多寺院的楼梯扶手上或者是坐姿佛祖的头上都会塑造一个那迦，以此来告诉人们这个故事。

通常情况下，老挝的雕塑艺术与雕刻艺术是相辅相成的，在塑造了一个作品后还会在其上雕刻精美的纹饰，使作品美轮美奂。

值得一提的还有老挝的木雕艺术。由于老挝森林资源丰富，取材方便，所以老挝的木雕作品很丰富，而且工艺精细，价值不菲。现今陈列在万象市玉佛寺博物馆里的英航塔门扉，门扉上雕刻有曲茎花纹，其相互缠绕，相互攀附，纹饰上涂漆贴金，底部间隙嵌以彩色玻璃，虽然随时间流逝颜色已褪去，但却给人一种古老而沧桑的感觉。万象市玉佛寺正面中门的门扉，创作于昭阿奴冯王朝时期，尺寸规格比英航塔门扉高大，门扉上雕刻有曲茎、树叶、仙人合掌花纹等，构成了泰国卷草纹式的三条卷草图案，曲茎上有鸟儿栖息，纹饰简洁清晰。整扇门扉的纹饰涂漆贴金，底部间隙嵌以绿色玻璃。但是可惜的是，门扉上的部分浮雕已被盗走。

老挝的佛像塑造受到泰国大城美术的很大影响，同时又与本国历史文化相融合，形成了自己特色的佛像形制。老挝佛像中常见的形制有：卧佛、立佛、禅定佛、释迦牟尼佛等。

第四节 建筑艺术

说起老挝的建筑艺术，大多数人的第一反应就是高脚楼和金碧辉煌的佛寺和佛塔建筑。其实不然，老挝历史上屡遭外来势力入侵，曾成为暹罗、法国等国家的殖民地，在建筑风格上也受到了外来文化的影响，所以老挝还有一种建筑风格，那就是受外来文化影响的建筑。

一、传统民居建筑

民居，顾名思义就是民间的房屋建筑。老挝地处东南半岛内陆，气候炎热且潮湿多雨，境内多山区，因此民居建筑多采用竹、木和茅草为建筑材料的"杆栏"式建筑——高脚屋。这种古老的建筑形式是受到一定的自然和社会因素影响的。

老挝地处热带，日照强，雨量充沛，空气湿度高。从这个层面看，老挝的民居就必须要有遮阳、避雨和通风功能。由于老挝多山区，且森林资源丰富，那么就为民居的建筑材料提供了便利，同时也给人民带来虫兽侵袭的威胁。综合上述因素，老挝当地百姓就因地制宜建起了高脚屋。

二、寺院建筑

去过老挝的人都知道，老挝最多的就是寺院，最吸人眼球的也是寺院。老挝全国上下数以千计的寺院，与老挝的历史与宗教有着千丝万缕的联系。

老挝的佛教文化最早可追溯至8世纪，到14世纪中期建立了澜沧王国后，昭法昂王古高棉引进了小乘佛教。在昭维孙纳腊王和昭波提萨腊王时期，在川铜（今琅勃拉邦）兴建了很多佛寺。到昭赛耶色塔提腊王国时期，迁都至万象，许多有名的佛寺如雨后春笋般涌现，如塔銮等。此后，随着佛教思想深入人心，全国各地的佛寺拔地而起。

1. 佛教寺院建筑

由于老挝信仰小乘佛教，在历史上不同的时期，不同的地域，老挝人在全国各地兴建了很多佛寺建筑。

老挝的佛寺一般建筑在人们生活区的中心地带，一般是单体建筑。佛寺一般是四边形，四边围着低矮的围墙，围墙上摆放着村民放骨灰的小塔，寺院的中心就是佛寺主体建筑佛堂，四周有鼓楼、法堂、僧舍和佛塔等，围绕着佛寺主体建筑形成一个小建筑群。

　　从上空往下看，佛寺主体建筑呈长方形。从横断面看，建筑的顶部呈人字形。进入佛寺台阶的两侧扶手上会雕有那迦，上了台阶就可见佛堂，围着佛堂四周通常会有回廊围着，进入佛堂映入眼帘的就是佛祖雕像和祭拜佛祖的佛台。在佛堂的墙壁和屋顶上绘有壁画，这些壁画大多数来自佛经故事。

　　法堂是高僧给僧侣和信徒们讲经弘法的地方，一般建造得比较宽敞高大。在老挝的琅勃拉邦和沙湾拿吉，法堂通常都是独立于佛堂而建造的，但是在万象却是法堂设在佛堂里，那样的话佛寺整体建筑显得更加雄伟壮观。①

　　鼓楼，顾名思义就是用于放置法鼓的建筑。但是不同的地方，鼓楼的建造特点也各不相同，有的地方的鼓楼只有一层，整体比较简陋和矮小，如琅勃拉邦的鼓楼多为一层的，如图3所示；而有的地方的鼓楼则是三层的，例如万象塔銮旁边的鼓楼，如图4所示。

图3

图4

　　寺院内的建筑上都以金色和红色为主，在门、窗、柱子和栏杆上都有精美的

①　贝波再：《老挝的建筑文化》。

雕刻图案，这些图案多取材于佛教故事，如图5、图6。

图5

图6

2. 佛塔建筑

在老挝的很多寺院里，寺院主体建筑前面的两侧会有两座大小尺寸相当的佛塔，也有独立的佛塔。其中，老挝最有名的佛塔当属位于万象市国会大厦旁边的塔銮。现在它已然成为老挝的象征，老挝的国徽上就有塔銮的图案，而且在每年的11月还会举行隆重的塔銮节，由此可见它对老挝人民的意义。

据史料记载，在布利占成为万象城的统治者之后，他就率领人民建造了一座名为"外莱园寺"的寺庙，还为两位罗汉在寺的南北两侧各建了一座禅院。

之后，一位名叫大佛陀翁的罗汉从印度王舍城将佛祖的舍利带来供奉在寺内。而舍利的安放仪式由万象城的统治者占塔武里巴西提萨（布利占）亲自主持。他让人民在舍利塔四周用石头建了坑道。每一侧的坑道宽10米，厚4米，高9.5米。

1560年，塞塔提腊王将首都从琅勃拉邦迁至万象，并称万象为"富饶的王都——西萨塔纳月亮城"。1566年，他率领人民在保留原有佛塔的基础上开始建造如今的塔銮。在新佛塔的建造过程中，人们在佛塔周围建了30座小塔，代表着佛祖的恩德。

塔銮的构造可以分为三个部分：

（1）第一部分：在塔的底部四周都有祭拜堂，南北长68米，东西长69米，有台阶可以上，台阶的扶梯为那迦，祭拜堂里有一个小佛堂供人们前来祭拜祈福，通常位于东边的祭拜堂更受民众的尊崇。

（2）第二部分：上层四周呈大莲花状，每侧宽48米，有120个大型灰塑莲花瓣围绕，花瓣尖为那迦脊骨形象，上面有堞叶228片，每一片中央有一个壁龛，内供一尊佛像。在平台的四周，每一边的中部都有一道拱门，门头做成尖尖的屋顶。

（3）第三部分：再上层呈弧形，似切了一半的西瓜或倒扣的钵，每侧宽30米，靠内一侧建造了30座小塔，东西两边各排列九座，南北两边各排列六座，称作"塔萨玛丁萨波罗密多"塔，代表30种波罗密多，意指从生死迷界的此岸到达涅槃解脱的彼岸的方法与途径，墙壁上还用巴梵语标着各种波罗密多的名称，每三座为一组。再上方是塔尖，在塔尖上有白色华盖。塔的整体高度是45米。塔的四周是绿油油的草地，外有回廊围绕，回廊边宽分别为91米和75米，四边中部均有一道门，外侧墙上有很多十字形的通风口，回廊内安放着少许佛像和文物。塔銮外面原来有东、西、南、北四座寺院，现在仅存南北两座寺院分别是"南塔銮寺"和"北塔銮寺"。①

当塔銮建造完成后，塞塔提腊王将其命名为"冠世宝塔"，如今，人们称其为"塔銮"，意为大塔。如图所示：

图7　塔銮

图8　祭拜堂

① 蔡文枞：《老挝风情录》，北京：世界知识出版社，2008年版。

3. 婆罗门教建筑遗址

在佛教传入前，老挝有很大一部分人信仰婆罗门教，当时也建造了一些带有婆罗门教特色的宗教圣地，其中最有名的是位于占巴塞省占巴色县的瓦普寺，如图9、图10所示。

瓦普寺并不是佛寺建筑，它原是真腊战胜占婆国后建造的一座古老石宫，属于婆罗门教信仰遗址，比泰柬边界上泰国四色菊府的考帕维汉寺和武里南府的考帕依伦寺还要古老。瓦普寺建在一个海拔1200米的山岗上，山路从东向西蜿蜒而上，为前来朝拜的信徒创设了一种更加虔诚的感觉。

瓦普寺的前面是一个长方形的水池，长300米，宽200米，分男池和女池。一般用于宗教祭祀活动上让信徒们洗涤罪孽，平时也用于储存雨水。紧接着水池就是一条长约300米的通道，通往瓦普寺，通道两边间隔排列着高约1米的方形石柱，石柱的顶端隐约可见莲花状雕花。

图9　瓦普寺主体建筑　　　　　　图10　瓦普寺前面的男池、女池与过道

瓦普寺整体呈现长方形，长约300米，宽约8米，坐西朝东，全部用石块建造，现今只留下残垣断壁，瓦普寺的顶部几乎全部坍毁，只能从其整体隐约窥见其历史原貌。

瓦普寺整体分为三个部分：第一部分，过厅或叫回廊，也就是进入瓦普寺时一开始走的那一段。回廊两侧的墙壁上模糊可见浮雕图案，如神仙、仙女、门神等。回廊正前方的墙上也有精美的雕刻和花纹，入门台阶处放着一对石狮子。第二部分是诵经阁或诵经厅。里面排列着两排石柱，墙是用石块和沙土建造，顶上的横梁上和正面的墙上雕刻着精美的图案。第三部分是神像供奉厅，四面墙上只有一门可出入，其他三道门均饰以假门，厅内光线昏暗，给人一种神秘的感觉。东西南北四面墙上都有精致的浮雕图案，大多取材于宗教故事，如毗湿奴、天神和哈努曼等形象。

瓦普寺的后面是一个山洞，有一股山泉从洞中涓涓流出，人称圣水。在山的南北两侧还残留有部分墙体和拱门，上面也雕有图像和花纹，据说原来是瓦普寺的男附宫和女附宫，但是现在却只能凭借着残垣断壁来想象它昔日的光辉。

在瓦普寺北面的山坡上，还有一个雕像群，其中有白象雕、蟒蛇雕和鳄鱼雕。据说，鳄鱼雕是古时用于宗教活动祭鬼时，杀人取血用的，后来演变为宗教活动时，砍去牛头后，用牛血涂抹在鳄鱼雕以及瓦普寺墙壁上用来驱邪，以此祈求神灵保佑。[①]

除此之外，老挝的婆罗门教遗址还有位于沙湾拿吉市坎塔武里县蓬宋洪乡班蓬塔村舍利杨兰寺内的塔蓬塔。相传建造于公元前307年，到了克木族统治该地时，被改造成婆罗门教信仰活动的寺，到1536年后又被恢复成为佛教信仰活动的象征。

4.法国式建筑

历史上，老挝曾受到泰国、法国、越南、美国等的侵略，并一度成为外国殖民地，并受到外来文化的影响，这些外来文化对老挝的城市发展、建筑风格都带来了不同程度的影响，并且随着时间的推移逐渐被地域化。

19世纪末，法国人来到了老挝，带来了法国文化并影响至今。受法国文化影响较为突出的就是老挝的一些有名城市，如琅勃拉邦、万象、沙湾拿吉等。位于湄公河畔与西萨旺冯路之间的琅勃拉邦的国王宫殿，现在是琅勃拉邦皇家博物馆，是法国政府送给老挝国王的礼物，始建于1904年。皇宫整体面积不小，宫殿前是放射式道路，道路两边还有棕榈树和花花草草，幽静怡然，就像一座大花园。皇宫的平面形式是带有西方基督教堂的十字形，在宫殿顶端的十字交叉处安置了一个尖尖的塔顶。

---

① 蔡文枫:《老挝风情录》，北京:世界知识出版社，2008年版。

在琅勃拉邦，除了皇家博物馆以外，在香通大街上的建筑，如饭馆、旅馆、小商品店、书店和寺院等，都打上了法国式建筑的烙印。

万象的三盛泰路、赛色塔提腊路和湄公河畔的发昂路都有部分优美的法式洋楼。

在老挝，一些上了年纪的老挝人都会讲法语，会看法文。这些都在默默地诉说着法国给老挝带来的影响以及历经沧桑后留下的印迹。

第五节　老挝不同历史时期的传统艺术

一、澜沧王国建立前的传统艺术

1. 背景

我们研究这个时期的老挝历史和传统艺术，就要依赖古代中国的一些资料文件，因为在这时期的一开始中国就派遣使者来中南半岛进行政治和经济往来，尽管资料不是很详尽，但依据老挝的文物和有特点的历史遗迹，我们把这一时期的传统艺术分为以下两个大阶段：

第一阶段：西阔达坶阶段（6—10世纪）；

第二阶段：赛冯阶段（11—13世纪）。

西阔达坶是由老挝的一个历史事件而来的。历史上今甘蒙省他曲县巴色滨浿河区域曾有一个大的王国，此后这个王国往西往北扩张自己的势力，先后经历了很多不同的国王统治时期。这个王国在史料上出现的名称依次有：西阔大王、难陀圣、玛璐卡纳空（树城之王）、苏尼达塔玛翁萨、尼禄塔拉等。历史记载道，佛祖（释迦牟尼）涅槃8年后，其十大弟子之一的迦叶大师将佛祖的头骨灰带到了西阔达坶，也就意味着西阔达坶国王在世时佛祖曾到过这个地方。然而，人们将这段历史与历史事件、文物、艺术品和碑刻比对时却出现有出入的地方，因此，人们认为老挝传统艺术的历史应该从扶南王国和真腊王国开始。

同样的赛冯也是由一个历史事件而来。古高棉时期沿着湄公河流域扩张自己的势力、并于1001年建在今万象往南15公里处的哈赛冯村成立了统治中心。这一历史事件有对应的文物作为依据：高棉时期巴勇式的石佛像、湿婆神石像、梵天神石像、古高棉七世王——沙耶沃腊曼石像等。

梵天是婆罗门教或者是印度教三大主神之一，是印度北部山神和大地之神的化身。而毗湿奴是印度南部的海神和水神的化身。

湿婆神是在扶南王国、沾巴王国时期进入老挝的，并于西阔达珊阶段在老挝南部起作用。当时老挝各民族人民都视湿婆神为各神灵中地位最高的神。湿婆神的妻子名叫乌摩妃（又称：雪山神女），他们育有三子：帕卡内（亦称象头神）、帕坎塔古曼和帕萨甘塔。象头神又被人们看作是智慧之神，帕坎塔古曼和帕萨甘塔被视为战神。

2. 表现形式

这一时期的传统艺术着重体现在建筑物的建造年代和风格上，出现了不少有婆罗门教色彩的建筑，至今闻名于世，下文将一一介绍。

（1）瓦普寺

瓦普寺是建于高棉王国时期的一座美丽的建筑。因为此地多山，所以比其他地方更适合建石庙，值得人们观赏游览。在占巴塞城西南8公里处有座1200米的高山，在山的第一台地处建有一座寺庙。这座山的山顶有块大石，当地人称之为"普高山"，（意为"发髻山"，因山顶上的那块石头，远远望去，像是人头上挽起的一个高高的发髻）。

瓦普寺这个地方有块石碑，巴阁先生曾翻译石碑上的文字（1902年远东学者协会刊物，第235页），证明了这座瓦普寺可以追溯至7世纪高棉扩张到占巴塞省的时期，该碑刻为用梵文写的诗歌，诗歌的结尾歌颂国王巴法瓦尔曼武力征服扶南国后，于公元650年继位为真腊国王的故事。碑文的最后一段，是关于国王的统治权力（即将扶南国变为真腊属国以统一管理的权力）和保护供奉有林伽巴拉瓦达的大殿的谕令。这里的"林伽巴拉瓦达"可能是指"普高山"或瓦普庙里的大殿。在中国史书上，"真腊"即指"柬埔寨"，但缺少解释。然而根据赛代的解释，人们把靠近瓦普寺的巴塞湄公河中心岛作为该寺的中心。

来修建瓦普寺的人们，都是林伽虔诚的崇拜者，这座山的山顶有一块天然的大石头，形状神似林伽，是湿婆的象征（印度教主神之一）。信奉湿婆的占族人，在5世纪到6世纪修建了这座寺庙来供奉湿婆。到10世纪，人们对寺庙进行了扩建，11世纪开始从最下面的一层一直修到最上面一层，并且建了两座大水池。从水池南边的亭子有一条神道一直通到上面。神道两旁装饰有石柱。水池象征着海洋，寺庙代表人类世界。根据印度教的信仰，这两座水池是富有神灵的。在过去，朝拜者来到瓦普寺，入寺前都要先在这里洗澡，洗去身上的晦气，然后再到寺庙里敬奉各神，接受精神的洗礼。神道两旁装饰有蓓蕾状的石柱，石柱下方是占巴赛瓦普寺的模型，模型下面是象征着湿婆的林伽模型。

11世纪兴建起来的这座伟大艺术品主要包括大湖、石碑走廊和两座石宫。这两座石宫分别叫"陶宫"和"囊宫"，即男宫和女宫（"陶"和"囊"在老挝语中表示男性和女性），其名称与东侧的两个大湖相对应，即北边的湖叫男湖，而南边的那个叫女湖。由此可以看出，在古代的老挝，男性和女性是分开的，但却是可以来往的，这从两座建筑的互相对着的门可以说明这一点。男宫和女宫的后面有一条回廊，回廊的中心有一条路通往高高的台阶，台阶上面两旁是有顶棚的甬道，它是重要来宾的休息处。而男宫和女宫则是达官贵人如皇上、宗教领袖等来此地朝拜时歇息的地方。男宫和女宫后面的走廊可能是皇帝和宗教领袖等的随从或来朝拜的普通信徒休息的地方。从这一层开始，有一条两排是石柱的通道，通道的南边是牛王庙。这头牛是印度教三神（梵天、毗湿奴、湿婆）中湿婆的坐骑，而梵天的坐骑是一只鹅，毗湿奴的坐骑是一只大鹏鸟。从这往上走，即来到供奉占巴塞城王甘马塔这一层，据说瓦普寺就是他在5—6世纪领导修建的。再往上走，即是第三层，据推测是湿婆林伽的供奉厅，一边三座，共六座。从这一层再往上走就是陡峭的台阶。台阶有7部分，每部分有11级，有围墙隔开，所以台阶总共有77级。在古代信仰中77级台阶是神仙所在之处，那些祈福者为了驱走污秽达到心灵的纯洁而拾级而上。

从这往上是最高一层，是供奉天神的殿堂。神殿分为两部分：前面是用于接待祈福者的居住之所，后面是教徒举行仪式的地方，值得关注的是，后一部分的建筑都是由砖砌成的，而前一部分所用的建筑材料多是石头，只是由于后来的修缮，才混用了砖。由此可以看出，长廊分割了山峦与神圣的寺庙，城墙成为一个分隔区，保护祭祀之地神圣不受侵犯。接着大城墙就是屋顶和在后面供信教者休息的长廊，在南侧能够看到一个藏有各种宗教经文的、叫做"班纳莱"（可译为书宫、书殿）的图书馆，在那个地方还把石台雕成了印度教（婆罗门教）三大神的形象，居中的是湿婆，呈现出威风凛凛的姿态，拥有五头十臂的他是众神之主；位于北侧的是毗湿奴，呈现出对位于瓦普石寺这处宗教建筑中的众神之主湿婆的崇拜姿态。除此之外，在城墙的南侧对着岩壁那一面是圣泉，该泉的水流来自林伽巴拉瓦达山，无论旱季雨季都不断流。正因为有上述特点，古人就选择此处来建造瓦普寺，这是因为在那个时期，河流被看作是最富饶的地方，是幸福之源。圣泉经过台阶围墙被运来灌顶神庙中的林伽。从城墙上行至圣泉，在山前洞下水流淌出来的地方进行着一项文物研究项目，老挝新闻文化部与专家展开合作，挖掘发现了一个大型蓄水池，池底是四面用砖砌成的石头底座，用于集水并通过水槽来灌顶下方的林伽，水槽为人工所凿，水流便沿着槽石一段段交叠流下，这就解释了人们如何能利用水来灌顶神庙中的林伽。在北边的大石象是闲暇时工匠的雕刻艺术品，或者据推测，它可能是古时国王每年一次于夜晚到神庙为祈祷臣民生活富足而进行祭祀活动时，骑着象进入宗教圣地的象征。换句话说，即是大象正从丛林中露面向瓦普寺走去的形象。佛殿内外的石壁上雕刻着美丽的图案，然而时至今日，石柱和殿顶都已成为残垣断壁。紧接着映入眼帘的是雕刻在石壁上的鳄鱼图案，它和以龙王形象修砌成的石阶相对而立。这里的一切重现了古代在此宗教圣地举行祭祀仪式的场景。它再次证明了古巴塞瓦普寺的石殿兴建于5世纪。根据中国的史料记载，这座寺庙自古就存在，从前有多达一千人的军队在此驻守。国王是这里祭祀仪式的主持者，同时也是直接资助者。

接着在12—14世纪，国王把这座宗教圣地变为佛教场所，这是因为法昂王进行了统一，建立了澜沧王国，并把佛教带来并植根在这片丰饶至今的土地上。

除了受人关注的瓦普石寺历史由来之外，我们还观察并推测出建造石寺的石块大小不一。每个石块都被凿出相同或不同样式的孔，有2—5个孔不等。询问导游得知，这可能是由于这些石块来自采集自不同的地点，所以就用凿孔的方式做标记。但也有另一种理由说是凿孔是为了往里塞一种东西以方便运输。

（2）英航塔

英航塔坐落于沙湾拿吉—色诺公路大约15公里处，高约25米，塔基呈四边形，边宽9米，每边都有门出入，方便信徒供奉鲜花香烛。整个塔分为三层，底层和第二层是西阔达珊王朝时期修建，第三层和塔尖是澜沧王国时期修建。底层和第二层呈现四边形低矮的特点，第三层以上呈现莲花状。但是到了16世纪，昭赛耶赛塔提腊王时就命工匠将塔顶按照澜沧王国时期的特点来进行修缮。

英航塔是老挝的圣地，更是沙湾拿吉人民的圣地。据考古典籍记载，这座塔建于西阔达珊王朝时期（大约6世纪），它是佛祖到访西阔达珊王朝时休憩之地的标志（即白柳桉休憩地）。9世纪初，当西阔达珊王朝灭亡后，古高棉人控制了这片地方，所以，这座塔的装饰艺术是古高棉风格，即在塔门上雕有信奉印度教湿婆的图像。现在这些雕有湿婆图像的门已经被收集放置于万象玉佛寺的博物馆内供人们鉴赏和研究。

（3）西阔达珊塔

西阔达珊塔是老挝具有重要历史意义和建筑艺术特色的一座塔。它坐落于甘蒙省他曲县往南6公里处的一个古县城里。

这个塔底座呈四边形，边宽在25—30米左右。这座塔从远处看呈现四边菱形，但走进了却是如同一个八边形一样。塔的顶部依然是一朵含苞待放的莲花图案。

西阔达珊塔建于何时？按照老挝的历史以及一些长者和史料记载：昭赛耶赛塔提腊王于16世纪在西阔达珊塔的基础上对其进行了修缮。很多老挝当地的研究人员也认为现在人们所看到的西阔达珊塔是昭赛耶赛塔提腊王在16世纪时在原基础上修建的，因为塔所在的地方是高出地面足足1.5米的一个小山坡，很可能地下是坑道或者是盛放尸体的地方，另外根据这个地方以及周边的环境来看也存在很多历史遗迹：1）一座大的古塔几近坍塌；2）一处佛堂已经倒塌；3）一间僧舍；4）一处荒废的古界碑；5）与西阔达珊王紧密联系的考玛河；6）中心刻有塔图案的石碑等。在上述这些重要的事物中，最特别的就是刻有塔图案的石碑，它是在一堆荒废的界碑中被发现的，这种石碑和我们在万象以及南娥湖两岸发现的石碑极其相似，它同属于西阔达珊王朝繁盛时期的孟—高棉文化。

通过上述的一些依据和判断，不难看出现在的西阔达珊塔是16世纪昭赛耶赛塔提腊王在西阔达珊王的基础上修建的。

（4）塔銮

位于万象的塔銮是老挝民族一处重要的圣地。据史料记载，塔銮的修建分为两个阶段：第一阶段是公元前3世纪，印度国王阿索伽马哈拉命令四个婆罗门教信徒在现在塔銮的所在地立了四根四边形的石柱，代表着佛教已经来到了老挝这片土地。紧接着一个叫布利占的农夫就率领人民建造了一座名为"外莱园寺"的寺庙，还为两位罗汉在寺的南北两侧各建了一座禅院，然后他顺理成章地成为万象城的统治者。

之后，一位名叫大佛陀翁的罗汉从印度王舍城将佛祖的舍利带来供奉在寺内。而舍利的安放仪式由万象城的统治者占塔武里巴西提萨（布利占）亲自主持。他让人民在舍利塔四周用石头建了坑道。每一侧的坑道宽5庹（10米），厚2庹（4米），高4庹3腕尺（9.5米）。

第二阶段是在1560年，塞塔提腊王将王都从琅勃拉邦迁至万象，并称万象为"富饶的王都——西萨塔纳月亮城"之后并于1566年，他率领人民在原有佛塔的基础上开始建造如今的塔銮。在新佛寺的建造过程中，人们在佛塔周围建了30座小塔，代表着佛祖所行之善。

塔銮的构造可以分为三个部分：

第一部分：在塔的底部四周都有祭堂，每侧宽68米。

第二部分：上层四周呈大莲花状，每侧宽48米。

第三部分：再上层呈弧形，似切了一半的西瓜或倒扣的钵，每侧宽30米。再上方是塔尖，在塔尖上有白色华盖。塔的整体高度是45米。

当塔銮建造完成后，塞塔提腊王将其命名为"冠世宝塔"，如今，人们称其为"塔銮"，意为大塔。

塔銮在老挝历史上经历了很多浩劫，尽管它现在依然是老挝的标志性建筑，但是它雕花的门、佛堂、装饰艺术等却不能与当年相提并论。

（5）石岗平原

石缸平原是世界人民始终对川圹市的由来抱有兴趣的根本原因，那里曾经发生过一场又一场的激烈战争，而为什么这里会有那么多古代石缸，这也是至今未解之谜。数百个竹筒形状的石缸错落分散在数平方公里的平原上，石缸平均高150厘米，直径约100厘米，重达1吨到7吨，因为是用硬石头做的，所以格外坚固。老挝人一直相信这些石缸是老挝历史传说英雄陶壮王的酒缸，当陶壮王的军队把越南侵略者赶走后，就用石缸里装酒庆祝胜利。然而出土的文物表明：石缸和古人殡葬仪式有关，而石缸这片地区以前是堂明国。堂明国是高棉人约于佛历5世纪建立的，至今已有约4000年历史。高棉人是现在老挝高棉族、卡姆族（或叫卡木族）和孟族的始祖。古高棉人把石头凿成石缸形状，是用来装死去亲人的尸体，代表着保护逝者灵魂使其免遭一切危难，并代表了生者对逝者的缅怀。人们相信，凿石缸的人会富有、幸福、子孙满堂、粮食满仓。法国考古学家几十年前在石缸平原发现的人类骨骸、串珠、陶罐、铁器等，使得堂明国时代石缸与葬礼有关的说法更加可信，但是这只是考古方面的假设，仍有待研究分析以能解开石缸平原的谜团。

一说到"石缸"，人们都知道它在哪里，但很多人却不知道它产生于多久以前。最了解它的人莫过于考古学家，他们才是真正了解石缸是怎样产生和有什么研究价值的人。

大多数提到川圹石缸的资料，都是以文学作品作为依据的，说石缸是在坤壮王（陶壮）时期建造的，是为了盛装美酒庆祝巴甘城（川圹）战争胜利的。但这个故事说得还不够详细，没说到坤壮或者陶洪陶壮 / 陶宏陶壮是哪个时期的人，是什么民族，来自哪里，对于坤壮的家乡也缺乏明确的交代。马哈西拉·维拉冯编写的文学作品《陶宏》和清迈土著庸迦奴历史中都只提到了陶洪陶壮的出生年月，但没有提到他的家乡和民族。马哈西拉·维拉冯的研究著作中写到：陶壮生于小历480年（1118年）二月，属狗。庸迦奴历史中说到：陶壮生于小历436年（1074年）五月，属兔。马哈西拉·维拉冯先生提供的资料中也没有提到陶壮是什么民族，只说坤壮是坤布伦的第七个儿子，被派去统治川圹的芒普安城，他和统治孟斯瓦（琅勃拉邦）的坤洛王是同一个时期的人。

坎曼·冯高拉达纳冯撰写的关于芒普安城的历史书中，只说到坤壮王在公元8世纪中期建立普安城，从那以后一直到1289年共有23位皇帝统治芒普安城。

在有关的考古资料中提到：1930年，法国建筑学家Madeline Colani在芒普安班安村地区进行考古挖掘，发现了骨骸、骨灰、玻璃小珠、贝壳、铜和铁等一些金属。之后在别的制造石缸的地方也发现了一些日用品和陶瓷装饰品，但没有说到这些东西是什么部落制造的，只知道那些金属都很相似。

除此之外，老挝考古学家在1966年的考古发掘中也发现了石缸和各种古代文物，例如：人的骨骸、磨刀石、陶罐、陶制的纺棉花线圈、手镯、戴在手上的小铃铛、钢制工具、陶制圆珠、蓝宝石以及各色的宝石等等。同时，他们还发现这些文物的形状差别不大，可能是因为那个时代各个地方的审美观类似的缘故吧。

根据上述两位考古学家的挖掘发现，可以得出相近的结论，即：石缸是古人的墓葬。所发现的东西大概是死者的亲属如其配偶等，在下葬死者时献给死者的陪葬品。

目前，石缸遗产管理单位已经发现了四处打磨和镌刻石头的场所，即帕赛县的怀梦石场、怀龙石场和孟柏县的普十石场、帕乔村石场。这四处切割和镌刻石头的场所是古代人民凿刻石缸的地方，因为在这些地方还看到一些还没制造好的石缸。

无论如何，关于石缸是用来干什么的，这还是个谜，还有待于考古学家的进一步研究。上述的观点只是从不同角度来证明而已，虽然有些观点相似，但有一些证据还没得到明确的证实，如碑刻等。因此，对于考古学家来说还有艰巨的研究任务。不管怎样，石缸仍是芒普安市人笃信崇拜之物，是他们以及全国人民的宝贵遗产。

二、澜沧王国时期琅勃拉邦辉煌灿烂的传统艺术(1357—1560年)

1. 背景

在澜沧王国建立之后，世代君王对老挝进行了各方面的改革，并取得了以下成就：

政治方面，与高棉、阿瑜陀耶王朝、兰纳政权有来往。在缅甸进攻老挝时，阿瑜陀耶王朝和兰纳政权还一度联合老挝抵御缅甸的入侵。当时的澜沧王朝也受到了周边国家和政权的尊重。

经济方面，给予百姓更多耕田种地，种桑养蚕等种植和养殖的自由，让百姓在一定的村规戒律下建设自己的家园，生活富足，有了更多的财力和物力来修建寺院佛塔等，这一切都成为老挝历史的见证。

国防军事方面，兵力达到了500,000人次，分为5个主要的部队。从三森泰执政一直到赛耶伽噶帕、婆提撒、赛耶赛塔提腊执政时，澜沧王国的部队是最强大的。澜沧王国不仅拥有强大的军事部队，它还有能力维护政权的独立和民族的团结。

文化艺术方面，这是最突出的一个方面。这一时期这一地区的文化艺术表现为从一开始佛教的思想就在人们心里起了作用，与此同时人们之前的道德观念也得到了巩固和加强。寺庙变成了为社会培养人才和进行艺术创作的地方。这个时期的老挝人民在传承发扬自己本民族文化艺术传统的同时也吸收和借鉴着外来优秀的文化和艺术，这其中大部分是来自印度的艺术，当印度的工匠们将技术传给老挝当地的工匠后，老挝当地的工匠又将其与自己文化艺术相结合，最终演变为具有印度特色的老挝传统艺术。

这一节标题之所以称之为澜沧王国时期琅勃拉邦辉煌灿烂的传统艺术，是因为这一节主要记录的是从1357年昭法昂王当政到1560年昭赛耶赛塔提腊王统治老挝琅勃拉邦这一地区的传统艺术。

2. 艺术派系

依据这一阶段的历史，和当时老挝琅勃拉邦的艺术特点，大致可以把艺术做以下区分：清盛（现泰国清莱府下属市镇名）派系；金城派系；马诺罗寺派系；维逊寺派系；香通寺派系。

（1）清盛派系

这个名称的由来是因为考古学家发现的很多艺术品都和清盛县出土的文物有着极其相似的特点，于是考古学家把这一类艺术统称为清盛派系。清盛县位于泰国北部，曾经是兰纳王朝的都城，昭法昂王在位时期与澜沧王国有着友好往来。

清盛派的艺术大部分表现为佛教艺术，至今仍然可以看到名胜古迹、佛寺佛堂，然而它们大部分都得到了修缮。其中，最有特色的当属佛像的铸造，大部分都用青铜、黄铜、合金、银、金来铸造，样式多种多样，在琅勃拉邦也很常见。

在老挝仍然可以看到很多清盛派艺术的影子，尤其是用铜、合金和金铸造的佛像更是各式各样，有穿着短的、长的、中等长度的高胜衣（比丘平时所穿衣服之一）的佛像或呈站立或行走姿态状。

众所周知，清盛派艺术尤其是铸造佛像的清盛派艺术都有着印度艺术的影子。在印度历史上，纳兰塔文化一度达到了当时印度艺术的顶峰，于是这种艺术影响力就在10—11世纪时传入清盛地区，于是第一批清盛派佛像就百分之百地保留了印度艺术的特点，在接下来的兰纳、澜沧王朝时期，才结合当地特色有所改变。

（2）金城派系

在清盛派艺术在澜沧王国的北方不断发展的同时，金城派艺术也在澜沧王国的中部和南部发挥着作用。

金城是万象省湄公河南娥湖畔的一个古县城。除了历史上有记载外，现在还有占城墙遗迹、荒寺、石佛像、塑像石灰、铜、孟文碑刻、经文、澜沧文等等可以作为历史和艺术的见证。

金城派艺术不仅有建筑艺术，同时也有雕塑艺术尤其是佛像雕塑艺术。至今人们发现的金城派雕塑艺术的佛像有三代：第一代是孟族艺术，是在6—7世纪从印度传入万象、波里坎赛和甘蒙的；第二代是孟—高棉艺术形式，在11世纪左右传入万象平原的；第三代是老挝澜沧艺术，在14—16世纪金城政权势力逐渐弱于万象，各族人民就把这种艺术发展成为老挝特色的澜沧艺术。

（3）马诺罗寺派系

据史料记载，琅勃拉邦马诺罗寺始建于1428年，马诺罗寺派艺术从15世纪开始凸显作用，到15世纪中期马诺罗寺派艺术已经得到了很好的发展。

至今可观可看的最突出的马诺罗寺派艺术作品，就是用青铜、黄铜和金铸造的佛像。这个派系的佛像目前被发现有两代：第一代，佛像底座低矮，底座雕饰着一瓣瓣盛开的莲花瓣、佛像细腰大胸、宽肩、面露愁容、倚坐远望、鹰钩鼻、头顶大部分呈未开的莲花状，手自然放置；第二代比第一代有了一点小的发展，大部分佛像底座依然低矮，但不全是用莲花瓣进行雕饰，头顶有未开的莲花状的，同时也出现了火焰状的。

(4)维逊寺派系

琅勃拉邦维逊寺派艺术于16世纪初崭露头角，无论是从艺术表现形式还是艺术特点上，它都开创了艺术的新纪元。

这一派系的艺术出现了莲花塔、西瓜塔(就塔的外形而言)，佛寺界碑和寺院出入的暗门，这些都让人们领略到了另一种艺术的美。

这一派系的艺术是在昭维逊纳腊王时期发展起来的，然而在维逊纳腊王在位时期老挝的文化艺术得到了大力发展。

(5)香通寺派系

香通寺派艺术于16世纪中期在老挝开始有影响，后来成为昭赛耶赛塔提腊时期万象艺术的鼻祖或源头。

这一派系的艺术虽然开始得晚，但是与以往任何一种艺术派系都不同，它的艺术创作体现了老挝人的细腻柔和、自然淳朴的特征，以至于发展成为老挝辉煌灿烂的澜沧艺术，香通寺也成为澜沧艺术的一张天然名片。

3.代表建筑

在老挝不同地区有着各自的代表性建筑或雕塑。

(1)琅勃拉邦：维逊纳腊寺

维逊纳腊寺全称维逊纳腊他塔拉姆寺，建于维逊纳腊国王统治时期，是按照国王的姓氏命名的，1503年开始修建，于1504年完工。将史料记载，当寺院修缮竣工后，寺内大师们就将马诺罗寺的帕邦佛像请到了寺内供奉。

这个寺最重要也最有特色的就是寺内有一座舍利塔，因其形状像倒扣的半个西瓜，当地老百姓称其为"西瓜塔"。塔下面曾放有很多金佛像，体现出琅勃拉邦昔日的富有。这个塔体现了老挝另外一种艺术形式，因为它产生于琅勃拉邦的维逊村，所以把这种艺术形式归为维逊寺派或维逊派艺术。

(2)琅勃拉邦香通寺(又称川铜寺)

香通寺建于16世纪澜沧王国赛塔提腊(1548—1571年在位)统治时期。建造此寺的主要目的是纪念8世纪的一位商人——占塔帕尼，传说他是琅勃拉邦的第一位国王。

根据琅勃拉邦志上的记载，建造香通寺这座皇寺的地方，过去曾经是黄金之地，湄公河流经的地方有许多金矿，所以才得名香通寺（字面为"金城之寺"）。香通寺雕有各种各样的图案，它丰富的色彩与华丽的装饰，显示出了老挝艺术家精湛的手艺。此外，香通寺还是老挝人欢庆新年的场所。寺庙内的房间都用珠宝装饰起来，这是人们在16世纪就开始使用的装饰艺术。在房间内保存有古时为西萨旺冯国王送葬时使用的棺材。4面门窗上的画，讲述了《帕拉帕拉姆》这一民间故事。

香通寺经过了漫长的岁月，直至1960年才得到修缮，成为现在华美的模样。1960年，老挝政府对香通寺进行了多处修复，包括房顶、入口处、内外墙等，都被漆成了金色，同时还镶嵌上了文字和精美的图案。

1975年老挝人民民主共和国成立之后，香通寺得到了真正的修复和保护。香通寺这座有着悠久历史的圣地，吸引着来自国内外的游客。

三、澜沧王国时期万象辉煌灿烂的传统艺术（1560—1707年）

1. 背景

1560年，昭赛耶赛塔提腊王考虑到军事国防安全，决定将都城从川铜（现今琅勃拉邦）迁至万象。然而迁都万象后，正遭逢缅甸势力扩张时期。1563年缅甸进攻万象，次年昭赛耶赛塔提腊王驾崩，缅甸政权乘机夺取了老挝领导权，老挝各级政权对外来的领导怨声载道，国内更是纷乱不已。1598年缅甸国王驾崩，缅甸结束对老挝长达24年的管理，此时老挝新国王昭沃腊旺索登基，并于1604年取得国家的完全的独立。

老挝政府脱离缅甸管理并取得完全独立以后，国内发展遇到了很多困难，但是很多方面也得到了很好的发展，如：国防安全方面，军队发展人数达到500,000人；经济贸易方面，影响到了东南亚以及欧洲部分区域；文化艺术方面，成为17世纪最有影响的艺术文化之一。

2. 艺术分类

澜沧王国时期万象的传统艺术可以根据时间不同分为两类：昭赛耶赛塔提腊王时期的艺术；昭苏里亚旺萨王时期的艺术。

（1）昭赛耶赛塔提腊王时期的艺术

这一时期艺术的发展有了自己的形式，尽管艺术创作灵感来源于不同地方不同派系，但是在创作时都结合了老挝当地各民族的性格特点。它的精湛和精美独特之处便是这一时期伴随着宗教运动而来的各民族的宗教艺术。

如今可以看到的昭赛耶赛塔提腊王时期的艺术踪影，大部分还是宗教实物，它们用石头、砖、硬实木等经久保存的材料制成，不易损坏，如：塔銮、玉佛寺、翁德寺、西孟寺、英航塔塔尖、佛像、塔基的雕花、水瓢、钵、剑等等。

昭赛耶赛塔提腊王时期的艺术一直发展到17世纪，尽管期间有受到缅甸政府的控制，但是这一时期的艺术仍然没有受到干扰，继续向前发展。

（2）昭苏里亚旺萨时期的艺术

这一时期的艺术萌芽于1638—1695年间，并且是从昭赛耶赛塔提腊王时期的艺术发展而来，形成了另外一种艺术形式。这一时期的艺术作品很常见，最有特色的出现在万象和川矿，如：泥灰质地的塔、雕塑作品、铜制佛像等等。

3. 代表建筑

（1）玉佛寺

玉佛寺位于细刹吉寺的对面，以前各种重要仪式都在此寺庙举行。赛塔提腊王的父亲波提拉腊王驾崩后，赛塔提腊王决定将把王都从琅勃拉邦迁至万象。该寺建于迁都后的1565年，用于供奉玉佛。

我们无法得知玉佛寺的最初的房顶结构是什么样的，因为现在我们所看到的玉佛寺是改建后的玉佛寺，它于1936年由昭苏万娜普玛和昭顾玛娜亲王设计修建。它的底层保留了原始的样貌，即殿的墙壁外有个回廊，这点也是昭赛耶赛塔提腊王时期艺术的一大特点，在众多建筑物中只出现在这一个地方。然而，这个特点和19世纪昭阿奴冯王时期的艺术特点极其相似。据史料记载，昭阿奴冯王时期对玉佛寺进行了修缮，但只是停留在墙壁的雕饰花纹和雕塑艺术上，还谈不上对玉佛寺的建造。

玉佛寺中的玉佛是老挝的文化瑰宝，曾于16—18世纪被供奉于澜沧王国。1547年，昭赛耶赛塔提腊王被委派去统治管理兰纳清迈，根据当时兰纳清迈地区百姓的要求，玉佛就被请到了兰纳并供奉于一所寺院内。后来，清迈受到了缅甸的进攻，于是昭赛耶赛塔提腊王将玉佛请至川铜（现今琅勃拉邦）供奉。1560年，昭赛耶赛塔提腊王把老挝的都城从川铜迁至万象，玉佛也随之被护送到了万象。到了1565年，昭赛耶赛塔提腊王命工匠修建一座寺院来供奉神圣的玉佛。从那以后，玉佛被一直供奉于玉佛寺内直至18世纪末暹罗进攻老挝时，破坏烧毁一切建筑，乘机夺走了玉佛，并放置于今曼谷玉佛寺内。至此，玉佛在老挝的时间长达218年之久。

经过了暹罗的洗劫，玉佛寺一度成为一座荒寺，野草丛生。历经103年的荒凉后，1936年，玉佛寺在老挝各族人民及两位亲王的设计和指导下被全面地重修和翻新。

现在这座寺庙已成为博物馆，而那尊玉佛现被供奉于泰国曼谷的嘉愿纳瑟沙拉南佛院（或称玉佛寺）。在古代，佛殿的四周都是用红铜铸造的各种姿态的佛像，庄严雄伟，展现了各个时代的老挝人民的精湛技艺。

（2）因本寺

因本寺坐落于万象市因本生活区，距离湄公河200千米的琅勃拉邦大道1千米处的赛塔提腊街区。据年长者说因本寺原来很大，大到寺院区域都和旁边的翁德寺连在一起，现在慢慢变成了人们生活的区域。

因本寺是万象市众多具有重要历史、艺术和文化意义的古老寺院之一。寺院内部的界碑、佛殿、藏经阁、佛塔、佛像和石柱等等都见证了万象某一时期的历史。

因本寺始建于何时、由谁修建都无人知晓，除了民间那些古老的传说和少数几位年长者的回忆以外。例如，一位年长者在回忆时说道，当年他在修建因本寺时，一位白发的老人也就是因本本人下来帮着修建，于是寺院就得名因本寺。

因本寺的历史研究可以从以下的事物中找到一些线索，如：石界碑、佛像、石柱、神兽图等，这些都是孟—高棉时期的文化艺术，尽管上述这些事物曾被挪动或者是位置发生变化，但是它们和寺院名称的由来却有着紧密的联系，单词

"因"可能是来自因陀罗王的缩写，因陀罗王是婆罗门教主义中的一位天神。

因本寺的佛殿是16世纪昭赛耶赛塔提腊王时期的精美建筑物之一，它的结构与翁德寺的佛殿、西孟寺的佛殿都很相似，都是只有一层低矮的台基、圆柱子和宽敞的殿前，便于信徒聚会和举行宗教活动。年长的老人把这种佛殿视为雌性佛殿，在他们的记忆里佛殿分为两类：雄性佛殿和雌性佛殿。这两种不同性质的佛殿，有着不一样的美感，却有着相同的内容和服务的本质。它们的区别在于雄性佛殿外形高耸，台基很高，柱子呈圆形或八边形，屋脊结构很高，这类结构的佛殿大多集中于老挝中部和南部，还有泰国的东北部。

因本寺第一次修缮是在1911—1912年，后来维修就比较频繁。由于它的历史、文化和艺术价值，老挝政府和人民对它一直加以维护。

（3）翁德寺

传说，翁德寺最初的名字为"西普姆寺"或"赛亚普姆寺"。但因后来放置翁德大佛像，人们便习惯叫它"翁德寺"（意为"十亿两重佛像的寺"），直至今日。

翁德寺是一处美丽的古迹，长期以来在老挝历史和文化艺术方面有着重要地位。除了独特而又杰出的寺庙结构外，还有一座精美绝伦的大佛像。这尊大佛像是赛塔提腊王统治时期建造的四尊重要佛像之一。

据老挝史书记载：自从赛塔提腊国王把万象定为澜沧王国的都城后，1566年他便带领人们铸造了4尊铜佛像，即：帕昭翁德（十亿大佛）、帕苏、帕赛和帕瑟姆。传说赛塔提腊国王十分虔诚，想成为佛陀，于是倾注了很多心血和财物铸造了当时最大的铜佛（佛历2109年，即1566年）。一切准备就绪后，选一个大吉大利的日子，国王就把各项事务交给皇后管理，自己则身穿白衣到现在的因丙寺去受八戒。

但是吉日到来之前，缅甸国王就举兵包围万象，万象国王与皇后商量对策，皇后说道，陛下不必灰心，因为现在陛下铸这尊佛像，是为了以后能成为佛祖。如果愿望不能实现，在与缅甸的交战中战败，那么陛下的手就会断掉，投入铸模中一起被铸成佛像。但是如果陛下的愿望能实现，在与缅甸的交战中取胜，那么陛下铸佛像的铸模就会不热且不重。听了皇后的话后，国王来到祭神殿，虔诚祈祷，后去铸佛。国王来到铸佛的大殿，把铜倒入铸模里，所夹的铜既不热也不重，工匠夹过来多少，国王都一个人徒手接着，直到倒满铸模。然后又铸了三尊小佛像，即帕苏、帕赛和帕瑟姆。

翁德佛像是当时最大的铜佛像，其截面宽3.4米，高5.8米，是真正出于老挝人民之手的一尊精美的佛像。

此后到了1872年，暹罗军队司令下令火烧万象城，城内火光四起，一片断壁残垣。其中，被破坏最为严重的便是翁德寺以及暹罗人无法搬运走的翁德佛像。暹罗人拆毁了寺庙，翁德佛像被埋在废墟中。暹罗人企图一把火烧光，但不知是哪位天神冥冥中庇佑佛像，或是佛像显灵，这尊翁德佛像才幸存于难，至今仍是国内知名的大佛。

（4）西孟寺

西孟寺坐落在万象市中心，是万象城柱所在地。因此，古时候的人们才考虑将此处当作神守护万象城的地方。据古代传说，1563年，有学者欲选择此地来建造新寺庙。赛塔提腊王将王都迁至万象后，就在此处挖了个大坑（似一条裂缝）以埋城柱（城市奠基石），同时还为自愿上吊献身成为城市守护神的人准备了绳索。

之后，人们敲锣打鼓，奔走相告，全城的百姓被召集起来，看看谁自愿成为城市守护神。人们都期待着看哪个人将自愿跳入大坑。突然，有一名妇女跳了下去，然后被奠基石给压住。于是此处便成为守护万象城的地方。

西孟寺于1828年遭到破坏，于1915年重新修建（耗时87年）。那块石头用象征神圣的黄色布帛包裹了起来，首都万象人都很信奉这块石头，把它当作祈祷、祈愿、祝福时灵验的圣物，让人们减轻心中的痛苦，远离生命中的烦乱。

西孟寺副住持琅仁·苏万那山称：据统计数字来看，前来供奉的施主源源不断，平日里每天都要达到两三百人，这些施主不仅是老挝人，还有外国的游客。他们前来跪拜祈福，祈求西孟娘娘带来好运，使他们如愿以偿，因此西孟寺远近闻名。

西孟寺副住持接着说：人们来到这处圣地的，大多数都是来叩拜并祈求心想事成的。平日里人不会很多，大约两三百人。要是到了周二或者斋日，前来礼拜的人大概会超过五百。然而香客最盛的日子要数佛历十二月十五，即祭祀西孟娘娘那天。其次就是吠舍佉节和"三月"纪念节（分别在老挝佛历的六月和三月）。

在这两天里，全世界的佛教徒都手捧香烛在各个寺庙内游行。总的来说，自2011年年初以来，游客的数量相较往年同期有增多，其中泰国游客居多。

前来祈福的人们相信，只要敬仰西孟寺并遵守五戒，就会得到守护女神的点化。正因如此，寺庙的香火才源源不断，从老挝老百姓到泰国、日本的游客，甚至包括一些欧洲人都来此朝拜。

现在，西孟寺不仅是老挝人的心灵依靠，在统一战线的督察员的帮助下，销售给香客的香烛水果，每年能给老挝人民带来千万基普的收入。

四、澜沧王国分裂时期的传统艺术（1707—1893年）

1. 历史背景

1357年，昭法昂王统一老挝，自此老挝成为一个独立统一的国家。尽管老挝沦为缅甸的殖民国长达24年之久，但是老挝仍然是一个各民族团结友爱的国家，遗憾的是在1695年昭苏里亚旺萨王逝世后，老挝澜沧王国内部就产生了争夺王位的斗争，这种斗争和矛盾比以往任何时期都尖锐，最后国土辽阔，国势强盛的拥有450年历史的澜沧王国先于1707年和1713年被分裂为三个王国，即：澜沧万象、澜沧琅勃拉邦和占巴塞。

澜沧万象国当时的国王是昭苏里亚旺萨王的侄子昭塞耶翁伟，是老挝万象最强硬的国王，人民就给他美名为"帕昭赛耶赛塔提腊王"。

琅勃拉邦当时的国王是昭苏里亚旺萨王的侄子昭金吉萨拉，他的母亲是西双版纳血统。

占巴塞当时的国王也是昭苏里亚旺萨王的侄子，叫昭索西萨姆，后来有位叫颇恩萨么哥的大师给予他支持。

澜沧王国被分裂为三个国家以后，有时候会相互残杀，有时候相安无事地各自发展各自的国家。

1778年，暹罗入侵老挝，次年老挝三个王国沦为暹罗的殖民国。到了1828—1829年，万象的首领昭阿奴冯意图统一澜沧王国，摆脱暹罗的殖民统治，于是遣使带上各种贡品进献给琅勃拉邦的君王昭幔塔督腊王，请求他与万象团结一致，让老挝重拾当年澜沧王国的辉煌。一开始，昭幔塔督腊王装作与万象合作，但是他受制于暹罗政府，于是举兵南下帮助暹罗包围封锁万象。至于占巴塞，找阿奴冯王借昭赛耶古曼逝世之机，请求暹罗君主委任昭腊萨布育王统治占巴塞，为后来同意澜沧王国做了准备。

最后昭阿奴冯王统一澜沧王国的计划没有实现，万象被暹罗洗劫一空，三个王国直接沦为了暹罗的殖民地，暹罗要求清除老挝优秀的传统文化，强迫人们学习暹罗的语言、穿着、饮食、文学、艺术等，如果谁不会或谁学得不好，就会受到泰国泰国东北部人的侮辱。

2. 艺术分类

这一时期的艺术可以按照历史时期的不同划分为两类，即三国分裂时期的艺术和暹罗殖民统治时期的艺术。在这两个时期里，又可以把艺术类别划分为三类，即万象艺术、琅勃拉邦艺术、占巴塞艺术和暹罗殖民统治后遗留下的艺术。

（1）万象艺术

万象在昭塞耶翁伟的领导下，取得了一些发展，尤其是文化艺术方面。绘画、雕刻、冶炼技术在昭苏里亚旺萨王派艺术的基础上，工匠们的技艺更加精湛。万象派艺术主要在万象、川矿省发展，但是这个艺术派别的佛像雕塑大多呈现大鼻子或者是印度鼻子的特点。

这个艺术派别是在昭赛耶赛塔提腊王派艺术的基础上发展了僧伽梨和大衣，但没有延续昭苏里亚旺萨王派艺术的露两边肩膀的大衣的特点。

（2）琅勃拉邦艺术

从1707年昭金吉萨拉王到1778年昭苏里亚古曼统治琅勃拉邦的这期间，大部分琅勃拉邦艺术相比较万象和澜沧王国时期琅勃拉邦辉煌灿烂的艺术，技艺显得并不是那么精湛，艺术作品显得并不是那么精美。但是，仔细观察的话可以发现是老挝人自己的真实手艺。这一时期老挝优秀的艺术都集中反映在万象了，导致同一时期万象和琅勃拉邦的艺人技艺相差甚远。

（3）占巴塞艺术

从1714年昭索西萨姆到1778年昭塞耶古曼统治老挝的这期间，占巴塞的艺术主要在孔恩岛、赛岛、登岛、占巴塞省占巴塞县和泰国东北部等地区传播和发展。

现在体现这一期间这一区域的艺术遗迹还有：铜质的大钟、舍利塔、铜质的佛像等。至于雕刻和装饰艺术，则混合了昭苏里亚旺萨王时期艺术和此前就存在的高棉艺术。

（4）暹罗艺术在老挝的遗留

1778—1893年，老挝澜沧王国三个王国成为暹罗殖民地。这期间暹罗艺术在老挝这片土地上发挥作用，特别是在琅勃拉邦、万象和占巴塞，至今还有不少遗迹，如：琅勃拉邦森林里的古寺、多摩寺、阿哈姆寺等；万象的瓦细刹吉寺；占巴塞省占巴塞县孔恩岛、赛岛、登岛上的一些寺等。上述这些寺院，都有着暹罗艺术和高棉艺术混合的影子，是暹罗艺术对高棉艺术的进一步运用。

这一时期的暹罗艺术仅只是在湄公河两岸的大城市有所发展，相反的老挝澜沧艺术却在暹罗的土地上生根发芽，日益壮大。

3.代表建筑

（1）万象瓦细刹吉寺

提起瓦细刹吉寺，首都万象市民乃至老挝全国人民，甚至外国游客友人都耳熟能详。它在万象众多历史悠久、地位重要的寺庙中占据一席，自古以来就为老挝佛教徒所尊崇。

瓦细刹吉寺的历史颇具教育和研究价值。许多外国游客不惜钱财到此只为得以亲眼鉴赏，并被它的宏伟深深吸引。瓦细刹吉寺的精致华美的雕刻图案、古人卓越精湛的雕塑艺术历经千年风雨毫不失色，由此成为老挝人民优秀的文化遗产之一，值得保护和传承下去。

根据石碑上的典故，瓦细刹吉寺建于1818年澜沧王朝最后一位国王阿努王统治时期。根据寺庙的历史记载，该寺于1829年澜沧王朝被罪恶的外国封建势力掠夺并烧毁时曾荒弃。瓦细刹吉寺四面有回廊，回廊的柱子、檩条、横梁上都装饰有许多精美的图案，这些图案涂以铅丹和金箔，体现老挝古代艺术的特色。沿着回廊有小佛像6840尊，佛殿里有2052尊，加起来一共有10,000多尊，这些佛像大多数造于19世纪。特别一提的是在寺庙的一侧有藏经阁，或称为宗教图书馆，是收藏佛经及贝叶经的地方，全名叫做"三藏经阁"，与瓦细刹吉寺于同一时期建成。

如今，瓦细刹吉寺已成为一座收藏国家珍贵古代文物的博物馆，吸引大批外国游客，每天客流络绎不绝。它不仅为国家带来创收，还为国家带来了好名声。

（2）琅勃拉邦瓦盛苏卡拉姆寺

瓦盛苏卡拉姆寺，又称"瓦盛寺"，始建于1718年昭金吉萨拉在位期间，是琅勃拉邦的古寺之一。

这个寺在1932年进行了第一次修复，并在1957年进行了第二次维修。这个寺院的结构是18世纪艺术的反映（澜沧琅勃拉邦艺术），至于装饰艺术则是20世纪恢复老挝文化艺术时，琅勃拉邦手工艺人手艺的具体体现。

在这个全球化的时代，人们生产了许多形式各异、美观现代且技术先进的物品。尽管如此，那些像瓦细刹吉寺一样，由一代又一代老挝人民的汗水建成、以血泪保护、代表着老挝人民虔诚心意和骄傲心情的物质存在，具有无法估量的价值。

第七章　风俗习惯

老挝是一个位于中南半岛中部的多民族佛教国家，跨境民族变迁和多文化交融使得其风俗习惯具有多样性。由于风俗习惯的分类比较复杂，因此，仅从衣食住行（生活）、生老病死（生命）的角度对老挝人民日常生活、婚姻、生育、丧葬、宗教、农事等方面的风俗习惯进行简单介绍。

第一节　生活习俗

日常生活中，老挝人都按照本民族的风俗习惯过着平淡、祥和的日子，在衣食住行、社交娱乐等方面保持着其独特的习俗。

一、拴线习俗

拴线习俗是老挝传统习俗中最重要、最常见、最流行的习俗之一，贯穿老挝人民生活和生命的始终。在老挝，拴线可谓是家喻户晓，深入人心，不管是家庭生活，还是社交娱乐，都有着拴线的影子。老挝人自古认为人体的各个部分都有着自己的灵魂，像头魂、身魂、肉魂、心魂等，按照老人的说法认为，人身上有32个魂，每个魂分别守护着主人身上的某一器官、某一部位或某一能力，如果魂脱离原来的位置或岗位，就会给人招来疾病或灾难，比如诸事不顺、家宅不和、离家远行、生病患疾等。因此，举行拴线仪式时就要确保所有魂都在场，这样才能恢复平衡，重获健康，逢凶化吉。一般来说，举办拴线仪式的原因多种多样，作为老挝常见的一种礼仪风俗，拴线有着社交等功利作用，可以说但凡生活中出现新的变化或心理需要等，均可进行拴线祝福，如：逢年过节、职务升迁、贵客临门、辞旧迎新、出国或远行、远道归来、参军入伍、乔迁新居、儿女满月、庆祝生日、新婚大宴、病愈出院、结拜认亲、新买家畜、出家修行、丧葬活动等，仪式的主要目的是祈祷与祝福。

举办拴线仪式时，宾主席地而坐，中间摆着一个大的拴线祝福席，老挝语称为"帕宽"。祝福席多为竹子所编，可放在桌上，或放在铺上凉席或地毯的地面上。祝福席里的摆设主要包括"麻秉"、鲜花、两只煮熟的鸡、两个煮鸡蛋、米饭、点心、饭篓、芒果、水、白酒以及用于拴在手上的棉线等。其中"麻秉"类似插冰糖葫芦的大棒子，通常从芭蕉树砍下一段树干，然后插上花和香等东西，有时把钱币一张张叠成一定形状，缠绕其上制作而成，形似散开的树木或绽开的烟花。"麻秉"在体现仪式级别和隆重程度上也有差别，一般分为3层、5层、7层、9层和12层，层级越多，表示规格越高。"麻秉"通常置于祝福席正中，人们常把棉线的一头系在"麻秉"上，另一头向外连接周围的人，意将福运传至每个人身上。

仪式上，德高望重的长者、祈祷师或和尚念祝福辞或招魂辞，人们把"麻秉"上系着的棉线另一端相互连到周围的人手里，坐在后面的人可将手轻轻放在前排的人的肩上（一般为同性之间，如前后两排为异性，则女性的手可主动放在男性的肩上，但男性不可主动将手放在女性肩上），共同接受祝福。祈祷结束后，德高望重的长者、祈祷师或和尚首先给仪式的主角拴线，然后按身份、地位、年龄或座位顺序给在座的人拴线。在座的人每人都可以给仪式的主角拴线，有的场合，客人会在棉线上系上一定金额的钱币，以表达心意。人们相互之间也要给对方拴线，拴线时最好把祝福的话说出来。

拴线仪式的举办有时间上的讲究，举办仪式的时间，一般是早上10点至12点，不可超过12点。如果是下午举行仪式，则是4点开始。

以前，老挝人举行拴线仪式在仪式主角的座位和朝向上有讲究，如：周日面向北方而坐，周一面向西南而坐，周二面向东北而坐，周三面向西方而坐，周四面向东南而坐，周五面向西北而坐，周六面向南方而坐等。目前，老挝民众对这种座位朝向已经没有太多讲究，一般认为举办拴线仪式是良辰吉日即可，其他要求并不如以前那么严格。

二、"衣"相关习俗——纺织与传统服饰

老挝各民族的服装有所不同。在农村和偏远山区，老挝各民族多数穿自己缝

制的衣服，纺织、制衣的工作一般由妇女负责，纺织的材料一般有棉、麻、桑蚕丝等，产品有衣服、床单、披肩、被子、头巾和布匹等。在城市和经济较发达地区的着装已较商品化和国际化。

佬族和其他相近族系的民族服装与中国云南西双版纳的傣族服饰相似。按传统习惯，男子上身穿白布、黑布、灰布等布料做的大襟无领褂子或对襟短褂，袖口一般比较窄，下摆至腰下臀上。下身大多为黑色或褐色等深色长筒裤，裤裆一般比较肥大，有的也穿类似筒裙的"布梭"，颜色多为黑褐色。男人的服饰还包含两块布，一块作腰带，一块作缠头。女子往往上着短上衣，白色或粉色袖口，腰部较窄，领口为无领大襟或对襟，多用布带或步作的纽扣扎结。内衣有白色、粉色、黄色、金色等鲜艳的颜色。下穿一条筒裙，一般用粉红色、褐色或其他花色布料制成。妇女的衣衫一般都有漂亮的图案和花样，平时穿的衣服比较朴素，节庆就穿丝绸类服饰。一般要求系腰带，较富裕的家庭都佩戴银腰带。妇女们的首饰主要有手镯、耳环、项链等，多用银、象骨、象牙、金银等制成。妇女比较会打扮，所挽发髻多式多样，比较有东南亚气息，非常有女人恬静的韵味。

老挝政府对民族服饰文化的传承和保护非常重视，主要体现在妇女的着装上，社会对妇女的着装要求庄重典雅而不保守极端，如筒裙要有腰有脚，穿着筒裙时要使用腰带，裙脚要有装饰图案，以显庄重；筒裙不可过短，也不可过长，裙腰齐于肚脐，裙脚齐于脚踝；不可过分裸露等。在重要的节日、集会或婚礼上，妇女要盘发并使用披肩。在学习、工作等场合，一般要求女性穿筒裙，严禁着短裙等。除此之外，老挝政府还通过课本、电视、报纸、广播等途径宣传老挝传统服饰文化，要求妇女要积极传承和保护传统文化。老挝对男性服饰的要求较为宽松，一般在家可穿比较随意的短裤、纱笼（仅为一块布，兜系在腰间即可）或裤子等；参加重要集会时穿西装或穿兜裆裤和无领衫，都算是比较正式的服装，男子结婚时所穿的新郎装也是如此。

黑泰人的女性服装，上身为对襟保守上衣，多数无领，下身穿筒裙，缠头，喜戴银质首饰。男子穿对襟衬衫和宽大的裤子，缠头，多数时间打赤脚。

瑶族男子上身多穿黑色或青蓝色布扣对襟长袖衣，下穿兜裆管裤。妇女上身一般穿青蓝色或黑色上衣，以红色和白色布料镶边，衣长过膝，下身着黑色管裤，上面绣有红色丝线。节日期间，妇女们在短衫外套上椭圆形的银质扣环，从领子一直到腰际，头上缠着深蓝色布块，头顶上露出红色绣花。

苗族有白苗和花苗等，男子的传统民族服装都很相似，上衣和裤子都是黑褐色或灰黑色，裤子较短，用宽大的腰带系在腰上。有时戴帽子，有时缠头，但其颜色要求与腰带的颜色一致。女子的传统服饰各有异同，相同的地方主要有：两支苗人妇女腿上都缠布，平时喜欢穿布鞋。部分妇女佩戴银手镯、银耳环，胸前佩戴大银项圈或银锁等。不同的地方主要有，白苗妇女服装多为灰色，上衣为右边开大襟，扣系在左侧腋下，上衣外边系一条绣花深蓝色短围裙；下身穿没过膝盖的灰色短裙；用深蓝色、蓝色或灰色布缠头，头顶露在外面。花苗妇女下身裙子长而窄，上有黑红相间的花纹和图案等。随着时间的推移和社会的发展，苗族的服饰也有所变化，苗族男子大多上身穿黑色或青色的圆领开襟上衣，袖子多为窄袖，西口常常用三道黑布镶衬，下身着与上衣颜色一致的肥大长裤。妇女上衣绣有花纹，或镶有银黑色或纯白色花边，裙子大多是用五彩丝线镶绣而成带有褶皱的花裙。

三、"食" 相关习俗——喝团结酒和坛子酒

喝团结酒的习俗由来已久，一般到老挝人家做客，都流行喝团结酒，主人会拿来酒和一只酒杯，主人先喝，后依次请客人喝，有一口干的也有共同轮流把酒喝干的。由于喝酒的时候大多会有下酒的饭菜，因此喝团结酒的场合一般也称为吃团结饭，类似中国所说的团圆饭。喝团结酒当然离不开唱歌、跳舞、席间，人们会举行各种形式的活动，直至将团结饭推至高潮。

喝坛子酒也是老挝人待客的一种传统礼仪，酒坛一般为土罐，大小不一，有的高近一米，有的小到一个拳头大小，里面装有米酒、醪糟或白酒等，表面用油纸或塑料膜封好，喝酒时主人会在酒坛上插上一根或多根吸管，一般有塑料吸管、竹管或类似芦苇或桔梗做成的空心管，宾主围坛而坐，边谈边喝，有时喝完了，有的主人会更换酒坛，有的则就在原来的酒坛里灌入新的米酒或白酒，甚至还加入红酒或洋酒等。以前，有的地方的民众只插一根管子，众人轮流用嘴吸吮坛子中的酒。后来因为观念有所改变，现流行使用多根管子或一人一根吸管来喝酒。

四、"住"相关习俗

"住"涉及生活居所相关活动，出于对美好生活的向往，人们从房屋建设到入住，再到生活起居都有着相应的讲究，其中看风水和乔迁的习俗最为明显。

（一）看风水习俗

老挝看风水的习俗来自中国，但由于文化差异，又缺乏专门研究和传承人员的缘故，老挝的风水一般体现在民房和寺庙中。

建房时，老挝人讲究的各个方面主要有：建房年月、选宅基地、测地气、起房吉日、房屋方位、房屋形状、立柱起基、房间分布、安床方位、室内装修等。看风水的习俗几乎贯穿整个建房的始终，尤其在选宅基地、测地气和测量房屋方位中最为突出。一般来说，老挝人建房时要注意几个方面：主楼一定要高过附楼或偏房；如果宅基地发现有树根必须先清除；如果地基为长方形要先对其形状进行改造；如区域内发现蚂蚁巢穴要先进行清除；如果宅基曾经是墓地，要先将棺椁或是骨灰挖出迁移到寺庙，在迁移的过程中还要举行灵魂搬迁仪式；如果所选的地方为寺庙的旧址，要举行宗教仪式来驱赶不祥之物等。

选宅基地是老挝人建盖房屋时的一个很重要的准备工作。老挝人非常重视宅基的形状、位置和朝向。地基的形状主要是分为方形、圆形或半圆形，院子则按照宅基的形状而定。除了宅基地的形状外，宅基地的地形和高低也是至关重要的考虑因素。老挝人认为有利的地形主要有：西边高于东边；南边高于北边；西南高于东北；西北高于西南；西边高于东南边。认为东边高于西边的地形是不吉利的。如果哪家的房子是西边高于东边的则认为是在社会上能得到尊重的人家。在朝向选择上，房子窗户做成东西朝向，人们认为这样做才能给家人带来吉祥安康。除此之外，有的地方还有用口尝和鼻闻的方式来鉴定土壤的香臭、酸碱度等，因为人们认为这些都是决定房主今后是否幸福安康的重要因素。

关于测地气，在古代，老挝人一般准备三件东西，即：一枚鸡蛋、一片金叶、五色棉线（红、白、黄、绿、黑）等，装进一个高脚钵大小的土锅中，然后用白布将土锅的锅口层层捆扎好，接下来在计划建房的土地上挖一个深约一米左右的坑，将土锅放入后掩埋。半月后，将土锅挖出，看里面的三件物品是否完好，如果鸡蛋没有变臭、变黑，金叶金黄依旧，五色棉线没有变色，则认为适合建房，而土锅鸡蛋变臭、金叶和棉线褪色，则可认为该地方地气不好，不适宜建房。

还有一种说法是用不同颜色的米饭来测地气，即人们将白、红、黑三种颜色的米分别放在宅基地的不同位置喂鸟，然后看鸟吃米的情况来判定地的好坏，如果鸟吃白色的米最多，表示这块地很好，如果鸟吃红色的米最多，表示这块地一般，而如果鸟吃黑色的米最多，则表示这块地不适合盖房，必要时，需要请和尚来举行仪式，祛除不祥之物，然后再盖房子。

关于房屋方位，风水上分为9种情况，具体如下：

1. 房屋位置低于道路。

为不兴旺的房屋，解决方式唯有拆了重建，将地基填埋，高于道路方可。同时兼顾左邻右舍的房屋及方位。

2. 房屋背东朝西。

西边有房屋，则家庭富裕，房主忌嫖、忌赌；南边有房屋，则家宅富足安康；东边有房屋，则万事顺利，邻里和睦。

3. 房屋背靠东南方。

东南边有房屋，则家宅富足，但一般要从事与纸笔、写作等有关的工作；西北边有房屋，房屋可谓好坏参半，不怎么好；西边有房屋，家庭富足，但容易惹官司；南边有房屋，家宅一般，需勤奋节约，生活平凡。

4. 房屋背靠东北方。

西南边有房屋，则家宅富足安康。

5. 房屋背北朝南。

南边有房屋，家宅时运不济，缺少银钱，排行第二的孩子容易生病；如果东边有房屋，家宅兴旺，万事顺利，有女主人更加家庭昌顺；东南边有房屋，则家庭富足，如果有女儿更加有福气；西边有房屋，则家宅兴旺，仆人众多，位高权重；西南边有房屋，则家宅一般。

6. 房屋背西朝东（以道路为参照）。

东边有道路，则除了属木和从事木材业的人外，皆大吉昌；东南边有道路，家人昌顺，但女主人悲多于喜，与邻里关系不好，财运不佳；如果北边有道路，家宅昌盛；东北边有道路，家宅富足昌顺；西北边有道路，女主人聪明干练，财源广进。

7.房屋背靠西南。

北边有房屋，家宅不顺，家人身体欠佳，易惹官司；南边有房屋，富足安康，健康长寿；东北有房屋，时运一般；西南边有房屋，女儿好过儿子，儿子适合从事教育工作；西北边有房屋，家宅兴旺，富足安康；西边有房屋，富足安康，时运极佳，大吉昌；东边有房屋，时运一般，易惹口舌，不宜从事与电和火相关工作；东南边有房屋，时运不济，易惹口舌，事宜从事木业。

8.房屋背南朝北。

南边有房屋，运气较好，有小挑战，有贵人相助，财运渐佳，心地善良；东边有房屋，家宅兴旺，心地善良，各方进步，吉昌；东南边有房屋，幸福富足，事宜从事商业；北边有房屋，家宅一般，经济紧张，易生病，易失财；西北边有房屋，家宅沦落，不利；西边有房屋，不团结，不幸福，不利。

9.房屋背靠西北。

南边有房屋，利男主人，不利女主人，财运不济，需多行善布施，方能解除；东边有房屋，家宅和顺，冲长子及其他儿子；北边有房屋，离乡背井，钱财过手；东北边有房屋，富足安康，万事顺利，大吉昌；西北边有房屋，家庭时运昌盛，富足安康；就近有水源，利女人，财源广进，但需防口舌。

寺院的选址，一般选在原来已经有人聚居的村旁，以北边居多，地形平坦、空旷，建设过程中也经过选址、测地气、选吉日、建佛殿、树界碑、起僧舍、塑佛像、装修、绘画等一系列程序。当寺庙建成后，村子会慢慢围绕寺庙扩展，以致最后寺庙成为村庄的中心。除佛塔外，寺庙里面一般至少建有3座大建筑物，老挝语称为"阿弘"、"芯"、"古迪"。"阿弘"就是佛殿，是杆栏式房屋，屋顶较低，屋内设有精舍，供奉主佛像，信徒们常在节日期间在此礼佛。"芯"也称界碑，其房顶呈多层人字形，里面供奉佛像。"古迪"是一种高脚屋，里面一般很宽敞，隔成小房间后供僧侣居住，外人很少进入。无论寺庙规模大小，一般都有佛塔、"阿弘"、"芯"、"古迪"和菩提树等。从风水上来说，人们相信，寺庙里面种植的各类主要植物，如菩提树等，不宜在自家园中种植。

（二）乔迁习俗

乔迁新居是人们一生中重要的活动之一，为祈求新居人丁兴旺、家庭和美，人们一般会通过一定的仪式和活动来寄托自己美好的愿望。乔迁新居前，需要先做好一系列的准备，如：安置祭祀鬼神的祭台、挑选良辰吉日、准备食物、约好祈祷师、再给亲戚朋友传话等。安置祭祀鬼神的祭台，根据各地各民族的习惯不同也略有差异，一般家庭安置的祭台会分为两类，一类安置在院墙边的角落位置，用于祭祀屋鬼，还有一类是用芭蕉树皮等做成三角形的编织物，家里的长者会将这个物品插到墙边的篱笆或者杆子上，用于祭祀过路的鬼神。

到迁新居当天，主任在新房楼梯旁准备好一个大缸，盛满水以给客人上楼洗脚时用。然后分成两组，一组是两位老人，坐在楼梯正中央迎候，另一组有十几人（人数越多越好）肩挑背扛吃穿等日常用品，甚至抱着小猫小狗浩浩荡荡从远方而来。接近新房时，领头的便戴上一个大帽，背上一个挎包，挎包里装有金银、手镯、佛像、护身辟邪物件以及钉子、锤子、凿刀等。队伍并不急于上楼，而是先绕房子转圈，并由一位老人来逐一回答老者的各种问题。双方问答内容大致如下：

老者问：嗨，你们手提肩扛来自哪里？

队伍答：我们来自金银国，闻讯子女其新房，装满了草来齐帮衬，但求主人多清凉，身体健康无穷困。

老者问（声音温和下来）：安居乐业多逍遥，身体健康无穷困，请问何以来帮衬？

队伍答：一切什物，都已齐备。

老者问：黄皮斗笠手工布，都可曾拿来？

队伍答：都来了。

老者问：男女生活用具可曾拿来？

队伍答：男女生活用具都已拿来，布料、围巾、柴米油盐、刀叉枪矛、金银首饰都已齐备。

老者问：象马牛羊都来了吗？

队伍答：都来了。

老者问：吃的、喝的、香的、辣的都齐了吗？

队伍答：都齐了。

老者问：金网银篓都有了吗？

队伍答：都有了。

老者问：酒水、香烟和烤鱼都有了吗？

队伍答：都有了。

老者问完后就请众人上楼梯，问答仪式结束。领头的第一个上楼，用楼梯旁边的水洗好脚才进屋，其余人随后进入到房屋中央将物品放下。领头的通常为背着一个袋子的老人，这时候会拿出锤子和钉子，走到屋内的镇魂柱旁，选好一个地方钉好钉子，把挎包挂在钉子上，挎包要悬挂在钉子上七天七夜才能收起来。钉钉子的时候一般伴有祝词，即：

第一下，大铓锣；第二下，金子万（一万在这指12公斤）；第三下，满粮仓；第四下，有姬妾；第五下，大象至；第六下，浪子顺；第七下，老人健。

当老人钉好钉子后，主人拿着纯白的衣物去洗澡，之后在铺好的床上躺下，以祈求福寿安康，躺下后主人会用被子把头和脚蒙住，打呼噜假装睡觉。现场会让一人学鸡打鸣三声，将主人从梦中唤醒。做梦的说法一般有：

哎呀，昨晚梦见的尽是泥鳅啊！这个来拉着我的手臂上酒席，那个拿着蛋要往我嘴里喂，搞完活动，众人都走了，却梦见妹妹过来，抢着要我入睡房！

主人醒来后，老人会给主人唱祝词，大致如下：

诺，睡着有钱上千，做梦有钱上万，睡醒有钱上十万，打开手时得珍宝，霉运不得近，坏人不相干，亲朋好友来帮衬。

祝福仪式完成后，主人便邀请亲朋好友进行拴线祝福仪式，而后招待大伙吃喝、唱歌、跳舞，尽情联欢。

五、"行"相关习俗

"行"在这里主要指老挝民众社会生活及相关行为规范等内容，除了后面将介绍的"十二风"、"十四俗"、"三房四水"外，还有感恩、互助、集会、休整、供奉等习俗。

1. 沐浴感恩习俗

为感谢对自己有恩的人，如生身父母、亲戚朋友、受人爱戴的父母官、年长者等，人们往往要通过给他们泼水或沐浴的方式表达心意。主要有两种方式，一是准备好一个大桶或大缸，让恩人直接在里面洗浴；二是如新年节泼水时一样，把鲜花圣水轻轻地洒在恩人的身上。另外，老挝人有在清晨洗澡后才去上学或上班的习惯，除了显示礼仪和尊重外，也带有沐浴感恩的色彩。

2. 互助习俗

在自给自足的农业社会，由于物资缺乏，人力资源流通较少等缘故，聚居在一起的民众一般会流行互助的习俗。老挝熟语说："船行靠水，虎威靠林"，人不是孤立地生活在社会当中，也不可能总依靠一己之力来面对一切，因此，人们在需要寻求他人的帮助的同时，也要热情地给他人提供帮助。

在农忙时节，各家总有忙不过来的时候，往往需要求助于村里人，村里人也会积极协助，并尽量减轻对方的负担。以前，由于物质条件较差，前往帮忙的人总会带上一个饭篓，准备好一天的饭菜，不让主人家为自己操心，这也体现了老挝人热情无私的品质。

除了农忙外、造船、建房、结婚、举行丧葬仪式时也有互助的习俗。长期以来，这种团结互助精神也演变成为老挝社会的一种美好风俗。

3. 击鼓、敲钟和击铃习俗

击鼓、敲钟和击铃习俗在老挝民众，特别是佛教徒生活中具有十分重要的意义，由于佛教已经融入了老挝民众生产、生活的方方面面，在此仅作为普通习俗进行介绍。敲击这几样东西意味着村寨里有重要的活动或事件，如：礼佛、报时、火灾、暴乱、猛兽进村、召集会议、娱乐联欢等，其中，鼓的使用率最高，适用范围最广。

按种类来分，老挝的鼓有很多种，如：赛鼓、象脚鼓、乐鼓、双面鼓、手鼓等；按用途来分，有报时鼓、召集鼓、会议鼓、报险鼓等，其中报时用的贡德鼓（也叫五更鼓，凌晨四点击打，一般每月八次）、贡频鼓（也叫法鼓、大鼓，每天中午十一点整击打）、贡楞鼓（也叫晚儿鼓，下午四点击打的鼓）等。关于贡德鼓有一个传说：老人们常说，鼓声即佛音，如果鼓声消失就意味着佛音消散，如果佛音消散，厉鬼就会出来把人类和动物吃掉，现在厉鬼被绑住手脚、套住脖子压在一座山下，身体被长矛穿透，前胸后背各长一腕尺（老挝计量单位，指肘部到中指尖的长度，合0.5米），每七天击鼓一次，长矛就不会移动，但如果不按时击鼓，长矛就会往厉鬼的后背向外移动，如果有一两个月没有击鼓，长矛就会从厉鬼身体里面完全脱落，厉鬼就会出来把人类和动物都吃掉。一般来说，寺庙里面如果没有鼓会被认为是不完整的，但如果寺庙里实在没有鼓，也可以用大钟和大木铃替代；如果村里没有寺庙，没有法鼓、大钟和木钟，则可以用梆子代替击打，有的地方甚至使用废弃的轮胎钢圈替代。

白天是工作的时间，晚上是休息的时间，敲钟主要是为了提醒僧人和民众按时作息。在老挝，有的寺庙仅在入夏节期间敲钟，有的寺庙则每日敲钟，敲钟的时间大约是白天10点和凌晨3点，也就是老挝人所说的鸡叫两遍的时候。

击铃一般指的是敲击木制的牛颈铃，也称大木铎、木钟。入夏节期间，除了礼佛日（每月四天）和斋日（出家比丘每半月举行忏悔说戒的布萨仪式）外，每天四五点击铃，提醒民众起来沐浴洗漱，用高脚钵备好鲜花香烛前往寺庙听经礼佛。

4. 旱季休整习俗

进入旱季后，人们已基本完成稻谷的收割任务，大家常常聚集在村头或寺庙前的空地上，一起举行各种各样的活动以修养身心。如畅谈天下大事、讲民间故事、吹笙唱歌、举行各种佛事活动等，也有人会利用空闲时间进行纺线、搓绳子等轻体力劳动。旱季休整是一项传统的习俗，由于形式较为松散，主题不鲜明，加上现在城市化和商品化生产的推进，生活节奏越来越快，娱乐方式也越来越多，旱季休整的习俗在内容和形式上也逐渐有所改变。如，以前在旱季休整期间，村里的老人或长辈都会在村里聚会的时候给小孩子讲故事，每年在这个时候是小孩子最高兴的时候，因为在尽情嬉戏之余，听老人讲故事是很享受的一件事，但是现在电视媒体开始普及，单一的讲故事已经没有多大的吸引力了，听故事的场合逐渐变少甚至消失。

5. 准备高脚钵习俗

在老挝，当举办乔迁、开店、订婚、结婚、还愿、赎罪、续命、生日及各类吉祥如意的活动时，一般都会按照老挝传统习俗准备这类什物，其中高脚钵的准备就有一定的讲究，高脚钵一般为银质或金质，里面主要装有鲜花5种、叶子4种、干货3样、水果5至9种等等。其中，鲜花主要有牛角花、金盏花、栀子花、菊花等，叶子一般有金叶、银叶、牛角叶、香椿叶等，干货一般有豆、芝麻和谷子等，水果一般有蕉、甘蔗、橘子等。高脚钵准备好后，就按照传统习俗的要求服务于各种仪式和活动。

6. 供奉供品习俗

在老挝，供奉贡品的情况较多，有的敬屋神，有的敬祖先，都根据不同的需要按照传统习俗进行。在供奉供品的时候，老挝人会根据自身的生日来确定供奉贡品的方向和时间。根据老挝一些书籍记载，周日出生者，朝北供奉，吉时为

10：31—12：00；周一出生者，朝西南供奉，吉时为16：31—18：00；周二出生者，朝西供奉，吉时为09：01—10：30；周三出生者，朝西北供奉，吉时为09：01—11：00；周三晚上出生者，朝东供奉，吉时为16：31—18：00；周四出生者，朝东北供奉，吉时为17：01—22：00；周五出生者，朝东南供奉，吉时为13：31—15：00；周六出生者，朝北供奉，吉时为07：31—09：00。

第二节　婚姻习俗

老挝人把结婚视为一个人真正成熟，有能力走进社会独立生活的标志。结婚是人生的第三个重要阶段，排在出生、出家之后，因此老挝人非常重视结婚仪式，形式和程序比其他习俗复杂和烦琐。一般来说，根据婚后男女新人居住的形式来确定其婚姻形式，如果男随女居称为"维瓦哈勐昆"，中国俗称"倒插门"，而如果女随男居则称为"阿瓦哈勐昆"。

一、老族传统婚礼习俗和流程

老挝社会的婚姻习俗和流程大体相似，在此仅以老挝主体民族佬泰族群的婚姻习俗做介绍。佬族的婚礼，民间称为"安档"，含结婚晚会之意。婚礼以为新郎、新娘祝福、拴线为主要内容。每年10月到次年2月，是老挝农闲时分，也是气候宜人的时节，因此也是婚姻嫁娶的旺季。老挝人结婚一般分为恋爱、提亲、定亲和结婚等几个环节。主要如下：

1. 恋爱

老挝社会一般提倡自由恋爱，所以除少数情况听从父母之命外，大多数青年男女都会经过恋爱才步入婚姻的殿堂。男女青年从相识到相爱的形式有很多，如：唱歌、祭祀、节庆等。老挝的青年男女能歌善舞，有的人恋爱就是凭借自己优美的歌声去寻找意中人。一般他们会选择一个星月交辉的夜晚，斜倚在恋人门前的树下，凭着他们的歌声笛音，不仅能扣启楼上恋人的心扉，并且能吹软恋人父母的心肠。如果女方父母同意交往，常常会打开房门，或放下梯子，让其踏入自己女儿的房间，甚至会偷偷送上酒，再掩门出去。

另外，各种祭祀和节庆场合，也往往是男女青年们交际的场合。当大家聚集在一起时，他们常常载歌载舞，如：跳圆圈舞、对歌等。对歌时，女孩们围成一圈，圈内每个女郎面前跪一男青年，他们双手合掌，唱起情歌：

"喔，我的至爱，我一直魂牵梦萦，在梦中，你的眼睛比天上最亮的星星还亮，梦想着你莲藕般可爱的胳膊，梦想着你比藤还柔软的蛮腰，梦想你比湄公河流还多的秀发。我将永远地爱你。我有一座竹屋，一块田和一头牛。可能我还有一笔钱给你的父母聘下你。美丽的姑娘呦，你的影子日夜笼罩着我。来吧，我恳求你，让我们的生命联结在一起。"

女郎庄重地听着，当男的唱完时，她有时会这样回唱：

"啊，年轻人，谢谢你选择我做你的爱侣，但是我不能爱你。你的鼻子太长，你的嘴太宽，你的耳朵像一把扇子，你的眼睛像蝙蝠的眼睛，你的举动像我最怕的猩猩。我将嫁给勇敢而帅气的小伙，绝不会和你结婚。我已经祷告佛祖，请他给我一个好丈夫，我相信他不久就会替我找到。"

男的听了一点儿也不会生气，他很有礼貌地向姑娘致谢，然后到另一个姑娘面前，继续碰他的运气。并非所有的姑娘都拒绝他，最后有一个姑娘和着他唱：

"撒图！你正是我向佛祷告以后所等待的人，我的父母有两头牛，两间房子和三块地。我一见到你就心动，请你去找我的父母，告诉他们你的名字，你父母叫什么，你和你的父母共有多少财产，你有多少兄弟姐妹。我相信他们一定会接受你做他们的女婿。"

唱到最后，每个人都会找到一个合意的终身侣伴，然后成双成对地散开。有的去灌木丛中，有的去馨香花下。

2. 提亲

提亲分为两种情况，一种是男女之间并不认识，而由家长之间经媒人认识，在中国也称父母之命；另一种是男女双方早就认识，而且可能已经相爱。一般来说，如果男方想与每位女子结婚时，男方就会请家里的老人和父母等长辈前往女方家提亲，如果女方同意，双方家长就可以商量定亲和结婚的细节了。

3. 定亲

定亲一般发生在提亲后，但有时候也会在提亲后马上进行，并不另外定日子。佬族用于结婚的花费很大，一般男方首先要在定亲是付给女家"奶水钱"和彩礼，以银元或银锭折算支付。

以前，娶一个普通姑娘至少要付8条银锭，折合60多个银元。婚礼一般在女方家举行，所有费用也由女方承担，花费更大。结婚时要杀猪宰牛，少则数头，多则10余头，还有许多鸡鸭等，贺喜者们欢聚一堂，几天几夜，尽情吃喝。结婚3天后，新郎会带着新娘回到自己家中，再办一次由男方家主持的婚礼，婚事才算办好。佬族社会离婚现象很少。因为离婚要划分财产、归还彩礼、嫁妆，孩子要分开抚养等等，他们认为这样会使问题复杂化。

4. 建房

建房没有严格规定，可在定亲前或定亲后进行，一般由男方先到女方家来建房，建好后再离开，等结婚后再入住。

5. 婚礼

老龙族在举办婚礼前会挑个良辰吉日作为举办婚礼的日子，日子一般是根据风俗习惯来选定，有的看日历，有的由家里的长辈或寺庙里的和尚根据新郎新娘的生辰八字来确定他俩结婚的日子。老挝的婚礼一般有三个内容，即：迎亲、拴线、婚宴。具体如下：

（1）迎亲

在婚礼即将举行的几天里，男女按照传统习俗会避免见面。婚礼一般要办两天两夜，第一天是"热身礼"，也就是婚礼前一。在第一天里，新郎新娘及家人会在各自的家中为第二天的大喜日子作精心准备，特别是女方不能有半点马虎，必须要确保布匹、筒裙、上衣、枕席，这些用于结婚时敬献给男方父母或家族长的物品的齐备。全家人还会忙着打扫装扮房间，同时会准备各种食物，小孩子们会准备好金线、银线作为用来考验新郎的"三重门"，即金门、银门、钱门，老人们也为婚礼准备花盘、丝线、蜡烛、现金等拴线用的物件。这些都寓意富裕的生活和完美的爱情。当天，新郎家的亲朋好友还会聚集在一起，到新郎的住处（一般年轻男女成年后喜欢单独居住，除非家庭条件不允许）举办晚宴，庆祝新郎结束单身，为新郎举行拴线仪式进行祝福，同时载歌载舞，热闹非凡。

第二天才是真正的婚礼，婚礼当天男女双方须先在自家举行拴线祝福仪式，如果是早晨举行仪式，则不能超过5点，特别忌讳太阳落山后举行。早晨，新郎沐浴后开始打扮，穿上老挝传统的礼服，带上金项链和所有的黄金饰物（饰物的品质由家庭情况决定），然后背上纯银和宝石装饰的长剑、挎包等，父母会准备好高脚钵，高脚钵为老挝人举行活动时盛放物品的礼器，材质视家庭财力决定，一般为黄金、纯银、锡、铝等。新郎装束完毕，向父母行过礼，就在家人和好友的簇拥上坐上花车，向新娘家进发，准备"上门"。车子开到离新娘家不远处时，所有人必须下车，步行向新娘家走去。一路上，新郎手持花束，身后跟着一个未婚的男伴帮忙撑伞，旁边是父母及亲人，抱着用丝绸包裹好的高脚钵，朋友们走在后面，同时有专门的民间说唱艺人一路上敲锣打鼓，边唱边走。由于信奉佛教，迎亲队伍还会按照事先请和尚算过的数量，沿途特意经过庙宇，以求得到福分。

迎亲队伍到新娘家门前，不能马上进家门，而是要派老者先"叫门"，以表达男方对女方的真心。按照传统，成婚仪式在新娘家举行，届时要杀猪、杀鸡（有的人家还宰牛），备办丰盛的酒席宴请亲朋好友和本寨父老乡亲。举行婚礼之日，在新娘家堂屋内设置"帕宽"（直译为魂桌），摆上一至三张蒌桌，用芭蕉叶铺面，上摆煮熟的雌雄子鸡一对，雌雄子鸡需用傣语称为"索累东"的芭蕉叶做成的叶帽罩盖。桌上还有用芭蕉叶盛装的糯米饭以及米酒、舂盐棒、食盐、芭蕉、红布、白布、白线等物。作好举行婚礼的准备后，新娘的女友，要陪伴新娘梳洗打扮，等待新郎登门。按照习俗，新郎"过关斩将"一路一边拜一边发红包，闹了好久才进到礼堂。进了礼堂第一件事情，就是向主持仪式的长辈和女方家属行礼，然后跪坐在礼堂中央的用鲜花做成的、巨大的花树低下，等待新娘下楼举行仪式。

（2）拴线仪式

进门后，证婚人先拿出允许结婚的正式文件，出示结婚证书，然后便开始举行拴线仪式和感恩仪式。

拴线仪式是老挝人婚礼的主要活动之一，与一般拴线仪式大同小异，唯一不同的是接受拴线的新郎新娘必须按照传统习俗穿戴整齐。婚礼前新郎新娘要先到佛寺拜佛听经，然后新郎还要把手举在佛寺点燃的蜡烛上，才能在女方家举行拴线仪式。关于拴线的来历，传说颇多，其中有一个传说就与婚姻有关。

很久以前，有一位年幼的公主，有一天，她问宫中一个年少的奴仆："你知道我长大以后会嫁给谁吗？"奴仆张口便答："我就是你未来的丈夫。"公主很生气，将手中小刀扔向仆人，刀割破了仆人的额头，仆人也因此而被赶出王宫。多年后，经过几番周折，那个仆人成为另一个王国的国王，并且与原来所在的那个王国进行联姻。在举行婚礼当日，公主发现新郎额头上的伤疤，知道他就是当年被她用刀子划伤的仆人，悔恨万分。她当即表示："愿与丈夫心相印、魂相依，永不分离。"并拿起一缕白线将两人的手拴在一起，表示永不分离。从此便有了结婚拴线的风俗。

仪式开始时，主婚人端坐在"帕宽"后的正中位置，长者围桌而坐，一对新人按男右女左的位置面对主婚人而跪，亲友围于两旁。先是礼宾依次揭开蒙在礼器上的白色丝绸，露出里面金银材质的礼钵，然后新郎父母当着众人的面，按习俗将礼金放到金质的高脚钵里。按照老挝传统，结婚时，男方需要向女方家里支付彩礼和"赎金"，因此在老挝婚礼的花费是很大的。双方父母交换完礼物后，主持婚礼的长者开始诵读经文、念祝福词。坐在"帕宽"跟前的人伸出右手搭在桌上，静听主婚人念诵祝词。主婚人揭去盖在食物上的叶帽，先为新郎、新娘祝福："今天是个美好、吉祥的日子，现在是一天中最好的时辰，你俩恩恩爱爱结成夫妻，金凤与铜凤结成一对，日子会幸福美好，愿生子会得子，盼生女会得女，祝福你们幸福美满，永不离分。"主婚人念完祝词以后，新郎、新娘各在桌上揪下一团糯米饭，蘸点米酒、食盐、春盐捧、芭蕉后摆在桌前。

一般在拴线仪式正式开始前，男方要提前安排四名未婚女子抬着盛有槟榔的盘子，由家族长老和亲友护送到女方家；女方由本家族长老出面收下槟榔盘，把它供在屋中魂柱前，然后由男方家族长老核收结婚费用，当面交接清楚。仪式开始时，主婚人拿起一条长长的白线，从左至右缠在新娘、新郎的肩背，将白线两端搭在"帕宽"之上，表示将一对新人的心拴在一起。然后再拿两缕白线，分别缠在新郎、新娘的手腕上，祝愿新婚夫妇百年好合，无灾无难。在座的长者也各拿两缕白线，分别拴在新郎、新娘手上，边拴线，边念些祝愿词。整个仪式的过程很庄重，耗时也长，往往要持续一个上午，而期间所有的人都需要按照习俗跪坐，老挝人不会觉得有丝毫的不适。

拴线仪式结束时，女方把预先备好的"孝敬品"献给男方父母和家族长老。感恩仪式是婚礼上的一项重要程序，过程也非常复杂，新郎新娘要感谢双方父母养育之恩，双方家长要宣讲老挝的"十二风"、"十四俗"，强调夫妻互敬之德，提醒双方尊敬老人。礼毕，男子先返回自己家中，过了一定时辰，再由本家族长老率众将他送到女方家入洞房。

新婚男女入洞房前，要由从未离异且出身又好的一对老夫妻先入房铺床，并象征性地上床睡一下，而后再分别手牵新婚男女进房，女子在前，男子随后。关上房门，过一定时间再打开房门，新婚男女到洞房外坐定。这时候，一般由男方家族长先开口，表示从今往后将该男子托付给女方，请女方家族长把他视为自己的儿子，如有做得不妥的地方，要像对待亲生儿子一样进行教诲。

（3）婚宴

一系列礼仪之后，主人宴请宾客，新婚男女要双双走到每位客人面前斟酒敬客。老挝人很注重辈分和地位，婚礼晚宴现场的座位都是有严格安排的，设有超级VIP、VIP和一般座位。客人到齐后，主持人宣布仪式开始，首先是长辈致辞，一般来说都会请家族里最德高望重的人开场，如果来宾里有重要领导，那么就先从领导开始。致辞结束后，主持人开始讲述新人之间的浪漫爱情经历等等。之后，乐队开始演奏，新人会起头领舞，然后新人家属及重要来宾纷纷跟上，一起跳老挝传统的南旺舞。南旺舞十分悠婉舒展而柔和，随着慢三或慢四的节拍，手腕、手掌随着节拍上下左右翻转，步伐则随着队前行或退行，需要男女双方默契配合，这种慢节拍的二人转般的舞曲，由于人数众多常常将婚礼晚会一次又一次推向高潮。

目前老挝开始流行到酒楼去办"现代婚礼"，如在酒楼举办婚礼，一般在婚礼举办前定好场馆，然后在婚礼当天下午到酒楼做准备，到了晚上7点半或8点时客人就陆续到来。新郎新娘和家人会在酒楼门口接待客人，给客人倒喜酒。接下来新娘后面会跟进来一长队小孩儿，他们是给客人送喜品的，如蜡烛、蜡香、糖果、玫瑰叶，还有一张张的"情词"等。

晚上8时或9时婚礼开始，两家的长辈上台讲话，给新郎新娘念"情词"，并向他们祝福。接下来新郎新娘也上台讲话，感谢所有祝福他们的亲人和朋友，然后请客人们就餐。大部分的现代婚礼是自助餐，所以同时也举行舞会。舞会的形式大同小异，先是男女双方家人和新郎新娘上来带领跳圆圈舞，表示团圆。人们除了跳老挝的传统民歌舞、土蜂舞外，还有恰恰舞、桑巴舞、伦巴舞等。在仪式结束之后婚礼宣告礼成。

二、老挝其他各族群的婚姻习俗

（一）老佤族的婚姻

老佤和其他老听族系各民族的婚姻观念与老族不同，他们实行一夫多妻制，因为老佤族和佧族认为娶妻可以增加劳动力，不必像老族那样实行一夫一妻制。

为了种更多的田，他们便娶上几个妻子，尽管娶妻容易，但佤族离婚的现象并不多。

老佤族人能歌善舞，男女青年很善于用短笛来相互表达爱慕之情。父母对子女的恋爱从不干涉，任由他们自由交往，而且还给予支持，因为他们认为男子向女性求爱是正常之交。小伙子来到姑娘家时，女方父母便为他们提供方便，让女儿到屋前同恋人约会，有时也可以到林中或河边交谈，但不得偷吃禁果。因为佤族人认为，婚前若有了性行为，会遭到鬼的惩罚。如果发生了这样的事情，就要杀鸡宰鸭祭鬼以求得宽恕。当然，这样也就等于宣布，两人已结为夫妻。老佤族的男女青年可以自由恋爱，但如果结婚，则要由男方请媒人向女方父母求婚，得到同意后才择良辰吉日结婚。结婚仪式在男方家举行，成婚的日子和仪式往往是男女双方请村里长者决定的，届时要大宴亲朋好友。如果暂时无钱举行婚礼，也可同居在前，婚礼在后，待有钱时再举行这一仪式。有的佤族人甚至有了孩子后才举行婚礼。结婚时男方要给女方彩礼，多少由双方老人商量决定，不同的是，男方不用马上给这些彩礼，只是在男方要抛弃妻子时才兑现。反之，妻子如果与他人通奸，就要向男方支付议定好的彩礼。

结婚后居住在何处要视情况而定。在该族的某些支系，如果丈夫是长子，两口子就要到男方家生活；如果妻子是长女，则要到女方家生活。如果两人都是老大而且年龄相当，可以到较富裕的一方家里生活。

多数部落实行一夫一妻制，但婚礼形式简单，结婚时只需杀一头白毛水牛和一头黑毛水牛，请众人吃喝一餐，就可同居。

（二）苗瑶语族的婚姻

1. 苗族

老挝蒙（苗）族的婚姻有求亲、抢婚和私奔三种形式。

苗族求亲的方式是，青年自由恋爱，到一定程度后，男方父母便请媒公前去求亲。男子如果看上了某个姑娘也可托人求亲，经女方家长同意后，双方便商定彩礼数目和结婚日期。在女方家举行婚礼后，新郎便带新娘一起回家，在男方家还要宴请亲友。婚后三天，新婚夫妇要前去拜见新娘的父母。之后，夫妻到新郎家定居。

苗族过去盛行抢婚，现在这种习俗已逐渐减少。男方抢婚要作一番策划。抢婚前，男方先对姑娘经常走过的地方进行细心观察，选好地点后，邀亲友数人在那个地点守候，当姑娘一个人走过此地时便将其抢回家中。三天后男方便携彩礼同姑娘一起到女方家探望，女方父母一看事已至此，只好同意。如果女方及其亲朋发现了抢婚意图并及时追上，不但可将姑娘解救回家，还可以白揍小伙子一顿。这时的小伙子不但事情没办成，而且被打也不能还手，甚至还要掏钱赔礼。

私奔则是男女相爱，但家长不同意，或因男方出不起彩礼无法结婚而采取的方式。一对恋人逃到某处躲起来，或者姑娘偷偷住进男家，然后再通知家长。姑娘父母看到生米已煮成熟饭，又怕此事传出去丢人，只能承认这桩婚事。

该族实行族内通婚，但要先弄清亲缘关系的远近，绝对禁止同姓之间通婚。逢年过节时，老挝苗族全村男女老少会到另一氏族的村寨去做客，这就给了男女青年一个相互认识、了解和熟悉的好机会。双方认识后，相互便经常来往，情投意合者就确定了恋爱关系。

苗族婚礼也要举行拴线仪式，新郎和新娘还要交换银项圈，双方家庭相互宴请和赠送礼物。他们用这种联姻来密切氏族之间的关系。苗族夫妻很少离婚，以免因此造成氏族之间的不和。如果发生矛盾，男女双方的家庭和氏族成员都会尽力帮助他们重归于好。当然也因此产生了婚姻名存实亡，以照顾大局的现象。

老挝苗族可以一夫多妻，一般大老婆会被尊为"主妇"，地位高于其他妻子。主妇和其他妻子之间很少因为丈夫和妻子们同居一室而发生矛盾，因为他们认为这是正常的事情。随着老挝经济社会的发展，苗族群众的思想观念也有所改变，一夫多妻的现象逐渐减少。

2. 瑶族

瑶族的婚姻形式分为两种：父母包办和自由恋爱。父母包办的婚姻又有两种情况，一种是孩童时代父母定的亲，长大后结合；另一种是父母在儿子长大成人后，发现有适合的姑娘后，就托媒人去姑娘家提亲，私下为其定下婚事。姑娘母亲如果也满意对方，认为条件可以就会把姑娘的生辰八字告诉对方。当然，这样还不能算缔结了婚约。男方家还须请人算命，双方八字相合时，男方便送去信物，定下婚约，然后选择佳日操办婚事。自由婚姻一般是通过对歌等活动来完成的。先是男女集体对歌，再到单独对唱和交谈，若双方情投意合，就互赠信物，定下终身。不过，这只能说是自由恋爱，还不能是自由婚姻，因为还受到包办婚姻的一定影响。自由恋爱到自由婚姻，必须经过三个阶段：自由恋爱择佳偶，媒妁之言定婚约，双方父母同意后方可结为夫妻。随着社会的发展，瑶族青年已越来越多地起来反抗包办婚姻，转而实行自由婚姻。另外，瑶族实行的是一夫一妻制，而且一般不与其他民族通婚。

老挝瑶族在男方兄弟众多、父母无力支付聘金，女方家缺乏男劳动力等情况下，也会采取上门入赘的婚姻形式。入赘的仪式是，女方派人到男方家迎亲，而且要付身价银、彩礼银等给男方，男方则不赔"嫁妆"。也有一些瑶族支系的入赘婚礼是在男方家里举行的，婚后新郎到女方家居住两年或更长时间。

老挝汉藏语族的俫族男女从小就由父母代为定亲，结婚后女子即住夫家，服侍公婆。俫族实行一夫一妻制，并有姑舅表亲优先婚的传统习俗，其婚姻形式多为包办婚姻。

3. 孟—高棉语族

孟高棉语族中，德里族和达维族的婚俗比较特殊。以德里族为例，德里族青年可以自由地恋爱，坠入情网的两个年轻人先要通过自己的朋友告诉男方的家长，同意后，才派去媒人征询女方家长的意见。女方家长同意后，男方先祭祀自己的房神告知此事，然后准备嫁妆拿去送给女方的大舅，男方一般要送的东西有牛、猪、鸡、铜锣、铜鼓、碗、碟等。女方则准备酒、米饭、糖果等举办婚礼需要吃的东西。待到一切妥当，就可以择吉日举行婚礼。举行婚礼的地方不在男方家，也不在女方家，而是男女双方的亲戚都到大舅家去，在那儿举办婚礼。婚礼中，大舅祝福之外，特别要告诫新郎今后应该勤快诚实，同自己的老婆相亲相爱。

在德里族社会，结婚的年龄是13岁左右。男子多妻是允许的。比如一个男人想娶第二个妻子，他只要送给大舅一头牛和一些钱，他就会被允许娶第二个妻子。结婚后女方要住到男方家去。如果女方在婚后做错了事，首先要教育她，教育无效，就可以送回给大舅，即要求离婚。离婚的事时有发生，女方要把所有男方送给的嫁妆如数还给男方。在家庭生活中，男人决定一切事务。德里族还有继承妻子的习俗，如果丈夫死去，丈夫的哥哥、弟弟甚至父亲都可以继承其妻子。

从这些现象可以看出，德里族社会是一个男性地位高于女性的社会。

孟高棉语族还有一个比较特殊的习俗就是朋族要办两次婚礼。一般给女方的聘礼是银条五根、水牛一头、猪六口。结婚后，男的住到女方家，一年后，要再举办一次小规模的婚礼才能出女方家。

三、老挝婚姻生活的特点

老挝是个传统农业国家，地多人少，很多地方适宜农业生产，再加上相对比较封闭的地理环境，所以总体上来说，尽管老挝历史上发生过战争，但由于中央专制集权程度较低，老挝人历来过着温饱有余、与世无争的悠闲日子。老挝男人，特别是实行"倒插门"的家庭中，其重要性仅仅体现在耕种土地、驯养大象、砍伐森林等重体力活上，历来不喜欢从事商业活动，很多时候显得无所事事。而妇女们处农事劳作和家务劳动外，还会织布和从事一些小买卖，收入要比男人高，所以从感觉上来说，尽管老挝妇女的社会地位不一定高于男人，但家庭地位普遍高于男人。特别是在广大农村甚至还有着母系社会的特征。"倒插门"在老挝非常普遍，一般在男方家里兄弟众多、难以支付女方聘金，或女方家庭缺乏劳动力的情况下都实行"倒插门"婚姻。女方家如果全是女儿的话，男方就必须主动"倒插门"，以便有人干活和传宗接代。当然，结婚后，上门女婿和儿子一样平起平坐，可以与自己的妻子一起继承岳父母的全部家产。入赘为婚的老挝男子在妻子死后可以再婚，而且可以和子女在岳父家继续生活。如果还没有子女，则由女家出资为他另娶媳妇，由此从女婿变成了"儿子"。老听族还有个习俗：若妻子是长女，丈夫必须要到女方家入赘，如果二人都排行老大，双方家庭就要经过协商来确定，一般态度强硬或较为富有的一方拥有娶妻或招婿的选择权。

根据老挝的传统，小女儿有继承家产的权利。家庭的不动产一般由最小的孩子继承，很多时候又往往由小女儿继承。因此许多人愿意登门成为女方家的"上门女婿"。另外，由于地广人稀，妇女的生育能力历来受到社会的高度重视。每一个人丁兴旺的家庭，每一位儿孙满堂的老奶奶，在老挝都是被人羡慕的对象。在老挝妇女是真正的家庭"主"妇，无论在内在外，而且在一般老挝家庭中妇女的经济、社会地位都要比男人高。

四、老挝婚俗现状

老挝的家庭，尤其是夫妻之间一般都比较和睦，整个民族普遍具有随和、谦恭、善良的特质。这就与自古流传并沿袭下来的"倒插门"习俗和夫妻双方义务划分有关，如：作为丈夫，要尊重妻子，不轻视妻子，不得对妻子有二心，把财政大权交给妻子等；作为妻子操持好家务，要关心家庭成员，忠于丈夫，对家里的一切家事不能懈怠；还要求夫妻不得将家丑外扬，不得将外边的恶语带回家，要孝敬双方父母及长辈等等。目前，老挝也有人开始在酒店、教堂等地方举办婚礼，其婚礼的举办形式也多向西方靠拢，如派发喜帖、婚礼食物、婚礼的流程等都发生了改变，以前婚礼上必备的传统食物，现在也大都变为自助餐式的食物。此外，"倒插门"的婚姻形式开始有所变化，在老挝新一代的年轻人中，有很多的年轻人离开了自己的家乡，来到城市工作和生活，老挝的传统婚礼也由于生活环境的改变而有所改变。有些年轻人选择了跨国婚姻，对传统习俗的传承和保护来说是一种考验。

五、三房四水——老挝式三从四德

老挝人都崇尚恋爱自由，但是平常在生活中的习俗和禁忌也很注意。过去，在联姻时一般讲究门当户对，如果双方身份和家庭不符时，一般会受到家族直接或间接地反对和阻挠，比如提出高额彩礼以使人望而却步等。老挝家庭中的男女地位有所不同，一般来说，妇女在社会和家庭中的地位较低，但由于妇女比较勤劳，而且承担着照顾家中老小的任务，因此多数都掌握着家里的经济大权，在经济上的地位反而较高。婚姻关系到自己生活的幸福美满，每个人都希望找到一个好的对象，这在择偶标准上就可以体现出来。一般来说，择偶时对男子的要求是身体好、无残疾、讲道德、有知识、行为端正、尊重法律和遵守风俗等。而对女子的要求则除了以上对男子的要求以外，还要求贤惠勤劳，能操持家务，特别是要遵守"三房四水"。所谓"三房"就是卧房、厨房和发房，具体要求是：卧房要保持清洁美观，女子要学会收拾房内的器物；厨房要整洁有序，女子要会做饭并保障饮食卫生；发房要守风合俗，女子要服饰传统并懂得梳理头发，举止得宜，保持形象和魅力。所谓"四水"就是心水（即心地）、饮用水、日用水和石灰水，具体要求是：心水一定要善良仁慈、宽容豁达、诚实守信，不伤风败德；饮用水要常备不缺，以便人畜饮用和招待客人；日用水要勤换勤用，涮洗及时以保持清洁卫生；石灰水要常年有水，方便准备槟榔招待客人。

第三节　生育习俗

老挝人一般把出生、出家、婚姻和丧葬四个方面的文化生活视为最贴近生活、最能体现老挝基本文化内涵的部分，在生和育方面，老挝主要有坐月子、拜干亲和算命等习俗。

一、坐月子习俗

由于经济社会发展滞后，老挝的医疗条件有限，新生儿死亡率较高，如何保障新生儿和产妇的生命安全成了老挝社会非常重视的问题。一般来说，自从妇女怀孕时起，孕妇就会得到比较细心的照顾，较少或暂停从事繁重的体力劳动。

妇女生产后，若是头胎要坐30天的月子，如果是二胎、三胎等则可根据个人身体状况适当减少坐月子的时间，可分别减少到25天和20天左右。在老挝，人们认为不管天气炎热与否，在产妇和新生儿的周围都要用火炭生火，并且要求全天烘烤，饮用水和洗澡水也必须是温热的。

按传统习俗要求，老挝人坐月子时需举办坐月子的仪式，在坐月子开始和结束时都有专门的仪式。新生儿出生后，家人要请僧人或祈祷师主持驱邪仪式，驱除威胁母婴生命安全的各路鬼魅。月子结束时，要给母婴举行拴线仪式，宣告母婴的健康和顺利。

产妇坐月子期间，也有很多禁忌，如：不得在产妇房间内吵架、滋事，不得动用产妇的饮用水，不得使用给母婴烘烧的炭火点烟等。在坐月子期间，如果产妇产生怕鬼心理，需要大家彻夜轮流守护，一般会有亲朋好友相约到产妇家中探望，并搞一些合适的娱乐活动，这不仅反映出婆罗门教和佛教对老挝民族的深远影响，也反映了老挝社会对自然神秘力量的敬畏心理。

当然，坐月子的习俗也不是一成不变的，譬如，现在在老挝很多地方坐月子的时间有所改变，大多根据个人和家庭实际情况确定，有的妇女生产后，只坐大约7天到半个月的月子。而坐月子期间来看望的朋友都会搞一些比较小的赌博游戏，在游戏取胜后，胜利者一般会将自己赢来的部分或全部钱放在一个指定的钱篓里面，寓意健康吉祥，同时也为了帮助生育家庭减轻经济负担。另外，产妇和新生儿烤火的习俗也有所改变，甚至有的家庭已经不再遵循。

除此之外，由于文化风俗的差异，有部分民族有着特殊的生育习俗，如孟高棉语族中的达维族，其生育习俗就很特别。达维族是一个老挝和越南的跨境民族，主要分布在老挝南部与越南搭界的沙湾拿吉省、沙拉湾省、色贡省和占巴色省。以前，达维族人认为一个女人要自己生孩子，不能让别人帮助，产妇只能到村子附近的森林里生孩子，并且靠自己为小孩子割脐带，自己照管刚生出的孩子。如果产妇能够顺利生下孩子，仅休息几天就要背着小孩下地干活了。这种近乎折磨的习俗让达维族妇女在生小孩时面临着生命危险，小孩的出生死亡率很高。随着经济社会的发展，生活水平的改善，达维族群众的思想也逐渐改变，产妇自生自灭的情况已经非常少见。

另外一个民族德里族，也有着严格的生育禁忌。怀孕期间，丈夫和妻子都有所忌讳，孕妇要多做些活计，以防难产。孕妇不能吃芭蕉、猪肉、牛肉，以防生出怪胎。丈夫在妻子有孕期间不能杀任何动物以防止婴儿畸形。孕妇不能在屋里生小孩，要到林子中去生。现在，有些地方由其丈夫在屋外另搭小屋让妻子生产。小孩出生三天后，先祭祀屋神，母子才能回屋。这头三天，产妇只能吃米饭和盐，不能吃其他东西。三天后，就不再忌口。

二、拜干亲

拜干亲，在中国亦称"打老契"、"认干娘"，是一种流行于中国各地的民间育儿习俗。一般指民间独生子女，体弱多病的小儿，数胎夭折后之新生儿，老年得子，为求其健康成长，父母便将其"认"给人丁兴旺之家做"干儿子"、"干闺女"。

拜干亲在老挝并没有太多的讲究，有时纯粹只是为了拉近彼此的距离。"拜干亲"这种习俗，在不同的地区、不同的民族有着不同的表现形式，但仍有一些共同之处，那就是：目的相同，都是为了让小孩好养和顺利成长；起因相似，都带有较为浓厚的迷信色彩；情感一致，都富有极为浓烈的人情味道。

老挝人的拜干亲习俗并不单纯属于育儿习俗，可归为人情与育儿习俗混合类。老挝人非常温和、善良，注意礼貌，除注重谦恭自检、与人为善外，还流行拜干亲的风俗。一般来说，为表示亲密，当遇见熟悉或不熟悉的人时都可以根据年龄大小来选择亲密一些的称呼，如遇见长辈可称为爷爷、奶奶、大爷、大娘、爸爸、妈妈、叔叔、阿姨等，与自己同辈且估计年龄比自己大的可称为大哥、大姐等，年龄比自己小的可称为弟弟、妹妹等。而在国家机关或军队中以前流行的"同志"等称呼也逐渐消失，一般可以按照年龄来称呼。而如果是熟悉的人们之间，有时候为了拉近彼此之间的感情，老挝人也会通过举行穿线仪式的方式互认干亲，如认干爹、干妈、干儿子、干女儿等。

三、算命习俗

在老挝，民间信仰和习俗有很多种，其中就包括算命。要算命的情况有很多种，如小孩出生、起名、入学、升学、结婚、出行、参加工作等，都可能涉及算命的环节。老挝算命时和中国做法相似，大概是将个人出生信息告知算命先生或卜卦师，然后算命先生会根据各种典籍和资料，参照相关人身体各个部位的信息给出一定的推断。以《香茗》为例，《香茗》是老挝澜沧王国分裂为三个国家期间流传最广的一部著名故事集。在该故事中，"占卜师"这个词出现过多次，"算命"这个词也出现过数次。这一方面说明占卜师这一职业的普遍存在，另一方面也表明占卜术的广为流行。也就是说，《香茗》故事的创作者乃至当时的整个社会对占卜术是比较相信的，或者说至少是能够理解和接受的。《香茗》中提到占卜师和算命的故事有数则，如第一章《勐塔瓦拉瓦蒂》、第三章《陶坎进宫》、第十五章《香茗给住持看相》等。《勐塔瓦拉瓦蒂》故事中，老国王在王后生下儿子后就请来了占卜师给自己王子算命、起名，故事说到："王后生下一个儿子，模样可爱，作为父母，国王和王后就按照风俗请来占卜师给自己的儿子算命并起一个吉祥的名字。在经过一番推算后，占卜师禀报道：尊敬的国王，王子的命运极好，长大定能继承陛下的王位，让百姓安居乐业。但是小时候非常难养，陛下最好再找一个同年同月同日同时出生的男孩来一起养，当王子年满十四岁时定可继承陛下的王位。"故事中关于占卜师所说的"当王子年满十四岁时定可继承陛下的王位。"在第三章的《陶坎进宫》中得到验证，小王子顺利继位，与香茗相处甚笃。而"小时候非常难养，陛下最好再找一个同年同月同日同时出生的男孩来一起养"则在第三十一章《香茗吃国王的断肠药》中得到了验证，即应验了国王所说的"同生同死共命运"的断言。

在老挝，人们算命的范围和参照物很广。根据老挝星相学和相关书记记载，老挝人算命的参照物主要有：生辰八字，包括出生年、属相、月、日、星期、上中下旬、时辰、星座等；身体部位，包括面相、手相、体型等；言行举止，有一些研究较深的卜算师除了按照书本上的知识来算命外，还会根据算命人的穿着、气质、声音、站立、行走、坐姿等来综合评定一个人的命运。

第四节　丧葬习俗

老挝各民族的丧葬方式差异较大，有土葬，也有火葬，甚至还有"鸟葬"。佬族主要实行火葬。

一、丧葬习俗

由于佬族人大多是佛教信徒，认为人死是脱离苦海，所以，对有人去世并不感到十分悲哀，即使是因亲人死而悲痛也要尽量避开外人，因为人们认为，眼泪和痛哭会影响死者走向新的托生，可能成为他达到涅槃的不可逾越的障碍。有的地方葬礼举行得甚至比婚礼还要隆重。停灵期间，附近居民则聚集在丧家，歌舞宴饮，有些还放映电影。人死后用香汤沐浴换上新衣，将死者的双手拴在胸前作合十状，死者的双脚也被拴在一起，最后用大幅白布将尸体裹好放入棺内，停在屋中。与此同时，要请高僧前来诵经和通知亲友，并与长者商定出殡火化的具体日期。自火化之日起，死者的亲属要连续三天请僧侣诵经，第三天举行较大的宗教活动，有诵经、布施、斋僧等。并为死者亲属举行拴线祝福仪式，然后去火化场收取骨灰。骨灰一般存放在佛寺中，富裕人家会在佛寺中捐钱单独建一座舍利塔，以存放亲人的骨灰。

泰族支系人的葬礼因姓氏不同形式也不一样。资料显示，梁姓泰族则是在死者出殡前以生猪祭拜。韦姓祭祀死者最典型的做法，是在入棺时由该氏族的长者用大竹扇向死者猛力一扇，把点燃在尸体旁的蜡烛扇灭后才盖棺，算是完成对死者最后的祭祀。总的来说，泰族对丧葬活动看得很重，村里死了人，各家至少要派一人前去守灵。停尸屋内的时间长短视主人家的富裕程度而定，有些停7—15天甚至更长的时间。在此期间，主人家负责前来守灵和料理丧事者的食宿，其花费也是相当可观的。泰族的出殡仪式与佬族不同。泰族死者出殡时棺材不能从屋前的正门抬出，只能拆掉屋后的墙壁，新架屋梯，从屋后抬下去。死者的子女、丈夫或妻子都不能送葬，其他妇女和儿童更是躲得远远的。泰族多举行土葬。有些地区的泰族常把木制阳具放在成年未婚女性尸体旁一同下葬，而对于未婚的成年男性，则精心刻制一个别致的女性生殖器放在他的棺内，以让他或她不要为未婚而感到遗憾。据说，如果不这样做，死者灵魂就永远无法升天，总会来骚扰村中的异性青年，使死者生前的异性朋友或恋人终日不得安宁。

以前，孟高棉语族的各民族在人去世后多数采用"鸟葬（天葬）"，将尸体装入棺木后，弃置山野，不加掩埋。丧家财产夫妻平分，应归死者的财物，则放在棺木附近；应归死者的牲畜家禽，则放生山林，听其自便。

德里族人去世后，人们要举行三天的葬礼，这三天时间里，死者的亲属要不停地哭，鼓锣要不停地敲。德里族相信人的灵魂不死，去世了的祖先以及兄弟姐妹都要祭祀，他们还信仰天神、谷神。每一个家庭里祭供数量不等的神灵，全村则都祭祀一个叫做"妈哈萨"的村神。但是，移居出山林到平地上建村立寨的德里族则向佬泰族群学习，信仰佛教，在新建的村子里修起了寺庙，供养和尚，每日念佛不辍。

老佤及其支系人死后大多实行石葬。人死后装尸入棺，葬在事先选好的地方。死者的遗物随葬在坟墓上面。佧戈人死后亲友皆前来吊丧，主人家要杀两头猪，一头祭死鬼，一头宴乡亲。还要将牛头挂在屋檐下祭鬼神。尸体用白布包裹，并请巫师前来诵悼词。棺材下葬以后，还要在坟头前盖一小屋或垒一石洞，以供死者的魂灵出入。佧因人死后，是将尸体抬放在山上，压上石头，7天后割下头颅放在坛子内埋葬。送葬后回家时，要先用树叶浸水以脚践踏后才能上楼，还要用热水洗手，并要连续3个晚上请人来喝酒。

苗族包括蒙莱、蒙高、蒙考和蒙丹等大多实行土葬，不用棺，也不垒坟，多用布或草席裹尸坑埋。但因支系不同，习俗也不完全一样。除土葬外，老挝苗族还实行火葬。火葬实际上是拾骨葬，也可以说是二次葬，即将尸体焚烧以后，将尸骨收在一起再埋葬。苗族对丧事十分重视，有人去世，要杀黄牛和猪隆重宴请，就像是在办喜事一样。有些地区，苗族家里死人以后，全家都要搬走，换一个地方居住。在出殡时，苗族人喜欢鸣枪，以示隆重。

老挝瑶族实行土葬，用木棺。人死后全寨男女老少都停止生产活动，人们带着食物到死者家中吊唁，并帮助办理丧事，主人家则招待大家，以表示感谢。

除此之外，有的民族还有为祖先洗骸骨的习俗，像孟高棉族系的巴柯族就是其中的代表。巴柯族的葬俗是土葬，有钱的人家能买棺材来埋葬死去的亲人，没有钱的只能用布来包裹尸体就埋葬了。村里有公共的墓地，一般都是在远离村子的树林里。埋葬后，在坟前立竹枝或木板作为标记。巴柯族是多神信仰的民族，他们十分崇拜村神和祖先神，每5年举行一次洗骸骨的仪式，全村人都穿上新衣服、带着铜锣、笛子等乐器，来到埋葬祖先的坟场，敲打着铜锣、吹奏着笛子，将骸骨从坟墓里挖出、洗净，再放回到坟墓中。之后全村人一起饮酒吃肉，载歌载舞。

二、葬礼过程

老挝有49个民族，没有少数民族的说法，由于历史文化等原因，老挝各族人民的丧葬习俗颇为复杂多样，除一些民族和地区的特殊习俗外，老挝大多数民族的丧葬都包括洗礼、守灵、出殡和安葬四个主要的部分，简单介绍如下：

1. 洗礼

人死后，亲人先要给死者擦洗更衣，并在口中放入金子，寓意让死者干干净净地走向另一个世界的同时还能富贵。如果死者是佛教信徒，则要把死者拇指系到一起，状如礼佛，入棺材时，要解开双手，与身体自然平放。

2. 守灵

老挝守灵一般分为两个阶段，一个阶段是安葬前，死者摆放在家中，亲人和朋友前来吊唁；第二阶段是安葬后，还须守灵一段时间。守灵时间长短没有严格限制。老挝人认为在守灵阶段，人们相互帮助，没有私心杂念，是自己对过去所犯错误进行赎罪的机会，因此，村里人会自觉前去死者家帮忙或陪伴家属一起守灵，同时会尽自己的能力给死者家提供物质帮助。死者家属每天晚上会备好简单饭菜，让陪伴守灵的人食用。

3. 出殡

老挝社会认为人的一生要有三次大的游行才是完美的，第一次称为"那迦游行"，即男子出家为僧；第二次是迎亲；第三次就是"出殡游行"。老挝人不会把葬礼安排得太过悲伤，而是尽量在祥和甚至是欢乐的气氛给死者送行，因按佛教的说法，人死后是去往西方极乐世界的，而不是毁灭和消亡。一些大户人家的出殡队伍非常讲究，和尚走在最前面，家属陪同棺木跟在后面，远近亲人则紧随其后，村里人和穿着白衣的尼姑走在队伍的后面。人们在出行途中遇到出殡队伍也被认为是一种吉兆。

4. 安葬

老挝的安葬一般有两种形式，一般推行火葬，第二种为土葬。老挝人认为正常死亡者才可以升天堂，火葬是升天堂的简捷途径；而非正常死亡则要下地狱，土葬能很直观地与地狱联想到一起。一般来说，和尚必须火葬，有钱有势的人也愿意火葬，而穷人家则往往愿意实行土葬。一些民族安葬的形式遵循传统风俗，像老伍及其支系、苗族（包括蒙莱、蒙高、蒙考和蒙丹等）、老挝瑶族等大多实行土葬。如苗族有人去世，要像办喜事一样宰杀牛、猪请客。瑶族去世后整个村寨的男女老少都要停止手上的工作，带着食物到死者家中吊唁，并帮助办理丧事，主人家则需置办酒席宴请亲朋好友和乡邻。

火葬一般在寺庙里举行，没有条件的也可借用邻村的寺庙，或者在野地里举行。但一些重要的丧葬仪式可能会有所不同，如著名的塔銮寺、凯旋门附近的塔风寺等，一般会为一些德高望重的僧侣或政府高官举办丧葬仪式。在火葬前，和尚会举行法事，为死者的灵魂进行超度。火葬时不是全封闭的，有一个开放的焚烧台，在棺木下面放上木材，浇上汽油和香料。点火后，焚烧台上的某个机关会把烧出的彩烟旋转着喷向天空，给人一种死者的灵魂已升上天堂的感觉。这时，家属还会向四周丢撒钱币，捡到的人被认为是幸运和有福气的。

三、火葬

老挝的佬族为老挝的主体民族，大多信仰南传佛教，普遍实行火葬，但火葬仅限于成人的正常死亡。火葬的过程如下：

1. 临别

老人病重时，配偶、子女及其亲戚朋友会在身旁照料。临终时，大家围在病人四周，听取老人的遗嘱，即"坎散拉"，并尽可能照办。老人刚咽气时，将一张写有字的纸放入其口中，意在告诉死者"三天使"（佛教谓人的生、老、死为三天使）是不可避免的，希望死者放心上路，早日升入天堂，同时也告诫世人要行善积德。另外，还要让死者手持鲜花和香烛，告诫世人要时刻牢记善行、佛法教义。

2. 报丧

当老人去世后，死者家属会向亲属报丧。如果孝男在外地，一定要设法通知到。一旦得到孝男将回家奔丧的答复，无论归程时间多长，都必须要等到孝男的归来才可出殡火化。而对于孝女，如果归程时间相对长，则可不必等待。如果是亲友和邻居，闻讯后都就会赶来帮忙、吊唁。这时死者家就称为"亨迪"，相当于中国举办白喜人家的意思。

3. 请僧侣

一旦家中有人去世，死者家属要马上请僧侣，有的家庭在死者去世前就已经商定好具体请僧侣的事宜，有的待死者去世后才商定，商定的内容包括计划人数、日期和次数等，僧侣的人数必须为双数，一般为8名或10名。

4. 道场布置

世俗认为，头朝西是鬼的卧向，头朝东是活人的卧向，人死变鬼所以应该头朝西；佛教认为，人死就如同日落。人一咽气，在厅堂里铺一竹席，抬死者平放到竹席上，让其头朝西、脚朝东。

把死者抬到厅堂后，在出殡前，死者的房间不允许别人出入。死者家属沿着抬死者到厅堂的路线洒和尚念过咒的法水，把房间里装在坛、罐里的水倒掉并把坛口朝下放置。把死者移出其房间后，家属就用带刺的纸条绑在家里的梯子上，时间一般为7天；家属还会在家门口插上两根末端扎在一起的树枝，待出殡后，家属把树枝拔出丢掉。意在让死者认不出自己的家，不能回来骚扰家人。

5. 遗体处理

死者去世后，用柚子叶和杨桃叶煮成的香汤给死者洗脸、擦身，清洗干净，意指让死者脱离人间的污秽，转世也有一个干净之身；佛教认为，清洗可以净化人的身体和心灵。然后给死者梳头，先向后梳三次，再向前梳三次。一些地方向后梳一半，再向前梳另一半。人们认为，人鬼殊途，泾渭分明；佛教认为，生死相生，有生则有死，有死则有生，无生则无死，无死则无生。

擦洗死者遗体的同时，还要给死者修理指甲、趾甲。然后再给死者穿新的寿衣，把寿衣反穿，穿法一定要与活人的相反，在外面再穿一套衣服，这一套要正穿。意在传达人死身体不能复生、灵魂不灭的信息。给死者穿好衣物之后，再用棉线把双手在胸口合十绑起，把鲜花和一对香烛插入掌中，再用棉线拴双手的大拇指在一起，还把双脚扎在一块，同时还往脖子拴线。

另外，还要在死者嘴中塞入一枚银币或金币。按佬族的说法，这些是给死者上天堂所需的路费和伙食费；佛教则在于提醒人们在世时不要过于吝啬，要学会合理使用，待到去世，即使把钱放入嘴里也用不了，也不能把钱带走。如果死者生前喜欢嚼槟榔，还可以把槟榔放入嘴里，满足死者的需要，让死者安心上路。然后，用蜂蜡将眼和嘴封起来，意在让死者远离污秽。

6. 入殓与诵经

当把死者遗体整理完，在棺材底部铺一层用七片竹片编成的垫子。有些地方则用白布垫底。有些地方还要在地上铺两张竹席，然后才把棺材放在上面，认为只有这样死者在阴间才有栖身之地。然后就可以装殓入棺了，盖好棺材盖，但不钉铆钉，灵柩不能对着房梁，并把死者的头朝西，脚朝东。有些地方还用芭蕉叶的中肋或竹片做成三级梯子放在旁边。此三级如同人生的三界：欲界、色界、无色界。世俗认为，可以让死者在阴间来去方便，攀登此梯上天朝拜神灵。

在灵柩两头各点一盏油灯或香烛。每次和尚念完经，无论白天或晚上，都要将油灯或香烛暂时灭一会儿。佬族认为这样可以祛除污秽、倒霉的东西；佛教认为，人生如灯，有明有灭，不同的只是时间迟早的问题。

在棺材上面还覆盖有花团锦簇的棺罩，棺罩即华盖。"富裕人家往往自己花钱购买或临时制作，火化时一并烧化；贫穷人家多向佛寺借用，出殡后送还。"

一到用餐时间，人们便在灵柩前摆上糯米饭、糕点、香烟、槟榔、蒌叶等，然后用手指敲击灵柩。佬族认为这样可以唤醒死者，让死者进食；佛教认为，人生前不要为了吃喝而去偷、抢、杀而造下孽，到死的时候就是把食物放进嘴里也不能吃。

死者家属早、中、晚都请和尚来诵经，包括朗读祭文、《双论》(南传佛教上座部巴利文论藏七部论之一)。采用问答形式论说根、蕴、处、界等10种问题(巴利文Yamaka)。在诵经时，两个和尚读《双论》，其他和尚读祭文。死者家属先点燃香烛，然后用手指敲敲灵枢，意在让死者醒来听经和接受福祉。

7. 挑选出殡火化日期

出殡日期有两种方法来确定：一是依照古代的风俗，二是根据佛教的规定。

第一种，按照佬族的传统风俗，根据阴历来计算，出殡火化日期有两个忌讳：首先，忌讳与月份相同之日出殡，佬族的阴历份上弦(初一到十五)、下弦(十六道月末)，其中阴历十五日称为望日，每月的最后一天称为晦日。例如：二月去世者，上弦二(初二)和下弦二(十七)不能出殡，五月去世者，上弦五(初五)和下弦五(二十)不能出殡，相关月份以此类推。其次，上弦日去世者必须在望日前出殡，否则望日后七天才能出殡；下弦日去世者必须在晦日钱出殡，否则晦日后七天也才能火化。

第二种，根据佛教的规定，出殡火化日期有三个忌讳：首先，斋日不能出殡，因为斋日里人们都要去佛寺听教。其次，星期二不能出殡，因为星期二是"硬日"。第三，"九宫日"不能出殡。

8. 出殡

出殡前几个小时，请来僧侣为死者诵经，超度其亡魂，死者家属在灵前献上祭品。与此同时，其他一些亲戚把祭品搬到这坟场。这些仪式都不能敷衍了事，否则会遭到死者的怪罪。诵经毕，在灵前斋僧，同时为死者子女剃度，孝男剃度为"帕"(成年人)或沙弥(未成年人)，着黄色僧衣；孝女剃度为尼姑，穿白色上衣和白色裙子(以前穿白色僧衣，现有变化)。"这实际上是一种'服孝'仪式。根据死者的身份、地位和影响，服孝者往往不限于亲属子女，例如老挝国家主席凯山·丰威汉逝世，火化时剃度出家的男女人数达数百人。"舍饭祭祀死者后，就可以举行还俗仪式了，或者可以选择不还俗。

出殡时辰已到，人们就用竹篾绞成的绳子将两根柱子和灵枢绑在一起，每边由四人抬，共八人。让死者脚所处的那端在前，头部那端在后。禁忌中途放下休息，禁忌换肩膀，禁忌跨过田地。用较长的白色棉线拴住灵枢，分为两排，由刚刚出家的孝男孝女在前面牵着走。佬族认为，这人已不枉这一生了，生前有子有女，死后有子女牵着去坟场；佛教旨在教人要帮父母脱离苦海，而父母平时也要多多行善。

在出殡路上，人们横放一根木条或插一根树枝，让灵柩从上面跨过，意在让死者灵魂忘记回家的路。

出殡时，长者佩戴长剑，手提装有爆米花的篮子，走在送葬队伍的最前面，沿途撒米花，一直到坟场。世俗认为，骑在灵柩上的鬼魂们见到地上有米花，就会下来捡吃，从而减轻抬灵柩者的负担；佛教的目的在于使活人认识到，人死后名（佛教名词）与色就要分开，如同米爆成米花一样。一些地方还同时沿途撒白米。世俗的观念与撒米花一样；佛教则认为旨在教人认识到人死不能复生，与白米不能发芽同一道理。

选地时，农村流行一种通过卜鸡卦（主要使用鸡蛋）来选火化地的风俗。到了某地，把生鸡蛋高高抛出，如果落地破裂，表明死者愿意在此地火化，家属、亲戚就必须顺着死者的意，就地堆柴垛成一个火化台。堆柴垛时，先在地里面埋四根木桩，然后在上面堆上木柴；如果鸡蛋不破，则另择他地。设有火化台的城镇或一些村庄，人们就直接抬灵柩到该地火化，火化台一般设在寺庙附近，用砖头和水泥砌成，东西朝向，如在老挝琅勃拉邦市的"巴特寺"的旁边安有三个火化台。

到了坟场，先抬灵柩按顺时针方向绕火化台转三周。世俗认为，按顺时针转表示对死者的尊重；佛教认为，人的烦恼导致因果相生，生生不息，只有完全摆脱了烦恼才会停止。

在把灵柩抬上火化台前，故意将灵柩撞击火化台三次。意在告诉人们无论何时，在世或死后，都难免有磕磕撞撞，需谨慎行事。将灵柩抬上火化台后，一定要让死者头朝西，脚向东，并用两根硬木条在火化台上架住灵柩，防止火化时灵柩从台上滚下来。然后打开棺材盖，把裹死者的两块白布取出，首先由死者家属用椰子水和香水替死者洗脸，之后亲戚朋友按亲疏关系依次给死者洗脸，盖上棺材盖。佬族视椰子水为最神圣的水，洗过椰子水就可以脱离污秽；佛教认为此举旨在教育活人要诚实、纯洁如圣水。然后用刚从死者身上取下的白布扔过灵柩三次，接着把这两块白布给和尚垫坐诵经，尔后送给僧侣。

在举火前，请僧侣诵念《萨何尼扎（人生无常）经》。诵经毕，丧主向僧侣布施，往往倾其所有，以示虔诚。如果死者是国家干部或著名人士，这时可以宣读其生平业绩。如果是上层干部或全国知名人士，往往先举行追悼会。

诵经结束后，僧侣先向灵柩献香烛，接着是死者家属献香烛、鲜花，然后是亲戚依次献香烛和鲜花，最后是死者家属举火点燃柴垛。柴垛一旦燃烧起来，参加仪式的人们便可以离开。离开前，要用水洗手，用树枝扎成的扫把掸去身上的灰尘，表示把一切都留给了死者，从此毫无牵挂。这时，亲戚朋友可以直接回家，或跟随死者家属返回死者家中，因为在那里还要为孝男孝女举行还俗仪式。

不过，不同部族的埋葬地点有所不同。如朋族的村子旁边划有专门的墓地，信佛的人死后火化尸体，火化尸体的地方在坟地的一边，另一边是不信佛的人埋葬的地方。两相分开，互不混淆。

9. 还俗仪式

举行还俗仪式时，要请回原来的僧团，并在原来的基础上增加一名僧侣，总人数由原来的双数变成单数，9名或11名。还俗仪式需要准备两对香烛，还有鲜花和若干水果等。请僧团诵经。然后，为孝子举行还俗仪式，仪式以孝子向僧侣布施而宣告结束。

10. 捡骨

自火化之日起三日内，死者家属还要继续请原僧团来诵经，一天一次。期间，亲戚朋友仍在死者家里帮忙料理相关事情，并帮助举行一些活动。到了活动第三天，要举行较大的宗教仪式，诵经、布施、斋僧，并为死者遗属举行颂魂仪式。

颂魂仪式毕，死者家属、僧团和亲戚朋友一同去火化场收拾骨灰。到了火化台后，先用饭菜祭鬼（即死者），同时告诉鬼此后可以去享用儿孙专门备下的祭品，儿孙定时做祭祀仪式。僧侣祝完辞，即可以捡骨入坛。剩下的灰烬就地堆成一个人形，头朝西。然后请僧团给火化前从死者身上取下的里层的白布（或称寿布）诵经。诵经毕，把灰堆推倒，再重新堆成一个人形，这次头要朝东，再请僧团为外层的白布（或寿布）诵经，然后把灰堆推倒。

最后把骨灰坛存放在寺里，也可以放在家里，也可在寺庙附近做一个小塔存放。如果经济条件许可，也可捐资建一个大塔。如何建、何时建、何地建等问题，没有太多的禁忌，一般由死者家属自己决定。此后，各种祭祀仪式按正常做法来办即可。

治丧期间，基本上没有悲痛气氛，吊唁者只需在灵柩前稍做默哀即可，或在旁边听听僧侣诵经。除了帮忙备办相关事项外，大家还聚在一起玩游戏，如下棋、打牌、捉迷藏等，以前还朗读民间故事、听传统音乐等，甚至在火化后到拾遗骨的期间还可以放电影。按佬族风俗，前来吊唁的亲戚朋友要向灵柩放上一些钱，作为对死者家属的一种资助。

11. 丧葬禁忌

当把灵柩抬出屋后，没有参加送葬的亲戚就绕屋子撒草木灰；出殡的同时，把死者的遗物（主要是衣物和一些日常用品）挑到出殡经过的道路旁放着，火化后回到放遗物的地方后把遗物烧掉；火化回来的路上，送丧的人不能回头；送丧队回到村里时，村里人要关上门，直到这些人洗漱干净，才能出门。

此外，有几种情况是不能火化的，或是不能拿到公共火化场火化，具体情形如下：年龄未满十岁，因肺结核而死，溺水死，因水肿而死，摔死，被象踩、马踩、老虎咬、蛇咬或牛顶而死，被刀、抢、棍打或捅或砍死等。

第五节　宗教习俗

老挝是一个多宗教国家，各民族在宗教信仰上具有多样性，主要有小乘佛教、原始宗教、天主教、基督教和婆罗门教等。尽管在各地分布着一些天主教、基督教教堂和一些清真寺，但主要宗教建筑还是佛教寺庙，可以说，老挝以佛教为主流，其他宗教为辅助。在宗教习俗中，由于多种民族交叉和宗教信仰的融合，某种原来属于某一具体宗教的习俗也出现了重叠和交叉的现象，因此，本节仅从原始宗教信仰习俗和佛教习俗等两个方面来简单介绍。

一、佛教习俗

在老挝，与佛教相关的习俗有很多，自小乘佛教传入老挝以后，包括原始宗教信仰在内的很多习俗都或多或少受到佛教的影响。在这里主要简单介绍几个与佛教相关的习俗，如摘花献佛、合十礼、捐建寺庙及拴柱、布施习俗、浴佛、忏悔、赛龙舟和漂水灯、出家等。

（一）摘花献佛

这一习俗没有特别记录和解释，大约每年佛历五月到六月，尤其是泼水节三天里面的第二天，寺庙会选择合适的一天，在下午四点时，敲锣打鼓告诉村民一起到林中采摘鲜花来献佛。采花过程中，还会进行读书、讲故事、唱民歌等娱乐活动以及踢藤球、击打陀螺等体育活动。五六点时返回寺庙。晚间，在和尚的主持下，村民在寺庙里举行秉烛游行，祈祷佛祖保佑。人们把采来的花儿分成三份，一份留在寺庙中献佛，一份留在家中，一份送给没有时间去采花的人家。这一习俗虽没有什么正式的仪式，却深受人们喜爱，认为它是增进人们之间感情、创造和谐氛围的有效方法，但是现如今除了部分仪式和宗教活动中残留有一些痕迹外，如持莲花进香、好运花敬佛等，摘花献佛的习俗已经慢慢淡出了人们的视野。

（二）合十礼

合十礼，义称"合掌礼"，原是印度古国的文化礼仪之一，后为各国佛教徒沿用为日常普通礼节。合十礼在老挝已经超出宗教范畴，成为各族群众普遍践行的礼貌规范行为。行礼时，双掌合于胸前，十指并拢，以示虔诚和尊敬。合十礼流行于老挝、泰国、缅甸、柬埔寨、尼泊尔等佛教国家的见面拜礼。最初仅为佛教徒之间的拜礼，后发展成全民性的见面礼。例如，晚辈遇见长辈行礼时，要双手高举至前额，两掌相合后需举至脸部，两拇指靠近鼻尖。男行礼人的头要微低，女行礼人除了头微低外，还需要右脚向前跨一步，身体略躬。长辈还礼时，只需双手合十放在胸前即可。拜见国王或王室重要成员时，男女还均须跪下。国王等王室重要成员还礼时，只点头即可。无论地位多高的人，遇见僧人时都要向僧人行礼而僧人则不必还礼。

合十礼可分为下列几大类：跪合十，各国佛教徒拜佛祖或高僧时要行的一种礼节；蹲合十，某些国家的人在拜见父母或师长时的一种礼节；站合十，某些国家的平民之间、平级官员之间相拜，或公务人员拜见长官时常用的一种礼节。其中，跪合十礼一般用在拜佛祖或僧侣的场合，行跪合十礼时双腿跪地，双手合掌于两眉中间，头部微俯，以表恭敬虔诚；蹲合十礼是盛行佛教国家的人拜见父母或师长时所用的礼节，行礼时身体下蹲，将合十的掌尖举至两眉间，以示尊敬；站合十礼是信奉佛教的国家平民之间、平级官员之间相见，或公务人员拜见长官时所用的礼节，行礼时端正站立，将合十的掌尖置于胸部或口部，以示敬意。行合十礼时，可以问候对方或口颂祝词。

老挝是礼仪之邦，注重礼节，见面行合十礼。行合十礼时，一般是十指伸直并拢，合掌举起，身子略下躬，头微微下低，口念萨百迪。"萨百迪"系梵语，原意为舒服、美好、舒适。遇到不同身份的人，行合十礼所采用的姿势也有所不同。以往对僧侣、王族、长辈、上司等身份、地位比自己高的人，合掌要放在额前眉心的位置；对平辈或普通人，合掌放于脸前鼻尖的位置；对下辈、下级等身份比自己低者，合掌放于颌下，现在一般合掌于胸前。行合十礼时，一般要互相问候"萨百迪"，人们在一起谈话时，其他人特别是妇女不要从中间穿过，应绕行。如果必须从中间穿过时，应弯腰躬背，一手抬高，并同时说"考头"（老语：对不起），这才低头轻轻地走过去。在招待客人时，如果女子向客人递东西，一般采下蹲式。以前，老挝人见面是一般不握手，但现在城市的男人们见面，有时也相互行合十礼。男人一般不主动同女人握手。

（三）捐建寺庙及拴柱

在古代，老挝人认为一生中如果为10所或10所以上的寺庙贡献过就算无上功德。在老挝，流行有"一村一庙"的说法，这些寺庙的建设及维护主要靠村民自己来负责。寺庙建设时，一般由村民出钱出力，有时还会聘请知晓相关工艺的匠人来装饰。寺庙的建设时间一般为五年以上，而如果寺庙里面没有界碑或界桩则不能视为完整意义上的寺庙。

界碑或界桩的位置一般在寺庙的中心位置，竖碑的时候，会先在中心位置挖个坑然后要经过念经后才可永久性填埋。填埋前，民众就可以向坑里填埋物品以祈求实现某种目的，这种行为叫做拴柱，与我国流行的在寺庙里面树碑立传有所区别。

拴柱的目的和意义有很多种，例如：投放金针或银针，是为了祈求今生来世都能有智慧；投放金银珠宝，是为了祈求招财进宝、富足安康；投放"八事"（一般指钵、盂、内衣、覆肩衣、上衣、针线、水杯、水壶）或钟鼓，是为了祈求富贵与功名；投放书籍或课本，是为了祈求学识卓越、四海扬名等。

（四）布施

老挝社会流行布施的习俗，包括捐建寺庙、传统节日、婚丧嫁娶等时候，民众都会在僧人经过的路边或到寺庙里面参加布施活动。一般来说，布施物品的主要有糯米、糖果、钱币、水果、鲜花及香烛等。

总的来说，老挝布施与其他佛教所说的一样，分为三大类，即：财布施、法布施、无畏布施等，具体如下：财布施，分内财、外财，如布施自己的体力或身体或帮别人劳动就是内财布施；布施自己的钱财物品去帮助别人，这就是外财布施；法布施就是讲经、印经并结缘给他人、记录讲经说法的碟片结缘给他人、劝人学佛等均是法布施，平时他人在生活、学习或工作中有不懂的问题，如果自己帮他人解答，也属于法布施；无畏布施就是让布施者不再感到畏惧，譬如，吃素、放生就是无畏布施，平时劝人和安慰人都可称为无畏布施。

人们常说，修财布施得财富、修法布施得聪明智慧、修无畏布施得健康长寿，布施习俗得以在老挝广为流传，可能跟人们具有一定的世俗利益诉求有关。

（五）浴佛

洗浴佛像的习俗一般在每年佛历五月十五日至六月时举行，由于一般在佛历五月期间开始，所以有时也称五月浴佛节。除了寺庙中的佛像，还包括破庙中的佛像、山洞中的佛像、山谷里面的佛像等等，但凡能找到的佛像，不管是什么样的，都可请出来洗浴。

在民间，确定浴佛的日期后，老挝人会提前向亲朋好友发出请束，并在家准备好浴佛用的圣水、香烛、鲜花、供品等，同时准备好宴席以示答谢。

浴佛当天，人们随和尚于中午11点前赶到浴佛地点，开始举行仪式，仪式的内容一般包括拜佛、祭祀、念经、放高升等，然后才将佛像请下来，人们用钵、杯子等把准备好的花儿浸泡过的香水慢慢倒洒在佛像身上，在此过程中禁忌用手触摸佛像。洗浴完毕后再送回原处供奉。

（六）忏悔

忏悔和谢罪的对象主要是父母、和尚、老人、师长、前辈等。一般来说，忏悔的情况分为四种：一是新年时忏悔，为一年来有意或者无意间犯下的过错忏悔，并请求宽恕；二是成家时忏悔，向父母和家族的老者忏悔，并请求宽恕自己成年以来的冒犯和不敬；三是儿媳或入赘的女婿忏悔，向家中长辈忏悔，并请求宽恕自己违犯风俗、冒犯长辈等行为；四是向和尚忏悔，这是最具有代表性和最重要的忏悔方式。

向和尚忏悔的时间一般在每年入夏节或初夏节，这时的人们都会聚集到寺庙的大厅中，整个早晨或下午都在这里向和尚忏悔，请求高僧的宽恕，如果有沙弥，也要求得他们的谅解，以消除一年来造下的罪孽，同时祈求让悲伤、痛苦、失望不再纠缠，让自己得到解脱，重新开始新的幸福生活。

（七）赛龙舟和漂水灯

赛龙舟和漂水灯是老挝的一个传统风俗，由于各地地势不同，河流季节水量差别较大，因而全国举办龙舟比赛的时间也不一样，从佛历九月到十二月不等。首都万象在每年佛历十一月十六日举行，而琅勃拉邦省有的地方在五月举行，万象、沙湾拿吉、甘蒙等省在佛历十一月中旬至十二月中旬举行，有的省份不同县甚至不同村之间的时间都有不同。赛龙舟也是老挝社会一个重大的体育赛事，但并非单纯的体育竞赛，而是融入了民歌民乐等娱乐元素，使体育赛事更富有生气和活力。除了划龙舟的竞速比赛，龙舟选美也是一项重要内容。

漂水灯在老挝发达地区，如首都万象市常在佛历十一月望日（相当于公历10月中旬）举行，部分地区则在祭祖节时同时举行。传说佛祖到龙宫访问，得到了众龙的热情款待。在告辞前，龙要求佛祖在大海边留下足印，以便日后敬拜。后来人们为了能够敬拜佛的足印，每到入夏节或出夏节时便会来到河边或水边放水灯，希望水灯能带着自己的崇敬之心，顺水而下，流到传说中留下佛的足印的海边。水灯一般用芭蕉叶做成船状，里面放上鲜花、香烛、点心和煮熟的糯米等。现在的水灯有时也用纸或塑料制成。

（八）出家

根据是否出家修行来看，可以把老挝的佛教信徒分为信奉佛教但不出家修行的信徒和专门出家修行的沙弥和比丘。根据实际形式来看，信徒也可以分为三类，即：不愿居家生活而想进行修行的男人或女人，一般会在佛寺附近修建房屋居住，修行期间的生活来源主要靠亲友资助；居家生活，每月佛日（约8天）到佛寺念经拜佛的人，为一般信徒；愿意居家生活的人，但每年收获季节结束后到寺庙短期修行，时间一般为3个月左右。

在老挝出家一般是针对老挝男子而言的，在古代，老挝男子，无论国王还是平民，不论富贵与贫穷，男子一生中至少要出家一次，接受佛祖的教诲，才会被社会认可为成熟、可信任的人。

根据老挝一些占卜学资料的记载，老挝人出家的原因主要有：年迈体弱、身患疾病、贫困无助、缺少亲友、虔心向佛、研究佛学、接受教育、报恩及还愿等。当前老挝社会出家的习俗虽不如以前那么普遍，要求也没有那么严格，但是出家的形式还是保留下来。出家的时间长短也很灵活，可以根据僧侣或老人的建议，结合自己的客观实际来定。

老挝一些占卜学和星相学资料还提到一些是否适合出家的条件，如适合出家的条件有：达到规定年龄、身体健全、八事随身和能读能写等，不适合出家的有：未达到规定年龄、官司在身、患有传染病、身体有残疾或身心不健全等。

出家剃度，亦被老挝人升级称为"灌顶"，举办时间通常在入夏节（老挝历八月十五日）前，入夏节是僧侣受戒的节日，是每年执行戒律最严的时期，因此，人们认为此时剃度入寺是锻炼人的品格和静心修行的最好时机。出家的人一般由父母或家族长者带领前往寺庙，先由住持或长老安排人教授一定的礼仪和佛教常识，到受戒时再来到寺庙里面。出家剃度的仪式一般有拴线、更衣等。

男子出家的期限不限，少则几天，长则终身为僧。按照出家时间的长短，受封的和尚等级也不一样。出家十年以上可称为"沙弥"，二十年以上可称为"比丘"。许多女子出嫁时，要看男方出家时间的长短，出家时间长、品德的可信度相对会高些。女子也可出家当尼姑，穿着白衣，但在老挝不是普遍现象，多为临时出家。

除学习佛经教义、接受品德修养的教育外，寺庙也传授与时代相符合的文化知识，包括语文、体育、文学、艺术、工艺、韵律、医学等，其在老挝社会、政治、生活等方面起到的作用大概包括以下几个方面：学校，僧侣进入寺庙都会学习各种知识，包括文化教育、道德修养和为人处世原则等；医院，僧侣可以通过学习，再根据寺庙采摘和存储的草药和药方来为群众看病开药；会议，人们可以号召民众到寺院聚集开会，或者可以借聚会的实际讨论各种事物，传播信息，互相倾诉；文娱，逢年过节，男女老幼齐聚寺庙，大家可以共聚一堂，共享欢乐；休闲，无论经商、旅行，还是出差，人们可以在寺庙歇脚和进食；传承手艺，人们可以在寺庙传承和学习各种传统手工技艺，如雕刻、木工、制陶、冶炼等；馆藏，寺庙可以用来创作、保存、传播文学作品，传播文学艺术。

在文化教育非常落后的老挝，寺庙教育是难得的教育资源，一般出家时间长短也在一定意义上显示学历教育的高低。从某种意义上来说，正因为寺庙的教育功能，使得在老挝出家当和尚的人成了知识分子，因而获得了社会的尊敬。现在，尽管政府承担了更多的教育责任和义务，但寺庙的教育功能并未丧失，对人们出家也提出了更高的要求，即出家为僧必须有一定的文化。

正式出家为僧时，要带上袈裟、和尚的"八事随身"（钵、盂、内衣、覆肩衣、上衣、针线、水杯、水壶)到寺庙，并通知亲朋好友前来参加"统一行圣礼"仪式，在寺庙方丈或住持的主持下完成出家仪式。出家后的僧侣分为沙弥和比丘两个级别。其中，沙弥一般指年龄在7—20岁之间的小和尚，受佛教"十戒"，即不杀生、不淫邪、不妄语、不偷盗、不饮酒吸毒、不装饰打扮、不观看歌舞、不卧大床、不蓄留金银财物和不过午进食等。比丘一般指当过沙弥，年龄超过二十岁，再接受过剃度的和尚，其遵守的戒律更为严格，信守227戒，在衣、食、住、行、言、意等诸多方面都有更加具体的规定。僧侣每天清晨托钵化缘，所得物品由全寺僧侣共享，每天只吃早餐和午餐，过午不食。比丘外出要带一名小沙弥随行。

出家一定时间后，可以随时还俗，并且依据为僧时间长短，还俗后还会封予一定的封号，如沙弥还俗称为"香"，比丘还俗后根据灌顶来排，为灌顶的封为"提"，灌顶的根据次数来封为"占"、"占萨"、"坛占"等。和尚还俗后将会受到世俗社会的尊重，因为他们一般都学识渊博、仁爱善良。老挝万象市洪德寺成立了一所经学院，是老挝佛学教育的重要基地之一。

除了人人寺为僧时的"统一行圣礼"仪式，寺院生活中还有一个仪式十分重要，即"浴僧"仪式。这个习俗源于婆罗门教，于每年雨季和旱季之交(相当于公历的4—6月份)进行。浴僧仪式由出家僧人的家人组织操办，事先要通知亲人朋友前来，准备好布施给和尚的东西。浴僧礼由四位老者穿着白衣，扮成婆罗门，每人手里拿个大勺将纯净的圣水浇到和尚身上，祝愿修行的和尚净心、无邪。仪式期间，会邀请德高望重的和尚前来念经并给接受沐浴的和尚拴线祝福。

二、其他宗教信仰习俗

原始宗教信仰习俗在老挝各族群众的生产生活中都存在，由于佛教传入的影响，这些习俗都与佛教产生交集，甚至有的习俗被佛教吸收和改造，成为佛教里面不可分割的一部分。以下从广义上对老挝部分原始宗教信仰习俗进行简单介绍。

(一)驱邪

按照传统说法，驱邪仪式来源于婆罗门教，老挝人希望通过驱除邪气给自己和家人带来好运。老挝人认为人的一生很难避免撞邪，撞邪有多种表现，如生病、车祸、夫妻不和、诸事不顺等等。也有的邪气会以前兆的方式提醒你，如做怪梦、噩梦、飞鸟掉落眼前、野鹿挡道、碰见蛇等。

目前，在老挝，负责驱邪的人混合有多重宗教信仰和形式，这当中包括有婆罗门大使——卜卦大使，有巫师、仙孃，甚至还有和尚、尼姑等。当民众被告知某人将有厄运，要求当事人必须破财消灾时，当事人往往就必须请他们举行驱邪仪式。驱邪仪式一般须由占卜师、巫师、仙孃或和尚选定时日，当事人则须准备好各种供品和驱邪用具，如：请神酬金（或称驱邪费）、香烛费、大米（染成白、黑、红、黄等颜色）、鲜花、酸汤、甜汤、香蕉、甘蔗、烤鱼、小旗子等，将这些物件装进一个有九个小匣子的小箱子（可简单用芭蕉茎叶包装制作而成），然后就可以开始念咒或念经以驱邪。孟高棉语族的多个民族都有巫师，如克木族村寨里一般都有巫师，克木人相信巫师能够帮他们治病，巫师知道治病的原因和用何种物品祭祀才能解除疾病；巴莱族是一个多神信仰的民族，他们最尊敬的神灵称为"巴呼卡"，一般供奉在村里的庙里，村民每年都会请巫师来主持祭祀仪式，祈求神灵保佑大家安康吉祥。

（二）供奉村神

供奉村神的习俗源于婆罗门教，各村在村头或村尾高大茂盛的树下建有神位，并指派一位年长者作为护卫神位的首领，领导村民举行各种仪式。供奉一般集中于每年佛历七月举行，在进入农时准备耕种之前，负责神位事务的首领会提前两三天通知各家各户，一边准备好酒肉等各种供品。到祭拜那天，人们列队前往神位，在神位铺上芭蕉叶，将各种供品摆放好，上好的供品可直接放在神位供台上。村民在首领的指挥下一起向村神祭拜，祈祷村神保护村镇平安，祈福风调雨顺、五谷丰登。每年高升节时，人们也会把要进行比赛的火箭拿到村寨的神位前祭拜，以求平安，并在比赛中取得佳绩。

孟高棉语族的朋族是多神信仰的民族，他们相信周围的各种自然物体都存在着神灵，如屋有巫神、树有树神、水有水神等。朋族认为村神是最重要的保护神，每一个村子都在村外的林子来或者岩洞中建有祭祀村神的小庙。每年的5月和11月，用猪、鸡、酒、糖果、水果等物品两次祭祀谷神。他们也相信村里的巫师能给病人治病。有部分朋族已经信仰了佛教。

孟高棉语族的达维族认为最强大的神灵是天神和土地神，在村里立有祭祀这两个神灵的庙，祭祀时，小祭用饭和鸡，大祭用牛。每年的2月，达维族要祭祀村神，10月要祭祀谷神。

（三）旱季祭神

旱季祭神的习俗与旱季休整相近，主要区别在于旱季祭神的活动主题更单一、鲜明，主要就是祭神，包括祖先神、天神、村神、城隍神、家神等。

举行祭拜仪式时，往往在村寨空地上搭建一个高台，由一个通灵的巫婆或神婆全程主持祭神仪式，人们奏乐唱歌达三天三夜。目前，这一习俗只在农村边远地区存在，城市里大部分人已不关注了。

（四）祭祀鬼魂

祭祀鬼魂的习俗可以说是老挝社会最普遍、范围最广的一种习俗，老挝语中把鬼魂称为"弪"，根据不同民族信奉的鬼神分类来看，一般可分为家鬼、野鬼、村鬼、祖先鬼、土鬼、水鬼、田鬼、地鬼、食物鬼、山鬼等。

众多祭祀鬼魂的活动中，祖先鬼在老挝各族中最为常见。老挝人相信人死后变成鬼魂，祖先死后的鬼魂仍能对家人进行管教。这一习俗出现的目的是对人们进行管教，想让人们敬畏祖先，更主要的是在前辈、长者仍然活着的时候要言听计从，尊敬他们。

各地方、各民族祭祀鬼神的方式和仪式具有差别，例如，老佤、老努、老法等山地民族都按照自己的信仰和传统进行祭祀鬼神的活动，祭祀活动一般由巫师来主持安排，什么时候、什么原因、祭祀什么鬼神、怎么祭祀等，都由巫师来决定。祭祀的物品一般多用酒，祭祀时用酒瓮装好放在房屋前的小凉亭里，不同的鬼准备的酒瓮数量不同，有时还要准备点其他食物，如：猪鬼四瓮酒、鸡鬼三瓮酒，祛病鬼一瓮酒另加鸡和鱼等。祭祀的时间也有不同，如：祭祀猪鬼一般在每年三四月进行。由于经济社会发展落后，老挝山区文化普遍比较匮乏，祭祀活动的流程一般比较简单，但是基本算是一种公众聚会活动，以祭祀猪鬼为例，巫师安排将祭祀用的猪关一晚，杀猪前，巫师用粮食喂猪，之后大人们大哭九声，巫师就开始当众宰杀，宰杀后村民上前瓜分猪肉，搞祭祀活动时要请长者、村长前来参加，同时村民之间也进行互请三天三夜，期间，每家会拿出四翁酒来分享，祭祀活动期间，人们欢歌载舞、通宵达旦。

第六节　农事习俗

老挝是传统的农业国家，根据地理条件的不同，主要有农、林、渔、狩、牧等农事活动。老挝各族先民在各种农事活动中，为了祈求丰收，都有着一定的习俗。

一、农业种植习俗

种植稻谷是劳动人们的重要工作之一，在稻谷起源的神话故事中，老挝人认为稻谷来源于天上，牛也来自天上，相关的所有事物是上天赐予的神物，因此，在整个劳作过程中就有着一定的仪式和活动，像开耕祭神、开秧门、祭牛魂、吃新米、祭谷仓等。

（一）开耕祭神

开耕时，要先祭拜神灵以求保佑，包括土地神、祖先神、森林神及"厄神"（一种类似水蛇有红冠的水生物）等。对农民来说，祭拜开耕保护神的仪式非常重视，它关系到一年的收成。在有些地方，人们相信星期四是祭祀的最佳时间，于是会把烟酒、香烛、熟鸡蛋、鲜花、米饭、槟榔等放在篮子里，然后前往田间地头去供奉神灵的棚子进行祭拜。祭拜时，人们将供品摆在芭蕉叶或者席子上，然后口中念念有词，进行祈祷。祈祷的内容大概是告知土地神耕作的时候到了，希望土地神享用供品，保佑庄稼丰收、稻谷饱满、无虫无灾、家人身体健康等。祭拜后，人们便按照算好的吉时，牵来耕牛，扛上犁，在田里犁上一圈，开耕仪式就算完成。

（二）开秧门

在农事活动中，老挝人有看日子来决定种植哪种农作物的习俗。民间流传有关于农事活动的谚语，即：周日根茎好、周一藤蔓茂、周二果实多、周三花朵鲜、周四果实硕、周五皮壳厚、周六枝叶繁。由于稻谷需要果实饱满，所以开秧门一般选择周四进行。插秧当天，一大早人们会从七块荒田里找来九棵长得苗壮的野稻秧，随后来到之前祭拜过土地神的田里铺上几张芭蕉叶，把带来的供品放上，包括九棵秧苗、槟榔、香烟、香烛等，然后请出守护神饱餐一顿，以便日后好好看田护稻。祭祀完成后，就把找来的九棵秧苗种在自家的田里。插秧的时候，一边插秧，田的主人一边念："插第一株希望得到花黄牛、插第二株希望得到弯角水牛、插第三株希望得到几面铓锣、插第四株……"其含义大概就是希望六畜成群、钱财满库、子孙兴旺、五谷丰登等。插秧结束五六天后，人们还要举行仪式，请来亲戚朋友吃上一顿团结餐，庆祝插种成功，并再次祈祷丰收。

（三）祭牛魂

老挝人认为，牛犁田耙地，非常辛苦，有时还被人鞭打呵斥，需要给牛颂魂，让牛恢复精神。因而，老挝人一般在开耕之前或者耕田结束后，为牛举行祭祀仪式。祭牛魂的仪式开始前，一般准备有谷子、青草、绳子、农具、圣水、棉线等。举行仪式时，主要是念诵祷词，念诵结束后就给牛和农具上面撒上圣水，在牛角上拴上棉线，给牛喂草等。祭牛魂念诵的祷词大概内容是：农事忙完了，长时间的劳作，牛啊，你很辛苦，现在给你颂魂，望你体力永远旺盛，望你多多生育、多产牛仔、记住主人的恩情，农时来到要听话，帮助主人勤耕作，如果去到外面，一定要按时回来。

（四）吃新米

老挝有吃新米的习俗，一般在九月进行，这个时候旱季稻已经抽穗，人们把刚上浆的稻穗取来制作成一种糕点，用来祭祀田神或者土地神，以庆祝农耕初步取得收益。最初，老挝人吃新米的习俗是与谷神和土地神联系在一起的，在谷神的神话故事中还涉及九尾狗的故事，但是在佛教盛行后，这个活动就有了佛教文化色彩，而且没有提到把新米给狗吃的内容。

（五）祭谷仓

老挝人们在把粮食运进谷仓的时候要给粮仓举行颂魂仪式，希望众神能够保佑粮仓，祈求粮食满仓，食用不尽、温饱有余。颂魂仪式结束时，人们会在谷堆顶部插一束鲜花，为的是让谷神安然享受烟火，不要离开，并保佑家里年年有好收成。

二、狩猎与采集习俗

由于老挝为热带季风气候，自然禀赋好，天然食材种类丰富，如：竹笋、蘑菇、木耳、山药、蜂蜜、山蛙、蚂蚁蛋、鸟兽虫鱼等。老挝各族民众或多或少都掌握了一些采摘和狩猎技能，直至今日，打猎与采集仍然是老挝很多地方民族的传统生活方式。以前，由于交通和通信条件限制，山民有时打猎可能需要在山里过夜，因此在出发前都会做足准备，除了各种工具外，还要准备好干粮、火种、防蚊虫药物和衣物等，在进山打猎时，山民都会在家、山脚、山边或古树下等地方举行祭拜各路鬼神的仪式和活动，包括山神、水神、树神、土地神等等，以祈求平安健康、打猎丰收。但是也有一些民族的狩猎采集习俗不是很明确，那就是分布于老挝中部波里坎赛省和甘蒙省的克里族。克里族属于孟高棉语族越芒语支，下有多个支系，如：萨浪、阿帖儿、阿劳、玛康、妥额、芯玛娄、姆梁布鲁、哲等。根据老挝政府公布的数据显示，这个民族不到一千人，在1975年老挝人民民主共和国成立后，曾经组织将克里族的民众从森林里面迁移出来，希望他们从事农耕，但目前这个民族还有部分人不习惯农耕生活，重新又回到森林里面开始游猎、采集的生活，主要工具有长矛、弩箭、套索等，其相关习俗不详。

三、渔业习俗

渔业方面，在过去，渔民在重要节日期间和每次出去打鱼的时候都会先搞一定的祭拜活动，在举行祭拜活动时，渔民都会口中念念有词，祈求山神、"厄神"、水神、河神、那迦龙等保佑自己平安健康、渔网丰收等。俗话说"靠山吃山、靠水吃水"，目前来看，老挝水产养殖业发展仍然比较落后，在很多地方，渔业生产还停留在自给自足的阶段。老挝各族民众从事渔业的主要工具有渔船、汽车内胎、吊钩、鱼线、鱼竿、鱼叉、围网、拖网、撒网、鳝鱼笼、虾笼、鱼笼、鱼兜、诱饵、灯笼、电筒、耙挖等。

四、林业习俗

林业方面，老挝各族民众在砍树的时候，一般不会砍村里和路边被人经常祭祀的大树，因为这些树都是神树，老挝人认为砍了这种树会触犯神灵。如孟高棉语族的玛龚族就是一个多神信仰的民族，在砍树的时候，一般会向树敬献祭品，然后才开始砍树，为的就是希望不要惹怒树神。

五、放高升与求雨习俗

由于生产力的落后，几乎在所有农事活动中，老挝人祈求风调雨顺的习俗始终存在，如祭祀"厄神"、祭祀那迦龙、唤簸箕女王、敬蟾蜍王、念黑鱼咒、抬猫王和放高升等。其中放高升就是老挝多族人民祈求风调雨顺、粮食丰收最为明显的习俗之一。放高升与"高升节"有着密切联系，但不同的地方是"高升节"是源自婆罗门教的求雨风俗，每年佛历六月进行，而放高升的时候，并不只是在"高升节"期间举行。除了在老挝传统节日期间进行外，还会在一些农事活动中举办，具有求雨的功能。每逢新年或重要节日时，人们都要举行"放高升"竞赛，其中出夏节期间放的"高升"也叫"那迦龙高升"。

"高升"形似中国以前流行的冲天炮，个头比较冲天炮大很多倍。目前，老挝各地的"高升"一般使用一根数米长的竹筒或塑料管做载体，其动力一般在掏空的竹筒里面的底部填埋火药或在竹筒身上捆绑着装有火药的多个小竹筒，然后接上引线就算做成了。

放"高升"的时间一般在下午或晚上，放高升时，人们将"高升"放在竹子搭成的"高升架"上，然后点燃火药，"高升"在火药的推动下飞向天空，在高空中盘旋而上，同时喷放出绚丽的烟火，犹如蛟龙翻腾，很是漂亮，地上的人们欢呼喝彩，好不热闹。高升飞得越高越远，人也越觉得光彩、吉祥。

在老挝各大农村，放高升的燃放场面十分壮观，一般燃放之前，会请高僧诵经，然后逐次安装并点燃，观赏的人载歌载舞，鼓乐齐奏。一般以村或组为单位参加竞赛，村民们抬着"高升"，穿着民族的节日盛装，有的还戴着面具，随着鼓点和芦笙载歌载舞，将"高升"送入赛场。"高升"飞得越高，象征全村今年的运气越好，人们认为，放高升可送走灾祸，迎来幸福，同时祈求风调雨顺。为祈求本村或本组的"高升"飞得更高，每支"高升"队伍都有舞双刀，戴面具傩祭舞蹈，场面非常热烈和有趣。

第八章　节庆习俗

第一节　老挝的历法与节假日

一、老挝的历法

老挝季节有两种分法，即：两季和三季。两季分为雨季和旱季两个季节，其中雨季从五月望日至十一月上弦十四，旱季从十一月望日至次年五月上弦十四。三季主要参照小历分为热季、雨季和冷季，其中，热季（即夏季）从小历四月下弦第一日至八月望日，雨季从八月下弦第一日至十二月望日，冷季（即冬季）从十二月下弦第一日至次年四月望日。

在历法方面，老挝民众普遍同时使用公历、佛历和小历，在一些少数民族中，如贺族、拉祜族、哈尼族等，除使用老挝通用的各种历法外，也使用中国的农历。在老挝，宗教节日多用佛历、小历，所以，公历在节庆方面的使用范围并不广。

佛历比公历早543年，小历则比公历晚638年，例如公元2015年，是佛历2558年、小历1377年。

1. 佛历

佛历元年始于公元前543年，至2017年已有2560年的历史。公元6—8世纪，上座部佛教传入东南亚和傣族地区以后，老挝开始使用佛历。佛历，老挝佬族与泰国泰族称都为称为"菩塔萨噶腊"，德宏傣族称为"萨散腊乔"（大佛历），西双版纳傣族称为"菩塔萨哈"。

2. 小历

公元600年后，缅人开始出现，并从骠人那里取得对于结盟部落的领导地位，势力逐步增强。638年，缅人采用根据占星学（在印度萨克拉纪元的基础上）制定的新历法——缅纪元，至2017年小历已有1379年的历史。因历史、地理、佛教等因素，傣族历史文献中亦使用小历。小历，老挝佬族和泰国泰族称为"朱拉萨嘎腊"，德宏傣族称为"萨嘎列"（萨克拉纪元演变的小历）或"萨散腊婉"，西双版纳傣族称为"珠腊萨哈"。

小历年的周期按十二生肖计算，顺序、词义和中国农历相同，只是称谓不同而已。老挝有些地方也使用天干、地支相配法，称为"啤母"、"年子"，60年一个周期。老挝所使用的60周期纪年法、十二天宫纪月法、天干纪日法等，是从云南西双版纳传入的，而西双版纳的傣历，又是在吸收中国中原历法因素的基础上形成的，所以，老挝相关纪年法有中国古代文明的影子。

小历和佛历月份相同，但比公历早一个月，即公历的元月是佛历和小历的二月。月亮圆缺的周期，小历将每月分为单月29天，双月30天，每2—3年有一闰年，多一个月（29天），一般放在八月，称为"双八月"。每4—6年有一个闰月，多在七月，为30天。

每月分为上下两半，上半从上弦一（相当于中国农历初一）至上弦十四，十五称为则望"望日"；下半从下弦一（相当于中国农历的十六）至下弦十三或十四，最后一天称为"朔日"。对于每日时间的分法，小历不以午夜零点为一日之始，而是以曙光初照，即日出之时为一日之首，并把一日分为三晌，即早晌、午晌和晚晌。早晌自清晨7时至12时；午晌从13时至18时；晚晌从19时至次日清晨6时。老挝语白天称时为"蒙"，晚上称时为"喈"或"堪"。

二、老挝的节假日

老挝在世界时区划分中属东七区，代号为G，故称"东七区时间"或"G时间"。与格林尼治国际标准时间相差7小时，比中国北京时间晚1小时。老挝政府实行5天工作制，即星期一至星期五为工作日。上下班时间规定为：上午8点到12点，下午1点到4点。实际上，老挝上班族上下班时间在实际执行过程中并不严格。

老挝的节日有政治节日和民间节日等，老挝各民族都有自己的民族节日，这些节日大多和宗教信仰有关，同时，在长期的共同生产和生活过程中，许多节日逐渐成为各民族共同的节日。除此之外，随着信息化时代的到来，老挝开放程度的提高，外国特别是西方的节日也逐渐在老挝开始流行。

老挝官方规定的节假日有：1月1日新年节、4月中旬老挝新年泼水节、5月1日国际劳动节、12月2日国庆节。其他政治节日有：1月20日老挝建军节、3月22日老挝人民革命党成立日、10月12日老挝独立日。

第二节　十二风

除了前面介绍的节日，每年的十二个月中都有其代表性节日，即老挝人平常所说的"十二风"。具体如下：

一、一月恕罪节（正月节、守斋节）

恕罪节，也称正月节、守斋节，在每年佛历一月举行。关于赎罪节有一个传说，传说有一个和尚乘船沿恒河漂流而下，船不小心挂住柳树并折断柳枝，和尚对此不以为过，但是后来他苦苦修行了一万年也不得道，最后转世成了一条大蛇。因此，老挝的佛教徒认为，不管多过错的大小都应该重视并诚心忏悔，反思自己的罪孽，因此每年佛历一月就要对自己在过去的一年里所犯的过错进行忏悔，这便形成了恕罪节。按照以前的习俗，忏悔时要封斋，在封斋忏悔时，本人要找一个和尚不多的寺庙，搭一个简易的帐篷，清心持戒达六天六夜，并请求高僧赎罪方可称为纯洁无过之人。赎罪节不算一个普遍性节日，没有一般节日的热闹和欢快，但对笃信佛教的人来说非常重要，他们认为它关系到自身一辈子的修行，因此，不管自己在过去的一年中是否犯过什么罪过，老挝的佛教徒都要入寺忏悔修行。

二、二月丰收节（稻魂节、聚场节、谷丰节）

丰收节，也称稻魂节、聚场节、谷丰节，在每年佛历二月举行。关于丰收节有一个传说，佛教《摩诃干和朱拉干》故事中说道：在佛陀出世前，还处于毗婆罗佛时代，有两兄弟，哥哥叫摩诃干，弟弟叫朱拉干，两兄弟一起在一片田里耕作。当稻谷刚刚上浆的时候，弟弟邀请哥哥用嫩谷子制作糕点去赕佛，哥哥不同意，最后两兄弟意见不合，决定将田平分。从此弟弟朱拉干虔心从事赕佛活动，从稻谷上浆、黄熟、开镰、捆扎、入谷场、晒谷一直到封仓，前后九次。与此同时，弟弟朱拉干还许下心愿，希望将来成为阿罗汉。最后他有幸面佛，直接聆听释迦牟尼佛临逝前说法，成为释迦牟尼佛剃度的最后一名弟子。而哥哥为人懒惰，一年只布施一次，最后没能留在佛祖身边，而只是称为人类中的圣者。因此，老挝人认为用稻米进行施舍是很大的功德，多少都会得到善报，当然诚意和行动的差别也会带来功德的不同。在丰收节期间，人们一般在稻谷入仓前的某一天把稻谷拿来堆放到空旷的场地上，堆得越高越能预示丰收，能让农户五谷丰登。同时，主人须请僧侣和亲友参加，僧侣人数一般在五位以上，由僧侣主持仪式并诵经祈福，亲朋好友围坐于谷堆旁边，举行拴线祝福仪式。仪式结束后，要把做过法事的圣水洒到田地间和耕牛身上，以感谢它们带来了丰收和幸福，把做过法事的稻谷捐献给佛寺，以祈求获得更多的福气。

三、三月烤糕节和万佛节

1. 烤糕节（每年佛历三月举行）

关于烤糕节有一个传说，传说佛教徒本娜塔西烤了糯米糕供奉佛祖，却担心佛祖不吃，把糯米糕扔给狗吃，白白浪费自己的汗水。佛祖知道本娜塔西的心思，为消除她的疑虑，便派了阿难陀到本娜塔西面前把烤糕吃完。本娜塔西深受感动，于是潜心修行，最后修成圣者。以前，老挝人以糯米为主食，烤糯米糕供献给佛祖能得到如此功德，自然深受佛教徒欢迎。虽然烤糕做法非常简单，只要把煮熟的糯米捏成团，撒上盐，成串烤好后再注入糖水，涂上打匀过的鸡蛋，烤糕就算做成了。但烤糕献佛的活动不简单，须请僧人主持仪式，并请亲友一起参加以营造气氛。待仪式结束后，才能把烤糕布施给寺庙。僧人们一般会用一天的时间给主人家和亲朋好友们讲经，人们也把听经当做给自己积功德的机会。

2. 万佛节（每年佛历三月举行）

对佛教徒来说，佛历三月十五日（公历2月10日至12日之间）是一个属于他们的神圣的节日——"三月"纪念节，也称"万佛节""三月望日僧伽会""玛卡布萨节"。之所以神圣，传说是因为释迦牟尼的1250个弟子于这一天不约而同地来到他身边，而这也成为释迦牟尼生前与其弟子的最后一次聚会。佛祖释迦牟尼于这一天向众弟子们提出了不做坏事、只做好事、保持净心的三条训言。因而，这个节日是佛教徒净心修佛的重大节日，一般来说，万佛节与老百姓的烤糕节紧密联系在一起，在百姓向寺庙献糕、听经、受佛的洗礼时，两个节日就自然而然地结合到一起了。

四、四月吠陀节（听经节）

吠陀节，也称听经节，每年佛历四月举行，有时可持续到六月。期间，僧侣会向信徒们讲述佛祖的身世经历，主要解说《吠陀经》和《本生经》。据《马来门马来盛》记载，佛祖教导人们要善待父母，尊敬僧人，专心在一天之内听完《吠陀经》或《本生经》，才能与佛祖同在。听经节来临前三天，各村寺庙都要打扫卫生，搭建诵经台，准备迎接高僧前来诵经。佛教徒和村民们则要给前来诵经的和尚准备好吃住。节日第一天，并不举行诵经听经活动，而是首先要举行经书游行，以迎接经书进村进寺，并护佑听经节过程一切顺利。第二天早上，寺庙和村民要举行盛大的欢迎仪式，迎接来自其他寺庙的僧侣。到晚上才开始举行佛教仪式，有礼佛、接受洗礼、降福等，还会举行传统的文娱活动。第三天早上4点开始举行诵经听经活动，一直持续到晚上才结束，接着人们还会载歌载舞，尽情放松。第四天，人们向僧侣们施斋，举行拴线祝福仪式，并准备宴席答谢欢送僧侣。

五、五月泼水节（新年节、宋干节）

泼水节，也称新年节、宋干节，在每年公历4月13至15日期间，相当于佛历五月举行。"宋干"意为求雨，当雨季即将来临之时，人们用泼水的形式来祈求风调雨顺。泼水节是最具有佛教特色的节日，泼水节的来历有两个说法，一是认为五月份天气开始转热，人容易生病，过年时泼水可消暑去病。第二个说法则是来源于一个婆罗门教传说：梵天神迦宾拉蓬与坦玛班顾曼转世变成的青年的男子斗智，迦宾拉蓬输了后遵照诺言砍下了自己的脑袋，迦宾拉蓬的七个女儿把父亲的首级供奉在山洞中，每逢年末将其取出，用水泼洒清洗并祈愿父亲在天之灵能够享受一丝凉爽。久而久之，人们觉得这是一项很好的仪式，每到年末辞旧迎新之日，便用花儿浸泡的香水相互泼洒，寄意洗涤污浊晦气，祈愿健康福达。老挝泼水节期间要举行多项活动，主要有浴佛、泼水、拴线、堆沙和放生等。

新的一年，人们总想能摆脱过去一年的晦气，换来新年的美好生活。于是，水是新年的主题。十三日是每年的最后一天，老挝全国上下，从国家机关办公场所，到寺庙、学校以及每家每户都要大搞卫生，并准备好香烛、浴佛的香水。下午3点，僧人以敲锣打鼓为信号，让人们集中到寺庙中等候拜佛、听经、浴佛。浴佛是这一天最主要的活动，寺院会搭建一个平台，将佛像恭恭敬敬地请到台上，人们用钵、杯子等把准备好的花儿浸泡过的香水慢慢倒洒在佛像身上，在此过程中禁忌用手触摸佛像。在浴佛的同时，老挝人还会用香水给和尚及德高望重的长者泼水，如家中有象牙等神圣物件，也要请出来洗浴，态度要庄重和虔诚。人们相互之间也要泼水祝福，用接受过和尚诵经的水泼洒对方被认为是一种护佑。正式而文雅的泼洒方式是用指尖蘸水，轻轻地洒在对方衣领、手臂等部位，但兴致上来则没有太多的顾忌，人们会来到大街上，开着车向行人泼水，水枪、水管、盆、桶等通通能派上用场，不管男女老少，都照泼不误，场景非常欢快热烈，让人体会泼水节的独特魅力。有时还举行彩车游行活动，第一辆彩车载着巨大的佛像，后面随行的彩车上，每辆车都站着一位由少女装扮成的"宋干女神"。人们虔诚的侯在道路两旁，朝佛像和"宋干女神"洒香水。目前，老挝"泼水节"文化保存最好、人气最旺的地方是列入世界遗产名录的琅勃拉邦省，节日期间，人满为患，大街小巷尽是泼水节欢快嬉戏泼水的场景。

十四日称为"空日"，是介于除夕和新年之间的日子，一般每年有一天，但隔几年会有两天的空日。按照传统，这一天人们会停下手头的工作，或在家休息或拜访亲友。下午4点，寺庙的和尚会敲锣打鼓，告诉大家去采摘野花来献佛。吃完晚饭，和尚仍会敲锣打鼓告诉大家集中到寺庙举行听经仪式，之后举行各种娱乐活动。关于"空日"，以前老挝人认为当天不宜午睡，为免睡后头就会终年疼痛，把一年的好运都赶走。

十五日是新年第一天，人们一早聚集到寺庙中斋僧礼佛，互相拴线祝福。各家各户也会自行组织拴线祝福仪式，以把新年祥瑞之气引入家中，此外，十五日这一天还会举行堆沙塔和放生等活动，这是佛教积德行善的教化内容，与婆罗门教的泼水活动有机地融合在一起，共同构筑丰富多彩的新年文化。十五日下午是集中放生的时间，放生的动物一般有鸟、鳖等，人们希望通过放生，给自己建造功德。堆沙塔一般是在寺庙中斋僧礼佛完成后于下午1点至2点间进行，人们把沙子堆成塔的形状。下午4点左右，人们把鲜花装饰在沙塔的四周。到晚上，人们手捧鲜花围着沙塔举行祈愿求福仪式，很晚才各自散去。

六、六月高升节（火箭节）和 "吠舍法节"

高升节，也称火箭节，在每年佛历六月举行。一般认为，高升节源自婆罗门教的求雨风俗。火箭节的来历有两个传说：第一个，传说有一个名为瓦沙塔拉那铁帕布的雨神，掌管人间刮风下雨等大权，如果人类的所作所为讨得了他的欢心，他就满足人们的愿望，按农时下雨；如违了他的心愿，他便多年不下一滴雨。因为瓦沙塔拉那铁帕布喜欢人们给他供奉火，人们只有以火祭拜，他才会降雨。火箭节便是人们向其供奉的方式。第二个，传说在人类住在圣灵之前，雨神因嫉恨蟾蜍王的声望而多年不给人间降雨，造成生灵涂炭。在蟾蜍王的领导下，动物最终战胜了雨神。雨神不得不同意每年按时节要求降雨，但需要放射火箭作为信号。等到人类成为万物的主宰，也继承了这个节日和仪式。放火箭之前，人们会举行火箭游行等活动，游行过程中人们常常载歌载舞，有的穿着用各种材料和颜色涂抹而成的奇装异服，有的化装成人妖或小丑的模样，以吸引众人的目光，整个现场气氛非常热闹。

佛祖的诞生、成道和涅槃都在六月十五日，佛教徒们把这几个节日合在一起纪念，称为 "吠舍法节"（也称维沙迦节、卫塞节），时间一般在月圆日。因此，这个月份对佛教徒来说非常重要，把火箭高升作为与佛祖沟通的方式也为佛教徒们接受。因此，很多人认可高升节也是一个佛教的节日，在放高升的晚上，人们还要聚集到一起，拜佛、听经、参加拴线祝福仪式。第二天清晨，人们还会到寺庙中布施拜佛。

七、七月清洗节（除邪节、驱邪节、送瘟节）

清洗节，也称除邪节、驱邪节、送瘟节，在每年佛历七月举行。佛教认为人的身体和心灵都有污秽，身体总会沾染一些污浊之物，轻者如灰尘，重者如各种瘟疫和邪气。而心灵方面的污垢更为严重，如贪欲、仇恨、忌妒等都不利于人的修行，都必须得到清除，给人们还原一个清净的身心。另外，传说很久以前，天下洪涝灾害不断，瘟疫横行，人们生活在水深火热之中，阿难陀把佛祖救世的圣水遍洒天下后才消灭了瘟疫，人们得以脱离苦海。为感谢佛祖恩德，洗去身体和心灵的污垢，人们每年七月会举行清洗节仪式。因此人们会在当天举行清洗仪式，家家搭建高台，准备鲜花、香烛以及拴线用物，请高僧给主人家消灾驱邪。以前，消灾驱邪的主要内容除常规的项目外，还要敬各路神仙，如：城隍神（即"玛黑萨拉勐"，地方守护神）、四大天王（也称"乍都陆噶班"，俗称"四大金刚"，也就是东南西北四大天王，即：全身白色手持琵琶的东方持国天王、全身青色手执宝剑的南方增长天王、全身红色手持螭龙赤索的西方广目天王、全身绿色手持宝幢的北方多闻天王）及八方神圣等。

八、八月入夏节

入夏节，每年佛历八月十五日到十一月十五日，为期三个月是和尚闭门修行的时期。如果是闰八月，和尚则从九月一日开始入夏节的念经修行活动。传说在佛祖规定入夏节闭门修行之前，和尚终年须出外化缘、讲经、举行佛事活动，不论是雨季还是旱季均不得闲。但是，雨季时出行往往会踩踏庄稼，破坏田地，给老百姓生产生活造成影响，遭到了村民的不满甚至憎恨、漫骂。佛祖知悉后感慨百姓的艰难，遂规定在入夏节后的三个月中，僧人须遵照佛祖的指示，在寺庙中修行，不得出行。只有发生亲人离世、寺庙被焚等突发事件时才可在征得同意的情况下离开，而即便离开寺庙也必须在七日之内回来。由于僧人不得出外化缘，信徒们就只能到寺庙中布施。在入夏节的前两天，信徒们准备好各种食品、衣物、香烛等，到八月十五日一早，就送到寺庙中敬献给僧人。这天早上将会举行各种佛教仪式，包括布施、接受洗礼、听经等，平民百姓普遍到寺院施斋，所施斋饭除新鲜饭食菜肴外，还有传统糕点蕉叶糍粑，同时奉献蜡烛丛及甘蔗水、糖、牙刷、牙膏、肥皂、浴巾等日用品。并且制作可燃三个月之久而不熄的巨大蜡烛，敲锣打鼓送到寺庙，供僧人在守夏节诵经时使用。下午，僧人们自己要召开僧侣大会。傍晚，人们手持鲜花和点燃的蜡烛，在寺院举行隆重的巡烛仪式，入夏节活动达到高潮。为表示对佛教在入夏节期间清心修行的尊重，普通人在入夏节的三个月内不得结婚，部分人会戒酒三月。在守夏节期间，许多善男信女将出家三个月，或天天聆听僧侣诵经，或在家中持守佛律八戒，示对佛教的虔诚。入夏节当日，全寺僧人举行入夏安居仪式，礼佛诵经并诵念"贫道将在此寺守夏安居三月"三遍。

九、九月祭鬼节（祭奠节、先人节）

祭鬼节，也称祭奠节、先人节，每年佛历九月二十九日至三十日举行。据佛教《法句经》记述，印度摩揭陀国王频毗婆罗的亲戚吃了僧人的食物，死后入了地狱。以后每当国王供奉佛祖，这些鬼魂就在夜间哄闹滋事，并抢食供奉给佛祖的祭品。于是，国王便在每次祭拜佛祖的同时，也给这些鬼魂准备一些祭品。从此，佛教徒们形成了一项传统，每次祭拜佛祖时也要顺带着祭鬼，包括亲戚的鬼魂以及那些无家可归的孤魂野鬼。另外一种佛教传说讲到，每年九月的最后一天，阎王爷把鬼魂们从地狱中释放出来，他们会在夜里三四点到自家附近找东西吃。因此，人们会在这个时间用荷叶包好饭菜祭祀鬼魂，按照传统祭品要拴在树枝上，以让鬼魂容易看到并取食。现在人们简化了这一传统，通常将祭品放于自家周围，或田间地头，或寺庙周围，祈祷鬼魂安息，祈求家宅平安。实际上人们在祭鬼节时通常在佛历二十八日准备好三份食物，一份分发给亲朋好友、一份给逝去的亲人、一份用于布施，布施当天人们到寺庙中施舍给僧人，并接受听经洗礼。到了祭鬼节，老挝各地会举办各种不同形式的庆祝活动，包括放水灯、赛龙舟、敲鼓等。

需要指出的是，少数偏远地区在一月份举行祭鬼节，祭奠祖先的亡灵。人们在巫婆家附近的空地上搭建长长的帐篷，尽一切可能置办酒肉、水果等，节庆过程中各类民间乐器齐登场，期望在热烈的氛围中迎来祖先的魂灵，这些魂灵将附在女巫的身上，日后保佑村民身体安康、无灾无难。节庆一般持续三天三夜，到第三天早上，人们纷纷前往寺庙斋僧，举行拴线受福仪式，而后会将沙土撒遍各个角落，以驱逐邪气保平安。

十、十月祭祖节（抽签节、抓阄节）

祭祖节，也叫抽签节、抓阄节，每年佛历十月十四日至十五日举行，主要是祭祀佛祖。据佛教《法句经》记述，从前有一正妻与小妾互不相容，通过生死轮回没完没了地相互杀害，在佛祖的劝导下，一人被安排守护良田，成为土地鬼。人们在感谢土地鬼的同时也对佛祖心存感谢，于是把十月作为专门祭祀佛祖的节日。每到十月十四日，各家各户以及寺院都会打扫房屋，迎接节日的来临。特别是农民更为重视这个节日，毕竟它关系着这一年能否风调雨顺、五谷丰登。

祭祖节之所以也叫抽签节，是因为有这样的活动：人们将准备好的食品、香烟等祭品放在一个大托盘里，写上自己的名字，如果哪个和尚抽到了自己家的签，他们就把这些供品直接献给那位僧人，为死去的父母亲人积蓄功德。这个节日除了斋僧外，还有漂水灯、敲鼓以及各种比赛活动。

十一、十一月出夏节

出夏节，每年佛历十一月十五日举行。自八月入夏以来，僧人已有三个月不得出行。为使僧人们能够交流佛法，沟通心得，进行批评，同时也有机会探望家人以及化缘等，自十一月十六日解除雨季禁行令，允许僧人出行，可在其他寺庙住宿。为庆祝出夏节，十四日至十六日间各地还举行漂水灯、赛龙舟等活动，深受广大群众喜爱，老挝首都万象，每年初夏节，老挝国家相关部门领导会亲临赛龙舟现场参加相关活动，其间老挝国家电视台会全程播放在万象湄公河举行的龙舟大赛，河边的公园和路边商铺会在这边开展各种促销活动，人们摩肩接踵，场面十分热闹。

十二、十二月献僧衣节及塔銮节

1.献僧衣节

献僧衣节于每年佛历十一月十六日到十二月十五日期间举行，为期一个月，主要向僧侣敬献做袈裟用的黄布。据《法句经》记载，有30名左右的僧侣前往拜见佛祖，途中正值入夏节，僧人们只能在当地守夏，直到入夏节结束才匆忙赶路，一路经受风吹雨打，历尽艰辛，最终到达了佛祖所在的地方。佛祖为其虔诚感动，赠予黄布做衣服。自此，雨季后给僧人敬献黄衣成了老挝佛教社会的又一项传统。

献僧衣节的仪式一般在献衣主人家里举办，主人会准备好七条衣（和尚的上衣）、五条衣（和尚的内衣）、大衣及和尚的八事随身，包括床、褥子、席子、蚊帐、伞、鞋、炊具、针线、饭篓等物品。献衣仪式结束后，主人家还会举行丰富多彩的娱乐活动。如果是"团结式献僧衣"仪式，则集中到一个寺庙中筹备，众人联欢后再将僧衣敬献到其他寺庙，路上还要举行浩浩荡荡的僧衣游行仪式，一路上欢歌笑语。到了要献僧衣的寺庙，那里的僧人和村民立即举行佛教仪式，如拜佛接受洗礼、敬献僧衣以及听经等。晚间还要款待远方来客，举行文娱晚会等。第二天，众人还要到寺庙中给当地和外来的僧人布施。只有经过三个月闭门修行的僧人才能接受"善果"，即僧衣，且可持续接受至十二月十五日。

与献僧衣节相联系的还有一个节，称为"献野衣节"，但不属于"十二风"中所说的节日，没有限定的时间段。据素资料记载，最初佛祖不同意僧人们接受村民敬献僧衣，但同意僧衣去墓地捡拾寿衣，经过清洗后做成僧衣。佛教信徒们便把衣服和布匹丢放在坟地中，通过这种方式献给僧人。

2.塔銮节

塔銮节从每年佛历十二月十三日开始，为时四天。第一天万象市民们聚集到一起，举行声势浩大的游行活动，将制作的宫殿模型运送到西孟寺供奉，晚间举行晚会庆祝活动。第二天，市民们在各自村中寺院集中，将宫殿模型恭送至塔銮寺。第三天早晨，佛教徒和市民们集中到塔銮寺回廊，举行佛事活动，下午举行各类体育活动，晚上举行秉烛绕塔求福仪式、燃放烟花以及文艺晚会等活动。第四天早上七点，昂德寺和音邦寺会互送宫殿模型，晚上举行佛事活动和文艺活动。

作为老挝佛教的标志，塔銮是老挝人心目中最神圣的地方，一年一度的塔銮节也就成为佛教徒们心驰神往的圣地。老挝国家领导人每年都要参加塔銮节盛会。老挝政府把塔銮视为佛教兴盛、民族团结的重要因素，在塔銮的政治地位、佛教地位乃至塔銮的修缮方面都加以大力扶持，特别在塔銮节期间，老挝政府把传统节日习俗文化与经济建设有机地结合在一起，在继承和发扬传统文化的同时，举办国际商品展销会，极大地提高了塔銮节的知名度和影响力。

尽管塔銮节不在"十二风"中，但其重要性不亚于任何一个节日。相传塔銮是存放佛祖骶骨的地方，历来受到佛教徒的膜拜，每年前来参加塔銮节的僧人都来自老挝全国或东南亚其他国家，有时人数过万。塔銮始建于公元3世纪的阿索卡·马哈腊国王时期，16世纪60年代赛塔提腊时期得到进一步修缮，基本形成如今塔銮的规模。虽一度遭受侵略浩劫，塔銮总能得到重建，成为老挝民族屹立不倒的精神象征。

第三节　十四俗

所谓十四俗，实际上是一种行为规范。一般来说，老挝的十四俗分为两大类，一类针对平民，一类针对王公贵族。

一、针对平民的十四俗

第一条：当稻谷丰收、果实成熟时，不可急于自己先取食，须先献给德高望重者以给自己积功德，而后才能自己享用。如今，这一条要求已变宽松。

第二条：不欺诈，不制造使用假币，不说粗言秽语。

第三条：众人齐心协力给寺庙和自家房屋筑围墙或篱笆，在房屋四周建造祭神台。

第四条：进屋前先洗脚。

第五条：每月7、8、14、15日，祭拜房柱、灶炉女神、梯子女神、门神以谢恩典。

第六条：每日睡前，妇女须先给丈夫洗脚（现今多不遵行）。

第七条：每到斋日，妇女要为自己的丈夫、父母长辈敬献鲜花、香烛等；每到敬神日（佛教仪式节日），要为和尚敬献鲜花香烛。

第八条：每月望日和最后一天作为斋日，要请和尚到家中念经做法，保佑家人平安。

第九条：和尚来化缘时，不可让和尚过久等候，布施时不可触碰和尚的身体或钵体，布施时不可穿鞋、打伞、用布遮盖头部、怀抱小孩及手持武器等。

第十条：和尚因犯错而受"别住"处罚（罚其独处，反思悔过）结束后，要为和尚献上鲜花、香烛以及八事随身。

第十一条：和尚经过时，要坐下，行举手合十礼，方可交谈。

第十二条：不可踩踏高僧的影子。

第十三条：不可将吃剩的饭菜献给和尚，也不可留给丈夫吃。

第十四条：不可在斋日、入夏节、出夏节以及新年时发生性行为。

通过对上述十四条规约不难看出，针对老挝平民的"十四俗"具有浓厚的佛教色彩，虽然以风俗的形式来制约人们的行为并不具有法律强制性，但由于人人知晓并遵守，所以"十四风"深入人心。"十四风"中也从多个方面体现了僧人在社会生活中享有的较高地位，同时也反映出妇女"三房四水"的道德意识。随着社会的发展，男女平等意识已渐为大众所接受，"十四俗"的部分内容在现实生活中已逐渐消失，但"十四俗"作为一个完整的概念却还是得到了保留和继承。

二、针对王公贵族的十四俗

第一条：为王者，如果要给他人委以重任，须先考察其人品和能力，不可听信谗言和谄媚之言。该听则听，不该听则不听。封官授爵者必胸怀坦荡，廉洁自律，不欺压百姓。

第二条：为王者，必使下属团结同心，不可尔虞我诈。用自己的智慧和德行树立威信，使属下敬畏，使百姓安居乐业。

第三条：为王者，每到新年时，须请玉佛、勃拉邦佛及其他佛像沐浴更新，以鲜花香烛供奉，听经守斋满七天七夜。各寺庙须充满热烈欢乐的气氛，体现对佛教的热情，堆沙塔，供奉水陆天各界神灵，以保风调雨顺、五谷丰登。

第四条：为王者，每到新年时，须请僧侣将南方之水恭迎至北方，须请南北的和尚相互往来交流，请佛祖遍访各地，护佑百姓，让国家强盛。要让百姓给和尚洒泼香水，以求安居乐业。

第五条：为王者，每到新年时，须召集众臣、乡绅等向帝师和皇帝请安，须恭请高僧举行浴佛仪式。

第六条：为王者，每到新年时，须召集各级官员在佛祖、法王和僧王面前宣誓效忠国家。

第七条：为王者，每年七月起，要好生供养城隍守护神，以免遭受鬼魅的骚扰。

第八条：为王者，每年八月起，要组织和尚念经三天，祭拜八方神灵和龙王宗亲。而后要绕全城念经、鸣放礼炮、遍撒沙粒以驱除邪气。

第九条：为王者，每到九月末，须提醒民众举行祭鬼仪式以祭奠逝去的先祖和亲人。命各级官员组织祭拜守护一方平安的龙王十五族宗亲，方可国泰民安、五谷丰登。

第十条：为王者，自十月望日起，须得提醒民众祭拜各路神仙和祖先，过祭祖节。

第十一条：为王者，每到十一月望日，须得给完成闭门修行达三个月的和尚提供自恣（和尚进行自我忏悔并善意批评他人）的场所，并在场所竖立界碑，自恣活动结束后要拔掉这块界碑，国家才可兴旺发达，各级官员方能团结一心、勤于政务。晚上，还要提醒民众去放水灯，祭拜龙王十五族宗亲，方可保国泰民安。

第十二条：为王者，每到时十二月一日，要召集达官贵人欢聚首都琅勃拉邦，陪同皇帝观看赛龙舟和参拜西坦玛索加腊寺，僧侣和民众也会自发加入浩浩荡荡的游行大军中，以壮皇威（这一条显然已经过时，因为都城现在在万象，但从中可看出"十四俗"是发端于古代王国时期）。

第十三条：为王者，要仁慈博爱，遵行五戒、八戒，有四无量心，即：慈、悲、喜、舍，以仁义泽及官吏下属，不可行为恶劣，如：猎杀生灵、沉迷女色、乱伦败德等。

第十四条：为王者，须得以广阔的仁德将十四项无上的财富集于一身，即：国之耳（指聪明过人的遣外使节）、国之眼（指学富五车的文人）、国之核（指智慧超众可称为智囊的高僧）、国之门（指各种作战用的武器）、国之根（指可预知祸福的星相家或卜卦师）、国之茎（指经验丰富的前辈、老者）、国之梁（诚实的国民）、国之墙（指战无不胜的勇士）、国之界（指理国安邦的大臣）、国之檀（指仁德之王）、国之觉（指有良心的大商巨贾）、国之心（指医术高明的大夫）、国之宝（指领地和良民）、国之云（指腾云驾雾救百姓于水火的神仙）。

　　如今，老挝已废除君主制，针对王族的"十四俗"早已无社会土壤，但作为一个老挝文化的一部分，它仍然具有顽强的生命力和现实意义，其风俗也可类比并运用到对当今政府的期待上，因为其中弘扬佛教文化、体恤下属和民情的思想与现代的政府管理理念是相通的。

参考文献

一、中文文献

[1] 蔡文枞:《老挝风情录》,北京:世界知识出版社,2008。

[2] 郝勇、黄勇、谭海伦:《老挝概况》,广州:世界图书出版公司,2012。

[3] 李达:《老挝的舞蹈艺术》,载《东南亚研究》。

[4] 张玉安:《罗摩戏剧与东南亚民族表演艺术》,载《东南亚研究》,2004年第5期。

[5] 张良民:《老挝戏剧简介》,载《印度支那》,1988年第2期。

[6] 赖伯疆:《东南亚地区的本土戏剧》。

[7] 克里申·吉(著),张力平(译):《东南亚现代戏剧概述》,载《上海戏剧学院学报》,2001年第2期。

[8] 贝波再:《老挝传统民居建筑概论》。

[9] 贝波再:《老挝的建筑文化》。

[10] 李振:《东南亚诸国美术》。

[11] 贺圣达:《东南亚文化发展史》,昆明:云南人民出版社,2010。

[12] 黄冰:《老挝语汉语词典》,昆明:国际关系学院昆明分部,2000。

[13] 黄兴球:《老挝族群论》,广西:民族出版社,2006。

二、老挝文献

[1] 万象市社会研究:《老挝现存的各宗教》,万象,2012。

[2] 马哈坎蓬·皮腊翁:《老挝古代文化与风俗》,老挝:端玛出版社,2009。

[3] 龚德·内达翁:《芦笙与芦声》,《老挝万象》,老挝青年印刷厂,2002。

[4] 恁赛旺:《苗族的民间音乐》,老挝,教育印刷厂,2003。

[5] 奔亨·布西升巴色:《老挝艺术和建筑史》,老挝,1991。